Kulturelle Figurationen: Artefakte, Praktiken, Fiktionen

Herausgegeben von
J. Ahrens, Gießen, Deutschland
J. Bonz, Bremen, Deutschland
M. Hamm, Luzern, Schweiz
U. Vedder, Berlin, Deutschland

Weitere Bände in dieser Reihe
http://www.springer.com/series/11198

Kultur gilt – neben Kategorien wie Gesellschaft, Politik, Ökonomie – als eine grundlegende Ressource sozialer Semantiken, Praktiken und Lebenswelten. Die Kulturanalyse ist herausgefordert, kulturelle Figurationen als ebenso flüchtige wie hegemoniale, dynamische wie heterogene, globale wie lokale und heterotope Phänomene zu untersuchen. Kulturelle Figurationen sind Produkt menschlichen Zusammenlebens und bilden zugleich die sinnstiftende Folie, vor der Vergesellschaftung und Institutionenbildung stattfinden. In Gestalt von Artefakten, Praktiken und Fiktionen sind sie uneinheitlich, widersprüchlich im Wortsinn und können doch selbst zum sozialen Akteur werden. Die Reihe »Kulturelle Figurationen: Artefakte, Praktiken, Fiktionen« untersucht kulturelle Phänomene in den Bedingungen ihrer Produktion und Genese aus einer interdisziplinären Perspektive und folgt dabei der Verflechtung von Sinnzusammenhängen und Praxisformen. Kulturelle Figurationen werden nicht isoliert betrachtet, sondern in ihren gesellschaftlichen Situierungen, ihren produktionsästhetischen und politischen Implikationen analysiert. Die Reihe publiziert Monographien, Sammelbände, Überblickswerke sowie Übersetzungen internationaler Studien.

Herausgegeben von

Prof. Dr. Jörn Ahrens
Universität Gießen
Deutschland

M.A. Marion Hamm
Universität Luzern
Schweiz

Dr. Jochen Bonz
Universität Bremen
Deutschland

Prof. Dr. Ulrike Vedder
Humboldt-Universitat zu Berlin
Deutschland

Astrid Hackel • Mascha Vollhardt
(Hrsg.)

Theorie und Theater

Zum Verhältnis von
wissenschaftlichem Diskurs und
theatraler Praxis

Unter Mitarbeit von Kaspar Renner

 Springer VS

Herausgeber
Astrid Hackel

Mascha Vollhardt
Humboldt-Universität zu Berlin
Berlin
Deutschland

ISBN 978-3-658-04101-4   ISBN 978-3-658-04102-1 (eBook)
DOI 10.1007/978-3-658-04102-1

Die Deutsche Nationalbibliothek verzeichnet diese Publikation in der Deutschen Natio-
nalbibliografie; detaillierte bibliografi sche Daten sind im Internet über http://dnb.d-nb.de
abrufbar.

Springer VS
© Springer Fachmedien Wiesbaden 2014

Lektorat: Dr. Cori A. Mackrodt, Stefanie Loyal

Gedruckt auf säurefreiem und chlorfrei gebleichtem Papier

Springer VS ist eine Marke von Springer DE. Springer DE ist Teil der Fachverlagsgruppe
Springer Science+Business Media
www.springer-vs.de

Inhaltsverzeichnis

Mitarbeiterverzeichnis

Franziska Bergmann Trier, Deutschland
E-Mail: bergmannf@uni-trier.de

Kerstin Beyerlein Berlin, Deutschland
E-Mail: kerstin.beyerlein@gmx.de

Adam Czirak Berlin, Deutschland
E-Mail: adam.czirak@fu-berlin.de

Gesche Gerdes Münster, Deutschland
E-Mail: g.gerdes@uni-muenster.de

Astrid Hackel Berlin, Deutschland
E-Mail: astrid.hackel@gmail.com

Jenny Schrödl Berlin, Deutschland
E-Mail: jendl@zedat.fu-berlin.de

Natascha Siouzouli Berlin, Deutschland
E-Mail: natascha.siouzouli@fu-berlin.de

Mascha Vollhardt Berlin, Deutschland
E-Mail: maschavollhardt@web.de

Autorinnen und Autoren

Franziska Bergmann studierte Neuere deutsche Literaturgeschichte, Gender Studies und Englische Philologie in Freiburg und Norwich (England). Anschließend promovierte sie an den Universitäten Trier und Tübingen zu Geschlechtertransgressionen in der zeitgenössischen Dramatik (gefördert durch die Studienstiftung des deutschen Volkes). Seit April 2014 ist sie Juniorprofessorin für Gender-Forschung an der Universität Trier und verfolgt ein Habilitationsprojekt zu Sensualität und Exotismus in der Literatur. Zu ihren Forschungsschwerpunkten und -interessen gehören Dramatik der Gegenwart, Gender und Postcolonial Studies, Literatur der Jahrhundertwende sowie Literatur des Bürgerlichen Realismus. Zuletzt erschienen: *Die Möglichkeit, dass alles auch ganz anders sein könnte. Geschlechterverfremdungen in Theatertexten der Gegenwart*, Würzburg 2014; *Gender Studies. Basis_Scripte – Reader Kulturwissenschaft* (Mitherausgabe), Bielefeld 2012; Poetik der Unbestimmtheit. Thomas Manns Erzählung „Der Kleiderschrank" aus queer-theoretischer Perspektive, in: S. Börnchen et al. (Hrsg.): *Thomas Mann. Neue Kulturwissenschaftliche Lektüren*, 81–93, München 2012.

Kerstin Beyerlein hat in Leipzig und Paris studiert und an der Freien Universität Berlin über das Theater von Valère Novarina promoviert. Ihre Dissertation mit dem Titel „‚Theatrogene Textzonen' oder ‚ein Theater der Ohren'? Das postdramatische Literaturtheater von Valère Novarina" ist derzeit im Erscheinen. Ihre Arbeitsschwerpunkte sind Theorie, Ästhetik und Analyse des Gegenwartstheaters, Performativitätstheorie, Texttheorie, deutsche und französische Dramatik in Geschichte und Gegenwart. Sie arbeitet als künstlerische Beraterin, freiberufliche Dramaturgin und Übersetzerin für Theater, Festivals und freie Gruppen in Deutschland und Frankreich.

Adam Czirak ist wissenschaftlicher Mitarbeiter am Institut für Theaterwissenschaft an der Freien Universität Berlin. Er hat sich 2010 mit einer Arbeit zu intersubjektiven Blickrelationen in den performativen Künsten promoviert. Seine aktuellen Arbeitsschwerpunkte liegen in Theorie und Ästhetik des Gegenwartstheaters, Visual Culture, Konzepte der Partizipation, Geschichte und Ästhetik der Performancekunst in den staatssozialistischen Ländern Europas. Zuletzt erschienen: *Partizipation der Blicke. Szenerien des Sehens und Gesehenwerdens in Theater und Performance* (2012); *Die Aufführung. Diskurs – Macht – Analyse* (2012, Mithrsg.); *Melancholy and Politics* (2013, Mithrsg.).

Gesche Gerdes promoviert als Stipendiatin des Evangelischen Studienwerks an der Graduate School ‚Practices of Literature' (Universität Münster). In ihrem Projekt geht es um aktuelle Feminismuskonzeptionen in Literatur und Medien. Seit 2012 ist sie Visiting Fellow am Interdisziplinären Zentrum für Geschlechterforschung (IZFG) der Universität Bern. Gesche Gerdes hat von 2003 bis 2009 Germanistik, Hispanistik und Erziehungswissenschaften an der Universität Leipzig studiert. Sie absolvierte ein Gastsemester in Salamanca, Spanien, und arbeitete beim Stroemfeld Verlag in Frankfurt am Main. Zu ihren letzten Publikationen zählen „Partizipation und Empowerment? Marlene Streeruwitz' crossmediales Projekt ‚Das wird mir alles nicht passieren... Wie bleibe ich FeministIn.'" In: B. E. Jirku, M. Schulz (Hrsg.): *Fiktionen und Realitäten. Schriftstellerinnen im deutschsprachigen Literaturbetrieb.* 283–300. Frankfurt am Main: Peter Lang. 2013. sowie „Der Postfeminismus-Vorwurf. Beobachtungen zum feministischen Selbstkonzept junger Theaterkünstlerinnen und Journalistinnen am Beispiel des ‚Missy Magazine'". In: *Gender. Zeitschrift für Geschlecht, Kultur, Gesellschaft.* 1/2012, 9–23.

Astrid Hackel studierte Neuere deutsche Literatur, Theaterwissenschaft und Kunstgeschichte in Berlin und Toulouse. Zurzeit arbeitet sie an einer Dissertation über Figurationen von Blindheit und Geschlecht in Literatur, Fotografie, Theater und szenischer Installation. Sie ist DFG-Stipendiatin im Graduiertenkolleg ‚Geschlecht als Wissenskategorie' an der Humboldt-Universität zu Berlin. Ihre aktuellen Forschungsschwerpunkte liegen im Bereich von Theorie und Ästhetik des Gegenwartstheaters, *Arbeitswelten* in Literatur und Film, Kulturjournalismus und Angewandter Wissenschaft, Geschichte und Ästhetik des Theaters in der DDR sowie den Verflechtungen zwischen Performance- und Ausstellungskunst. Zu ihren Publikationen gehören der Artikel „Erschöpft" im *Glossar inflationärer Begriffe. Von [dilettantisch] bis [virtuos]* (Hrsg. NGBK 2013) und der Aufsatz „Schafft zwei, drei, viele Gespenster! Christian Petzolds Film ‚Yella', eine entgeisterte Arbeitswelt und das Gespenst des Kommunismus" (in: A. Tacke und U. Vedder (Hrsg.): *Arbeitswelten.* Wiesbaden 2014)

Jenny Schrödl ist Theaterwissenschaftlerin und lehrt derzeit an der Universität der Künste Berlin. Im Rahmen des SFB 447 ‚Kulturen des Performativen‘ hat sie 2010 zur Ästhetik der Stimme im postdramatischen Theater promoviert (*Vokale Intensitäten. Zur Ästhetik der Stimme im postdramatischen Theater*, Bielefeld 2012). Zu ihren Forschungsschwerpunkten gehören u. a.: Gegenwartstheater und Performancekunst, Ästhetik der Stimme sowie Gender/Queer Theorie und Performance. Jenny Schrödl hat verschiedene Texte zur Stimme, zum Hören, zur Inszenierung von Weiblichkeit und zu Gender Performances verfasst; sie ist Herausgeberin von: *Kunst-Stimmen* (zusammen mit D. Kolesch Berlin 2004), *Mehr als Schein. Ästhetik der Oberfläche in Film, Kunst, Literatur und Theater* (gem. mit Gruppe „Oberflächenphänomene“, Berlin/Zürich 2008) und *Stimm-Welten* (zusammen mit D. Kolesch und V. Pinto, Bielefeld 2008). Zuletzt erschienen ist der Aufsatz „Gender Performances. Theaterwissenschaftliche Perspektiven und Problematiken“ (in: *etum 1:1* (2014), 33–52).

Natascha Siouzouli ist wissenschaftliche Mitarbeiterin am ERC-Projekt ‚The Aesthetics Of Applied Theatre‘ am Institut für Theaterwissenschaft der Freien Universität Berlin. Sie ist Kodirektorin des Institute for Live Arts Research |Π|, Athen. Sie arbeitet auch als Übersetzerin. Letzte Publikationen: *Melancholy and Politics*, Herausgeberin (zusammen mit Adam Czirak, Vassilis Noulas), Zeitschrift des Institute for Live Arts Research, November 2013; „Un/familiar Landscapes – Tragedy and Festivals“, in: E. Fischer-Lichte et al. (Hrsg.), *Politics of Interweaving Performance Cultures*, Routledge 2014.

Mascha Vollhardt hat Germanistik und Anglistik im B.A. bzw. Deutsche Literatur im M.A. in Hamburg und Berlin studiert und ist seit 2011 Wissenschaftliche Mitarbeiterin von Prof. Dr. Ulrike Vedder am Lehrstuhl für Theorien und Methoden literaturwissenschaftlicher Geschlechterforschung am Institut für deutsche Literatur der HU Berlin. Sie arbeitet derzeit an der Dissertationsschrift mit dem Titel „De-/Konstruktionen männlicher Körper in der deutschsprachigen Gegenwartsliteratur“. Zu ihren Veröffentlichungen zählen: *„Alles Ruinen hier, die Häuser und die Körper…“ (Un-)Männliche Körper und Identitäten in Christian Krachts „Faserland“ und Helmut Kraussers „Fette Welt“*, in: Freiburger Zeitschrift für GeschlechterStudien. 19/2 2013 sowie „Ein Mann ist ein Körper, der in die Bilder will“. Impotenz und (Un-)Männlichkeit in Norbert Krons Roman Autopilot (2002), in: A. Heilmann et al. (Hrsg.): *Männlichkeit und Reproduktion – Reproduktion von Männlichkeit? Zum gesellschaftlichen Ort historischer und aktueller Männlichkeitsproduktionen.* Wiesbaden 2014. Zu ihren Forschungsschwerpunkten gehören Gendertheorie, Gegenwartsliteratur, Theater und (Post-)Dramatik.

Endlose Fragen. Eine Einleitung

Astrid Hackel und Mascha Vollhardt

Ob das so genannte postdramatische Theater (Lehmann 1999) oder der nicht mehr dramatische Theatertext (Poschmann 1997), das Kunst, Unterhaltung und Wissenschaft vereinende Format der Lecture Performance (Peters 2011), das vor allem mit dem Namen René Pollesch assoziierte Diskurstheater oder neuere zwischen Diskurs und nachepischer Verfremdung, dokumentarischem und interventionistischem Anspruch anzusiedelnde Arbeiten von Gob Squad, Rimini Protokoll, Showcase Beat Le Mot, andcompany&Co, She She Pop oder Vorschlag:Hammer – die zeitgenössischen Verflechtungen zwischen theoretischen Diskursen und theatralen Praktiken sind ebenso vielfältig wie die wissenschaftlichen Perspektiven darauf.

Die Theaterwissenschaft beruft sich in selbstversicherndem Gestus immer wieder auf den gemeinsamen ‚Ursprung‘ von Theorie und Theater. Das griechische *theatron*, ein Versammlungsort für festliche, kultische, politische und sportliche Veranstaltungen, wird etymologisch auf das griechische *theoria* zurückgeführt; *theoria* bezeichnet zum einen die Festschau, das Schaufest oder Schauspiel, zum anderen Vorgänge der geistigen Anschauung, des Betrachtens, Untersuchens und Überlegens. Daraus lässt sich schließen, dass bereits im Begriff der *theoria* eine Idee der Übereinkunft zwischen der distanzierten Wahrnehmung eines exemplarischen Vorgangs und dessen didaktisch-ethischer Funktion angelegt ist – zwischen den sinnlich-epistemologischen Praktiken der Verkörperung, Verlautbarung, des Vernehmens und des visuellen wie geistigen Erkennens.

A. Hackel (✉) · M. Vollhardt
Berlin, Deutschland
E-Mail: astrid.hackel@gmail.com

M. Vollhardt
E-Mail: maschavollhardt@web.de

A. Hackel, M. Vollhardt (Hrsg.), *Theorie und Theater*,
Kulturelle Figurationen: Artefakte, Praktiken, Fiktionen,
DOI 10.1007/978-3-658-04102-1_1, © Springer Fachmedien Wiesbaden 2014

1

Die Nähe zum Theater als einem Versammlungsort stellt auch Allan Sekulas Umschreibung des Diskurses her. Der Fotografie- und Kulturtheoretiker verwendet Schlüsselbegriffe, die für das Verständnis des Theaters gleichermaßen von Belang sind, wenn er unter einem Diskurs einen „Schauplatz' für den Informationsaustausch" versteht, „ein Beziehungssystem zwischen denjenigen, die am kommunikativen Akt teilhaben." (1982, S. 84) Im Theater geht es wie beim Diskurs um die doppelte Anwesenheit, die Ko-Präsenz von Akteur_innen und (partizipierenden) Zuschauer_innen oder Zuhörer_innen, welche durch Verlautbarung und Bezeugung dieses Vorgangs in Beziehung zueinander treten. Gleichzeitig kann der Begriff des Diskurses ebenso wie der des Theaters als eine (produktive) Eingrenzung verstanden werden, die zunächst einen gemeinsamen Raum zwischen den Anwesenden schafft und damit auch einen Erwartungshorizont markiert (vgl. Sekula 1982). Die Beschränkung, für Sekula ein notwendiges Kriterium des Diskurses, korrespondiert mit einer „Scharfsinnigkeit" (Derrida 1991, S. 120), welche ein grundlegendes Misstrauen, das heißt eine kritische Distanzierung zum diskursiven oder theatralen Ereignis voraussetzt, an dem der sich auf diese Weise Distanzierende zugleich (An-)Teil hat, in das er involviert ist.

Doch das Wort *theoria* hat noch eine weitere Bedeutung. Sie bezeichnet um das vierte vorchristliche Jahrhundert die offizielle Gesandtschaft, die im Auftrag ihrer Heimatstadt auswärtigen Festspielen beiwohnt. Ausgewählte Bürger der besuchten Stadt wurden offiziell verpflichtet, die *theoria*, also die Festgesandtschaft für die Dauer ihres Aufenthalts bei sich aufzunehmen. Von der etwas gewagten Idee eines reisenden Theaterkritikers und Theoriebildners aus, der sich wohl kaum aus der Gruppe abgesondert haben dürfte, baut der in Tel Aviv und Helsinki lehrende Theaterwissenschaftler Freddie Rokem seine Monographie *Philosophers & Thespians. Thinking Performance* auf (2010). Dem Anspruch nach, Philosophie und Theater unmittelbar und alles andere als abstrakt-begrifflich zusammenzudenken, verlegt sich Rokem auf die für ihn zur Chiffre werdende Reise, als welche er die *theoria* interpretiert; sie ist das Substrat seiner Studie (S. 31). In dieser Funktion erscheint sie ihm als „scripted embodiment" (S. 12), welche in aktuellen wie fiktiven Begegnungen zwischen Theaterschaffenden und Theoretikern von der Antike bis in die Gegenwart hinein immer wieder aufs Neue nachvollzogen und reaktiviert werden müsse. Rokems Argumentation läuft mit Verweis auf Platons Gastmahl auf die These hinaus, dass die Philosophie im vierten vorchristlichen Jahrhundert tatsächlich als eine diskursive Praxis in Folge konkreter Aufführungsbesuche weiterentwickelt worden sei. Davon abgesehen, dass Rokems Herleitung eines bis in die Antike zurückreichenden, allzu friedlich-freiheitlichen Dialogs zwischen der Philosophie und der Aufführungskunst eine kritisch-historische Perspektivierung vermissen lässt – die erzieherische und politische Funktion des antiken griechischen Theaters erhält kaum Raum – wirft sein Bild der hin und her reisenden Diskurse ein interessantes Licht auf eine im Leben gleichermaßen wie in der Kunst verankerte Philosophie, die diese Grenze gar nicht notwendigerweise zieht. Und ebenso auf das Theater als einer immer schon im Zeichen der Diskursivierung stehenden Kunstform. Von Rokems Verständnis aus können Theoriediskurse im Theater hypothetisch als verkörperte Texte perspektiviert werden, welche die Bereitschaft fördern, im künstlerischen Zugriff ebenso wie in der Rezeption beweglich zu bleiben, Haltungen zu hinterfragen und sich auf Unbekanntes einzulassen. Der theoretische Diskurs kann in vielerlei Gestalt zur Aufführung gelangen. Im strengen Sinne des Wortes verschwindet er auf der Bühne als stimmgebundenes Phänomen. Doch auch in der bewusst gestalteten Annullierung herrschender Diskurse, ihrer Verabschiedung oder Preisgabe kann eine Herausforderung für die zeitgenössische Theater- und Performancekunst bestehen.

Für die unmittelbare Auseinandersetzung mit gesellschaftsrelevanten Fragen und die Erprobung des Theoretischen auf seine Praxis- bzw. Alltagskompatibilität hin scheint das Theater also nach wie vor ein geeigneter Ort zu sein. Texte müssen verkörpert, verlautbart, verwandelt und wieder entkörpert werden können; auch darauf scheint sich ein verbreitetes Bedürfnis, sich Theorien ‚einzuverleiben‘, sie sich vertraut zu machen, sie zum ‚Sprechen‘ zu bringen, zu beziehen.

Die in diesem Band versammelten literatur- und theaterwissenschaftlichen Beiträge sind aus einem Workshop zum Thema *Theoriediskurse in Theater und Performance der Gegenwart* hervorgegangen, der 2012 an der Humboldt-Universität zu Berlin stattfand. Sie spüren den vielfältigen Beziehungen und Unwägbarkeiten zwischen wissenschaftlichen Diskursen und theatralen Praktiken im zeitgenössischen Theater und Theatertext nach. Die Autor_innen fragen nach den Bedeutungen und Funktionen akademischer Diskurse in konkreten Performances, Tanz- und Theaterinszenierungen und umgekehrt, was die räumliche, visuelle und stimmliche Gestaltung zur Vermittlung oder sinnlichen Fremdwerdung des theoretischen Wissens beitragen kann. Aufschlussreich ist, dass über alle Divergenzen hinweg immer wieder ein produktives Spannungsverhältnis zwischen Theorie und Praxis herausgestellt wird, insbesondere von Adam Czirak, der in seinem Beitrag zur Unversöhnbarkeit von Theater und Theorie nach dem politischen und ästhetischen Status des Zitats in Theater und Performance der Gegenwart fragt. In Rekurs auf Inszenierungen von Nature Theater of Oklahoma, René Pollesch, Nikolas Stemann und Laurent Chétouane zeigt Czirak die ihnen inhärenten Widerstände gegen die Theoretisierbarkeit auf, die sich vor allem in szenischer Ironie und Figuren der referenziellen Verwirrung bemerkbar machen. Der Entzug der Sinnhaftigkeit von Sprache verunmögliche in den thematisierten Inszenierungen eine kohärente Theoriebildung; somit ließen sich Theater und Theorie nurmehr als *faux amis* bezeichnen.

Astrid Hackel konfrontiert in ihren Überlegungen zur *performing society* als Denkfigur zwischen Kapitalismuskritik und Performancekunst die Tanzperformance *Transformability* (2012) von Willy Prager mit dem gleichnamigen Manifest des Kulturphilosophen Boyan Manchev, das eine Neuaufstellung der Tanz- und Performancekunst im Zeichen der Metamorphose propagiert. Gezeigt wird, inwiefern die Choreographie einerseits die Verbindung zu ihrer theoretischen Vorlage herausstellt, sie andererseits jedoch lustvoll demontiert und unterläuft. Gerade in der körperlichen Verausgabung sieht die Autorin das politische Potential einer choreographischen Praxis, welche die Idee der theoretischen Vorschrift suspendiert.

In ihrem Artikel *Enacting Theory. Zur theatralen Rezeption humanwissenschaftlicher Diskurse* widmet sich Franziska Bergmann der Bearbeitung von Theorien Donna Haraways und Giorgio Agamben in René Polleschs Inszenierung *Das purpurne Muttermal.* Hier werde Haraways Kritik an der anthropologischen Differenz nicht nur diskursiv verhandelt, sondern auch durch die Schauspieler_innen dargestellt, indem einige von ihnen Tierrollen übernehmen. Bergmann deutet die Verschaltung der Theorien Haraways und Agambens bei Pollesch als Eröffnung eines theatralen Denkraumes, welcher auf produktive Weise ebenso tierphilosophische wie gendertheoretische Fragen miteinander verbindet.

Auch Mascha Vollhardt geht in ihrem Artikel *(Feministische) Theorie und Alltag. Theorie als theatrale Praxis* René Polleschs Diskursivitätsverständnis nach. Die Autorin untersucht die textuelle Rezeption feministischer Theorien von Donna Haraway, Judith Butler u. a. anhand zweier Theaterstücke von Pollesch. In *Sex. Nach Mae West* und *Die Welt zu Gast bei reichen Eltern* fungieren die Theorien laut Vollhardt als eine Art ‚Sehhilfe', mit denen die Protagonist_innen im Text ihren eigenen Alltag reflektieren können. Dabei wird die strukturelle Nähe von feministischer Theorie und den Texten Polleschs herausgearbeitet. Theorie kann bei Pollesch als in theatrale Praxis transformiert verstanden werden.

Ausgehend von feministischer Performancekunst in den 1970ern stellt Gesche Gerdes in ihrem Artikel *(Post-)Feminismus als Theater?* aktuelle Inszenierungen von She She Pop, Fräulein Wunder AG und Katarina Schröter vor, die sich explizit auf feministische Theorien beziehen. Die Autorin fragt nach einer spezifisch gegenwärtigen Arbeitsweise und verdeutlicht die unterschiedlichen Voraussetzungen für einen Diskurs über Feminismus innerhalb und außerhalb des Theaters. Gerdes bemerkt eine ausgeprägte Reflexivität, die sich sowohl auf aktuelle als auch historische Spektren des Feminismus bezieht und schlägt daher vor, die untersuchten Inszenierungen unter dem Begriff ‚Postfeminismus' zu subsumieren.

Jenny Schrödl sprach für ihren Artikel *Theoriebezüge und -diskurse in der Queer Performance* und mit queeren Performer_innen über die Rolle und Bedeutung von

Queer- und Gender-Theorie für ihre eigenen Arbeiten. In den Gesprächen mit Bridge Markland und Antonia Baehr_Werner Hirsch u. a. werden sehr unterschiedliche Zugänge zum Verhältnis von Theorie und Praxis sichtbar. Die Spanne der Theoriebezüge reicht von völliger Bezugslosigkeit bis zur performativen Umsetzung von Donna Haraways posthumaner Theorie in *My Dog is My Piano* von Antonia Baehr. Laut Schrödl spielen Theoriebezüge in queeren Performances nur eine Rolle neben anderen Wissensformen wie etwa einem verkörperten oder einem geteilten Wissen.

Warum es den französischen Theaterautor und Regisseur Valère Novarina endlich auch hierzulande zu entdecken gilt, zeigt Kerstin Beyerleins Artikel *Eine Theorie theatraler Spracherfahrung*. Beyerlein weist nach, inwiefern sich Novarina als ein besonderer Vertreter des postdramatischen, performativen Theaterdenkens begreifen lässt, gerade aufgrund seiner Theorie der leiblichen Spracherfahrung, welche diesen Ansatz bereichert. Dass sich Novarinas phänomenologisch geschärfte Theoretisierung einer verkörperten Sprache vorrangig in Aphorismen vollzieht, macht eine weitere Besonderheit seines Schaffens aus.

Drei Performances der griechischen Performancegruppe Nova Melancholia stehen im Fokus von Natascha Siouzoulis Artikel *Theorie und Theater: Eine melancholische Beziehung*. Markant ist, dass Nova Melancholia Texte wie René Descartes' *Erste Meditation*, Siegmund Freuds *Trauer und Melancholie* sowie Walter Benjamins *Geschichtsphilosophische Thesen* auf die Bühne bringt – Texte also, die sich einer unmittelbaren Verständlichkeit versperren und auf den ersten Blick uninszenierbar wirken. Doch daraus ergibt sich die besondere Spannung dieser Inszenierungen, wie die Autorin nachweist. Siouzouli begreift die Inszenierungspraxis der Gruppe Nova Melancholia als ein in Szene gesetztes Prinzip des radikalen Zauderns und hebt auf die Herausstellung von Effekten ab, die gerade aus der Ver- und Entfremdung der Texte und der Verweigerung von Verständlichkeit entstehen. Die Performances verbleiben in einem zaudernden, melancholischen Zustand, indem sie eine finale Interpretation der Texte verweigern und die Texte zu ambivalenten Körpern werden lassen.

Wie Siouzoulis Text stellen die meisten hier versammelten Beiträge die ausgeprägte Selbstreflexivität heraus, die diskursorientierte Inszenierungen auszeichnet, die markierten Verbindungen zwischen einem eher epistemologisch-theoretischen und einem eher szenisch-sinnlich ausgerichteten Genre. Dabei sind die Bezugsweisen der Inszenierungen und Texte höchst vielschichtig, sie bewegen sich in einem Spektrum zwischen expliziter Thematisierung, etwa in der Titelgebung und dem direkten Zitieren, und impliziter Verlautbarung wie bei den Queer Performances, in denen Theoriebezüge zum Teil sehr vage bleiben oder auf ein (verkörpertes) Wissen aus ‚zweiter Hand' zurückgreifen. Dabei scheint vor allem das, was Siouzouli in ihrem Beitrag herausarbeitet, evident; es schließt auch ein wenig an die prononcierte Wirkungsweise von Polleschs Theater an: Theorietexte werden als endlose Fragen verhandelt, um ihre Unverständlichkeit, ihre verlockende Fremdheit nicht zu zerstreuen, sondern im Gegenteil noch zu erhöhen, aber dennoch – oder gerade deshalb – muss es immer ein Anspruch bleiben, sie im Alltag umsetzen zu können, das heißt sie zu einem Teil des/der Einzelnen und seiner/ihrer Gemeinschaft zu machen.

Den diesen Beiträgen vorausgegangenen Workshop *Theoriediskurse in Theater und Performance der Gegenwart* haben Astrid Hackel, Kaspar Renner und Mascha Vollhardt im November 2012 an der Humboldt-Universität zu Berlin veranstaltet. Ein herzliches Dankeschön für die Unterstützung dieses Workshops und die Veröffentlichung des Bandes gilt Prof. Dr. Ulrike Vedder sowie Kaspar Renner für die Mitarbeit am Manuskript.

Literatur

Derrida, Jacques. 1991. *Aufzeichnungen eines Blinden. Das Selbstporträt und andere Ruinen* (Hrsg. M. Wetzel). München: Wilhelm Fink Verlag.
Lehmann, Hans-Thies. 1999. *Postdramatisches Theater*. Frankfurt a. M.: Verlag der Autoren.
Peters, Sibylle. 2011. *Der Vortrag als Performance*. Bielefeld: Transcript.
Poschmann, Gerda. 1997. *Der nicht mehr dramatische Theatertext. Aktuelle Bühnenstücke und ihre dramaturgische Analyse*. Tübingen: Niemeyer.
Rokem, Freddie. 2010. *Philosphers & thespians. Thinking performance* (Hrsg. M. Bal und H. de Vries). Stanford: Stanford University Press.
Sekula, Allan. 1982. On the invention of photographic meaning. In *Thinking photography*, Hrsg. V. Burgin, 9–28. London: Palgrave Macmillan.

Falsche Freunde. Von der Unversöhnbarkeit von Theater und Theorie

Adam Czirak

Versprich mir Freundschaft, aber halte nichts!
(W. Shakespeare: *Timon von Athen*, 4. Aufzug, 3. Szene)

Die Annahme, dass Kunst und Wissenschaft in der Regel einander rechtfertigen können oder sogar sollten, ist keineswegs naiv, zieht man etwa in Betracht, wie stark sich geisteswissenschaftliche Disziplinen und Künstler_innenpositionen durch gegenseitige Bezugnahmen zu legitimieren versuchen. Wenn Theatertheorie und -praxis konzilieren und darauf hinsteuern, einander zu bestätigen, zu erklären oder zu demonstrieren, sich in der Dynamik ihrer Veränderung immer einzuholen und ihr Verhältnis auf Imperative der Anwendung und Deutung zu fundieren, dann verkennen sie die aporetischen Spannungen ihres gemeinsamen etymologischen Ursprungs und versuchen jene semantischen und logischen Inkongruenzen zu verschleiern, die im altgriechischen Lexem *theôría* und dessen doppelter Bedeutung als *Schaufest* und zugleich als *Tätigkeit geistigen Anschauens* nisten. Nicht die Harmonie, vielmehr die fortwährende und stets Differenzen produzierende Dialektik (szenischen) Zeigens und (geistigen) Reflektierens hält die komplexe Epistemologie von Theater und Theorie zusammen, denn auch in diesem Zusammenhang gilt, was Paul de Man von der widerständigen Relation von Grammatik und Rhetorik bemerkt hat: „Die Attraktion [ihrer] Versöhnung ist der Nährboden falscher Modelle und Metaphern" (1988, S. 33).

Die in diesem Aufsatz aufgegriffenen Theatermachenden könnte man als Vertreter eines „Theaters der Dekonstruktion" (Kruschkova 2002) bezeichnen. Sie verabschieden Dichotomien der Produktion und Rezeption, der ‚auktorialen Inten-

A. Czirak (✉)
Berlin, Deutschland
E-Mail: adam.czirak@fu-berlin.de

A. Hackel, M. Vollhardt (Hrsg.), *Theorie und Theater*,
Kulturelle Figurationen: Artefakte, Praktiken, Fiktionen,
DOI 10.1007/978-3-658-04102-1_2, © Springer Fachmedien Wiesbaden 2014

tion' und deren Interpretation, der Praxis und der Regelhaftigkeit – Oppositionen also, die sich allesamt herausgebildet haben, um ihre mögliche Vereinigung nahe zu legen oder eine Komplementarität denkbar zu machen. Indem Regisseure wie Nicolas Stemann, René Pollesch oder Laurent Chétouane, Performancekollektive wie das Nature Theater of Oklahoma oder Forced Entertainment an inszenatorischen Gesten und Experimenten interessiert sind, die die Theorie für die Praxis unanwendbar oder, anders herum, die Praxis für die Theorie uneinholbar machen, stellen sie die Versöhnung zwischen Theater und Theorie als ein uneinlösbares Ver-Sprechen aus. Was dementsprechend aus den folgenden Analysen ersichtlich wird, ist der Widerstand des Theaters gegen die Theorie bzw. die Problematik, wie das Theater – verstanden als Apparatus des Zeigens und Zuschauens – selbst gegen seine eigene praktische Realisierung Widerstand leistet. Es sollen Momente der Verunsicherung aufgespürt werden, in denen Theorie und Praxis nicht mehr Seite an Seite stehen, einander affirmieren oder realisieren; Momente des Unentscheidbaren und des Nicht-Theoretisierbaren werden in den Fokus gerückt, in denen Theater und Theorie ihre Inkommensurabilität offenbaren, sich selbst im Wege stehen oder für eine Dependenz jenseits ihrer oppositionellen Hierarchie öffnen.

1   Die Gefahr der Ironie. Gestörtes Verhältnis von Theater und Theorie (Nature Theater of Oklahoma)

Mit einer doppelten Bühnensituation sind die Zuschauer_innen konfrontiert, wenn sie das stilisierte elisabethanische Bühnenambiente – und den damit einhergehenden zweifachen Kulissenrahmen – auf der sonst nackten Spielfläche des Berliner Hebbel Theaters in der *Romeo and Juliet*-Produktion des Nature Theater of Oklahoma betrachten. Doch nicht nur das Setting ist als Zitat markiert, sondern auch die etwa anderthalb Stunden lang vorgetragenen Monologe von Anne Gridley und Robert M. Johanson, die immer und immer wieder auf den Plot von Shakespeares gleich betiteltem Drama rekurrieren. Statt Shakespeare zitieren sie Amerikaner_innen, die darum gebeten wurden, die vermeintlich simple, sich dennoch als verwicklungsreich herausstellende und in ihrer narrativen Logik scheinbar nicht widerspruchsfrei wiederholbare Fabel des Shakespeare'schen Originals *von Anfang bis Ende* in Telefongesprächen spontan nachzuerzählen. Die Inszenierung greift die dreißig Inhaltsangaben eins zu eins auf, denn die Spielenden rezitieren die Telefonmonologe samt den signifikanten Momenten des Zögerns, samt Versprechern, Füllwörtern, Verunsicherungen und den immer lauter werdenden, aber ungewollten Widersprüchen. Am Anfang der meisten Deklamationen steht die

Frage nach dem Ort des Geschehens: „Where the hell they are in? Florence or Messina?" Jemand meint sich daran zu erinnern, dass sich alles in einer Stadt namens Montague abgespielt hat. Zur Sprache kommen überdies hinzu erfundene Helden, neue narrative Wendungen und vor allem eine stets modulierende Schilderung der abschließenden, tragischen Schicksalsschläge von Romeo und Julia hinsichtlich der Reihenfolge bzw. der Art und Weise ihres Sterbens: ‚Gab es ein Duell?' ‚Haben die beiden Gift oder doch nur einen Zaubertrank getrunken?' Rhetorische Fragen, die eine plötzliche Verunsicherung kundgeben. Bemerkenswert erscheint daher in den Nacherzählungen die Vielstimmigkeit der Rede, die zwischen diversen Figurenreden sowie inner- und außerdiegetischer Kommentarpositionen wechselt: „So, and then one took the poison and the other one like oh no, was too late you know... Is that anything remotely like that?" Nicht weniger verwirrend sind die intertextuellen Bezüge, die die Inhaltsangaben bewusst oder unbewusst durchwalten: Das Musical *West Side Story*, welches die Liebesgeschichte ins New York der 1950er Jahre verlegt hat und dessen Einflüsse auf unser kulturelles Gedächtnis nicht zu unterschätzen sind, aber auch die Verwirrungen, die uns durch die zahlreichen filmischen Bearbeitungen und die ihnen inhärenten Differenzen zum Shakespeare'schen ‚Original' in die Irre führen – man denke vor allem an den Spielfilm *Romeo + Juliet* mit Leonardo DiCaprio und Claire Danes in der Hauptrolle, welcher den Stoff für die an Pop- und Fernsehästhetik geschulten Augen aktualisiert und die Erinnerungen an das Drama weitgehend überschreibt –, bezeugen jeweils die latente Übercodierungsmacht des Illusionskinos und anderer Spektakel. Es verwundert daher nicht, dass die Gesamtdramaturgie des Abends nicht auf die Konfrontation von Original und Nacherzählung hinausläuft. Vielmehr setzt sie sich aus einer polyphonen Anhäufung einander revidierender Monologe zusammen, die sowohl im Einzelnen ständigen Korrekturen oder vakanten Widersprüchen unterworfen sind als auch in ihrer Aneinanderreihung beständig relativiert oder zerstört werden. Nature Theater of Oklahoma stellt Texte und Lesarten in eine dialogische Beziehung zueinander, sodass wir es mit einer subversiven Wechselrede zwischen Texten zu tun haben, die hinsichtlich ihrer doppelten Kodiertheit keine totalisierende Anthropomorphisierung auf der Bühne erfahren können: Zum einen leben die Texte von dem Versprechen, einen ‚originalen' Genotext zu wiederholen, doch lösen sie sich zum anderen in einem Universum von rhetorischen Figuren auf, die den Modus buchstäblicher Rede verunmöglichen und auf unkontrollierbare Weise vor Augen führen, dass „Metaphern [...] sehr viel zählebiger [sind] als Tatsachen" (de Man 1988, S. 33). Was die Rezeption der in sich inkongruent werdenden und miteinander in Konflikt geratenden Monologe bestimmt, ist eine besondere Erscheinungsform sprachlicher Ironie, die den Akt des Sprechens (theatrale ‚Darstellungspraxis') genauso unbeherrschbar macht wie eine anschließende Reflexion

(Theorie). Schließlich droht die Konfusion direkt auf die Zuschauer_innen über-
zugreifen, die das Theater mit einem nicht zusammensetzbaren, sogar die eigenen
Leseerinnerungen attackierenden Textgemenge verlassen. Doch wie arbeitet hier
die Ironie gegen die Inszenierungspraxis bzw. eine Theorie des Theaters?

Nicht ohne Grund hat Friedrich Schlegel von der zerstörerischen Kraft der Ironie, die in der angesprochenen *Romeo and Juliet*-Produktion explizit ausgestellt zu
sein scheint, Folgendes behauptet: „Wer [die Ironie] nicht hat, dem bleibt sie auch
nach dem offensten Geständnis ein Rätsel." (Schlegel 1971, S. 536) Schlegel geht es,
im Gegensatz zu den meisten (Theater-)Theoretikern der Ironie[1] keineswegs um
ein Kunstmittel, das uns bei der Unterscheidung zwischen Gesagtem und Gemein-
tem beisteht. Auch Paul de Man hat die vorherrschende Definition der Ironie –
verstanden als (postmodernes) Mittel der Unterbrechung von Illusion oder Fiktion
– dekonstruiert, weil im Herz dieses Ironieverständnisses eine Ontologisierung der
Autor_innenposition steckt: Nimmt man an, die Ironie wäre ein Kunstmittel und
somit in der Rede identifizierbar, wüsste man auch entsprechend, wann der Autor
das Gegenteil des Gemeinten predigt bzw. wann er genau das Gemeinte sagt. Die
Reduktion der Ironie auf einen Kunstgriff suggeriert, dass auch jene Sprachwirkun-
gen kontrollier- und rationalisierbar wären, die Schlegel in seinen Ausführungen
Über die Unverständlichkeit und de Man in seinem Konzept der Rhetorizität als
unauslotbar und gefährlich gedeutet haben. Kurzum: „Ironie ist keine Komödie
und die Theorie der Ironie ist keine Theorie der Komödie" (de Man 1997, S. 182),
vielmehr müssen wir die destruktiven Potenziale einer Ironie anerkennen, die nicht
lokalisierbar, nicht beherrschbar und nicht aufzuhalten ist. Um diesen Gedanken
zu plausibilisieren, greift de Man auf eine Schlegel-Passage zurück, in der die *com-
media dell'arte*-Figur *il buffo* vorgestellt wird: Er hat eine komische Rolle inne
und steht für „die Unterbrechung der narrativen Illusion, für das *aparté*, [er ist]
die Nebenbemerkung für das Publikum, mit dessen Hilfe die Illusion der Fiktion aufgebrochen wird (was wir auf Deutsch *aus der Rolle fallen** nennen [...])."
(de Man 1997, S. 178, Hervorhebungen im Original) Für die Bezeichnung solcher
Unterbrechungen gibt es in der Rhetorik einen technischen Begriff: die *Parabase*.
Mit ihr kennzeichnet man die Störung einer diskursiven Kohärenz durch einen
Wechsel in das rhetorische Register. Entsprechend kommt die Parabase dann zum
Vorschein, wenn die Syntax eines Satzes und die von ihr geweckten Erwartungen

---

[1] Vgl. v. a. Jens Roselts Monografie *Die Ironie des Theaters*, in der Ironie nur in Bezug auf
etwas ontologisch Gegebenes, Authentisches konzeptualisiert und mithin die Rede von der
Schlegel'schen, nicht domestizierbaren Ironie zum Schweigen gebracht wird: „[V]on Ironie
[kann] nur gesprochen werden [...], wenn sie sich an etwas anheftet, was auch ohne sie wäre"
(Roselt 1999, S. 47).

plötzlich unterbrochen werden und der/die Leser_in mit etwas Unerwartetem konfrontiert wird. Wie tückisch die Schlegel'sche Ironie ist, zeigt sich darin, dass dieser sich nicht mit der Gleichsetzung von Ironie und Parabase zufrieden gibt. „[D]ie Parabase reicht nicht für Schlegel", so de Man, „Ironie ist nicht nur eine Unterbrechung; [...] sie ist die ‚permanente Parabase'" (de Man 1997, S.178 f.).[2] Sprache, als tropologisches System verstanden, ist voller Fallgruben und Stolpersteine, die einen sicheren Ein- und Austritt in die bzw. aus der Ironie (Kérchy 2010, S. 85), d. h. die Bestimmung von ‚eigentlichen' und ‚uneigentlichen' Sprecher_innenidentitäten untergraben. Die Ironie ist nicht zu suspendieren und ihre unverfügbare, zerstörerische Kraft besteht gerade darin, dass wir ihr Walten womöglich erst zu spät – wenn überhaupt – registrieren: „gesetzt es blieb auch während eines langen Zeitraums alles ruhig, so wäre doch [der Ironie] nicht zu trauen" (Schlegel 1971, S. 538).

Bezieht man diese Ironieauffassung auf die Telefonmonologe bei Nature Theater of Oklahoma, so wird ersichtlich, wie die Sätze überwuchert sind von syntaktischen Brechungen, Perspektivwechseln und rhetorischen Fragen: „So, and then one took the poison and the other one like oh no, was too late you know – Is that anything remotely like that?" Oder an einer anderen Stelle: „Is that good enough? I am close to it?" – „Ist es gut genug?" – eine Frage, die den Diskurs der Narration unterbricht und genau das in Abrede stellt, was sie nahezulegen scheint. Denn sie verwickelt die grammatischen und rhetorischen Kodizes der Sprache in ein unauflösbares Spannungsverhältnis: Die Ebene einer geschlossenen, mit *ja* oder *nein* zu beantwortenden Frage wird übertönt von einer figurativen Bedeutung, die keine Frage suggeriert, vielmehr aber einen Ausdruck von Verunsicherung und Zweifel artikuliert. Diese Spannung setzt die sprachliche Logik aus, denn es scheint unmöglich zu bestimmen, ob die buchstäbliche oder figurative Bedeutung dominiert. Womöglich ist es kein Wunder, warum Schlegel auf Shakespeare zu sprechen kommt, um seine Definition der sprachlichen Ironie als permanente Parabase zu verdeutlichen und die Gefahren einer Situation aufzuzeigen, in der „man nicht wieder aus der Ironie herauskommen kann" (1971, S. 538).[3] Doch können wir noch von einem theatralen Akt des Zeigens und Wahrnehmens sprechen, wenn die Grenzen zwischen ‚Original' und Kopie sowie zwischen Autor-, Erzähl- und Figurenperspektiven bis

---

[2] „Die Ironie ist eine permanente Parekbase. –" (Schlegel 1963, S. 85)

[3] „Mit der Ironie ist durchaus nicht zu scherzen. Sie kann unglaublich lange nachwirken. Einige der absichtlichsten Künstler der vorigen Zeit habe ich in Verdacht, daß sie noch Jahrhunderte nach ihrem Tode mit ihren gläubigsten Verehrern und Anhängern Ironie treiben. Shakespeare hat so unendlich viele Tiefen, Tücken, und Absichten; sollte er nicht auch die Absicht gehabt haben, verfängliche Schlingen in seine Werke für die geistreichsten Künstler der Nachwelt zu verbergen, um sie zu täuschen, daß sie, ehe sie sichs versehen, glauben müssen, sie seien auch ungefähr so wie Shakespeare?" (Schlegel 1971, S. 538)

zur Unkenntlichkeit verschwimmen? Was bewirken Sprachakte auf der Bühne, die auf ein Chaos grammatischer und rhetorischer Kodizes hinauslaufen? Diese Fragen und Annahmen fordern Theorie wie Praxis des Theaters gleichermaßen heraus[4] und unterwandern ihre vermeintlichen ontologischen oder referenziellen Beziehungen. In *Romeo and Juliet* wird die scheinbar so bezwingbare Aufgabe des Nacherzählens zum Verhängnis dramaturgischer Konsistenz und rezeptionsästhetischer Gewissheit. Die Monologe destabilisieren nämlich zum einen – auf der Ebene der Dramaturgie – die Bestimmbarkeit dessen, ob hier Strategien des Deklamierens oder Improvisierens, Repräsentierens oder Zitierens, Präsentierens oder Verschwindens am Werk sind und heben zum anderen – auf der Interpretationsseite – auf eine vergleichbar verwirrende Weise die semiotisch, phänomenologisch oder performativitätstheoretisch gesicherten Analysehorizonte auf und torpedieren nicht zuletzt das eigene Wissen über die dramatische Geschichte. Sowohl das textuell gesicherte darstellerische System als auch die theatertheoretischen Kategorien werden hier den zerstörerischen Effekten einer sprachlichen Ironie unterworfen, die die mimetische oder diegetische Kohärenz Monolog für Monolog brüchiger werden lässt.

Wie gewaltig die Ironie mit der Idee künstlerischer Intentionalität bzw. Kontrolle und wissenschaftlicher Theoretisierbarkeit abrechnet, wird aus einer zugespitzten These von Paul de Man deutlich: „die gesamte Disziplin der *Germanistik** ist aus dem einfachen Grund entstanden, Friedrich Schlegel zu umgehen" (1997, S. 168, Hervorhebung im Original), und zwar deshalb, weil man einem Ironiekonzept Vorschub leisten wollte, das auf Verstehen und Beherrschbarkeit fundiert. Wir sehen, wie die zerstörerische Kraft der Schlegel'schen Ironie auf das Theater und dessen Theorien übergreifen und zu deren Unversöhnbarkeit führen kann. Auf diese Weise lässt sich das doppelt destruktive Potenzial der Ironie auf das Verhältnis von Theaterpraxis und -theorie projizieren, bringt doch die permanente Parabase sowohl die Form als auch die Analyse theatraler Darstellung aus der Fassung.[5] Einerseits

---

[4] Die ungarische Theaterwissenschaftlerin Vera Kérchy hat in ihrer Dissertation ebendiese Herausforderungen der Aufführungsanalyse jenseits der ideologisch gefestigten Modelle der Theatersemiotik und der phänomenologisch orientierten Performancetheorie nachdrücklich aufgezeigt und analysiert (Kérchy 2010). Die Rekurse auf Paul de Mans Ironie-Konzept sind der Lektüre von Kérchys Dissertation zu verdanken.

[5] Diese doppelt destruktive Kraft der Ironie hat Paul de Man im Bereich der Literatur(theorie) auf die narrative Konsistenz (Erzählpraxis) wie auch auf deren Reflexion (Erzähltheorie) bezogen: „So we could say that any theory of irony is the undoing, the necessary undoing, of any theory of narrative, and it is ironic, as we say, that irony always comes up in relation to theories of narrative, when irony is precisely what makes it impossible ever to achieve a theory of narrative that would be consistent. [. . .] There is a machine there, a text machine,

läuft die Unkontrollierbarkeit der Ironie auf die Erosion von Theaterkonventionen rollenbedingten oder ichidentischen Sprechens und Zeigens hinaus. Andererseits tangieren die Verwirrungen auch die theoretische Anschlussfähigkeit an diese Inszenierung: Bedenkt man, wie häufig theatrale Kommunikation assoziiert wird mit Responsivität, Dialogizität und Wechselseitigkeit zwischen Akteur_innen und Zuschauer_innen, mehr noch: wie trennscharf einige Theaterwissenschaftler_innen ihren Gegenstandsbereich bestimmt und legitimiert haben als einen Korpus von Aufführungen, die aus der Summe zwischenmenschlicher Beziehungen entstehen, dann taucht die Frage auf, wie man mit performativen Dynamiken umgeht, die nicht mit den phänomenalen Dimensionen des Zeigens und Wahrnehmens vereinbar bzw. jenseits der gegenseitigen Einflussnahme von Akteur_innen und Publikum zu verorten sind. Die Involvierung der Theaterzuschauer_innen scheint in *Romeo and Juliet* in Momenten der Wiedererkennung von Zitaten zu bestehen, deren Wahr- und Falschheit allerdings unentscheidbar bleibt. Somit rücken – ungeachtet der auf der Bühne erscheinenden Schauspieler_innen und ihrer Stimmen – Erfahrungen des Gespenstischen, des radikal Einseitigen und Nicht-Beeinflussbaren ins Zentrum der Partizipation. Kontingenz wird hier nicht so sehr in Form des unberechenbaren Verlaufs von Interaktionen zwischen Aufführungsteilnehmer_innen virulent, sondern in der Unkontrollierbarkeit der sprachlichen Spannungen, d. h. von kognitiven und performativen, grammatischen und rhetorischen Inkongruenzen der Rede: Man fragt sich dabei, inwiefern die gebrochene Gegenwartsdimension von Aufführungen die gängigen, an der Materialität und Medialität eines ‚Hier und Jetzt‘ orientierten Methoden theaterwissenschaftlicher Forschung provoziert.

Im Folgenden werde ich nachzeichnen, wie stark die Praktiken des Zitierens die Theaterrezeption seit der Antike beeinflusst haben und zu welchen subversiven, Theater und Theorie gleichermaßen unterlaufenden Wirkungen ihr Einsatz in der zeitgenössischen performativen Kunst führen kann. Meine These ist, dass Rekursivität und Zitation im Gegenwartstheater am produktivsten mit der linguistischen Kategorie der *faux amis* (falsche Freunde) beschrieben werden können, einer Kategorie nämlich, die die Grenze des Logischen und Verlässlichen markiert. Zwar wird die Diskursgeschichte der Freundschaft von Aristoteles[6] über Michel de Montaigne bis Friedrich Nietzsche von Stimmen übertönt, die Freundschaftsbeziehungen als wechselwirksame, immer ‚zwischen zwei Personen‘ etablierte Relationen definieren. Ähnlich wie die aktuellen Diskurse über die Theateraufführung leben sie von

---

an implacable determination and a total arbitrariness, *unbedingter Willkür*, [Schlegel] says [...], which undoes any narrative consistency of lines, and which undoes the reflexive and the dialectical model" (de Man 1996, S. 179, 181).

[6] Aristoteles spricht von Freundschaft, die auf Gegenseitigkeit und Gleichheit basiert: „(echte) Freunde aber sind nur die, deren Basis die Gleichheit ist" (Aristoteles 1962, S. 74).

starken Konnotationen des Dialogischen und der Gegenseitigkeit. Die im Titel an-
gekündigte Annäherung an falsche Freunde wird hingegen darauf hinauslaufen, die
linguistische Kategorie der *faux amis*, die gemeinhin für semantische Verwirrungen
steht, auf dramaturgische Strategien in zeitgenössischen Theaterproduktionen zu
beziehen. Ertappt und ins Auge gefasst werden sollen damit Redefigurationen, deren Bedeutungsebene befallen wird von einer phänomenal nicht verfügbaren Ironie,
von der Täuschung oder von einer zerstörerischen Akustik stimmlicher Materialität. Was die Konfliktpotenziale von Referenzialität und Rhetorik, Theatralität und
Performativität (Derrida) mit einer Politik der Freundschaft gemein haben, wird
allerdings erst im abschließenden Teil erläutert.

2   Kurze Theatergeschichte des Zitats

Obwohl die ästhetische Strategie des Zitierens häufig mit der Verbreitung (neo-)
avantgardistischer Kunst assoziiert wird, reichen die Praktiken textueller Rekursion
weit in die Dramen- und Theatergeschichte zurück. Bedenkt man, dass Boten, Ge-
sandte oder Raisonneure, die im Theater zu Worte kommen, immer „mit fremder
Stimme" (Krämer 2008, S. 39) sprechen, dann fällt ins Auge, welch eine zentrale Rolle den Personifikationsweisen des Zitats seit der Antike zukommt bzw. wie
häufig die szenischen Koordinaten des Hier und Jetzt transzendiert werden. Die
abendländische Theatergeschichte setzt, wenn man so will, mit der Verkörperung
des Zitats auf der Bühne an, und zwar durch die Etablierung der Botenfigur. Die
Einführung des zweiten Schauspielers durch Aischylos zielte nämlich nicht darauf
ab, einen Dialogpartner ins Spiel zu bringen, sondern einen Gesandten erscheinen
zu lassen, der seiner primären Funktion nach aus dem Universum der außerszenischen Wirklichkeit eine Botschaft überträgt; er kann nicht als Gegenpart in
eine Wechselrede verwickelt werden. Während die klassischen Definitionen des
Dramas davon ausgehen, dass die dialogische Struktur als das primäre Charakte-
ristikum dramatischer Texte anzunehmen ist,[7] erweist sich die antike griechische
Tragödie vielmehr als eine Urszene des Botengangs und somit eine des Berichtens
und Zitierens. Das Drama *Die Perser* ist ein eklatantes Beispiel für die Etablierung
des zweiten Schauspielers, dessen Funktion darin bestand, von szenenexternen Ge-
schehnissen in einer epischen Redeform zu referieren. Bevor das Drama dialogisch

---

[7] An dieser Stelle sei es nur an die Hegel'sche Definition des Dramas verwiesen: „Die
vollständige dramatische Form ist der Dialog" (Hegel 1971, S. 527).

geworden ist, bedurfte es einer Zitierpraxis, wie auch Hans-Thies Lehmann bemerkt hat: „[I]n der Tragödie [geht es] vorab um *Aus-Sprache* der Figuren [...], nicht in erster Linie um das ‚Miteinander‘ des Sprechens". „Nicht aus einem Willen zu Dialog und Dramatik entsteht die Tragödie", sondern aus einer „neuen Diskursform, die ihren ‚dramatischen‘ Anfang im *Botenbericht* hat." (Lehmann 1991, S. 44 f, Hervorhebung im Original)

Die Polyphonie der Theateraufführung lässt sich nicht auf die flüchtigen Stimmen beschränken, die von den Akteur_innen akustisch hervorgebracht werden, denn auf der Bühne kommen immer auch diejenigen zu Wort, die trotz ihrer Absenz qua Zitat oder Paraphrase ‚Gestalt gewinnen‘. Trotz seines spektralen Charakters initiiert das Zitat bzw. seine Personifikation durch den Boten immer Kommunikation und treibt – ungeachtet der Abwesenheit eines Urhebers – die Handlung voran. Es war die Altphilologin Ruth Scondel, die auf die Paradoxie der Botenfigur in der Logik der dramenimmanenten Kommunikation aufmerksam gemacht und betont hat, dass die Mittelbarkeit, die dem Botenbericht eigen ist, einen höheren Grad an Authentizität suggeriert, als die ‚Unmittelbarkeit‘ der szeneninternen Figurenäußerungen (Schwinghammer 2010, S. 248). Die Glaubwürdigkeit des Boten rührt von seiner Augenzeugenschaft her, da er sowohl die Szenenfiguren als auch die Zuschauer_innen an einem Ereignis teilhaben lässt, das außerhalb des raumzeitlichen Rahmens der Aufführung situiert ist.[8]

Der Bruch mit der dialogischen Struktur war also dem Drama von dessen Entstehung an eingeschrieben und im Theater des Mittelalters kamen der Zitierpraxis weitere Qualitäten und Funktionen zu. In den geistlichen Spielen avancierte das Wort Gottes zu einer autoritären Referenz und fand in Form von Aussprüchen und Anspielungen Eingang in die kollektiven Rituale der Festkultur. Ein Beispiel dafür, inwiefern Gottes Wort als Grundlage theatraler Szenerien fungierte, stellt der sogenannte *Ostertropus* dar, der im 10. Jahrhundert verfasst wurde. Dieser Text spiegelt scheinbar ein Frage-Antwort-Spiel zwischen Engeln und jenen trauernden Frauen wider, die das Grab Christi nach dessen Auferstehung aufsuchen. Die Rollenverteilung und der dialogische Aufbau des Spiels können jedoch nicht darüber hinwegtäuschen, dass der *Ostertropus* auf der Verkündung einer Botschaft fundiert ist, dass hier also der Engelchor die Auferstehung Christi mittels der performativen Bekundung der Auferstehung nach der Logik des Botenberichts bezeugt und aktualisiert. Die dramatische Dialogstruktur zielt somit nicht darauf, eine Episode nach der Himmelfahrt zu repräsentieren, sondern das Bibelzitat in seiner unhinterfrag-

---

[8] Diesen Aspekt der Teilhabe betont Alexander Schwinghammer: „Der Botenbericht wird zur Inszenierung, der in seiner eigentümlichen Veranschaulichungsoption die ‚Teilhabe‘ am Ereignis ermöglicht" (2010, S. 249).

baren Beweiskraft zu exponieren: Indem es – häufig auch auf lateinisch – Gottes
Wort widerhallen ließ, gab es die ‚ewige Wahrheit' der Heiligen Schrift bekannt.[9]
Zur Zeit der Renaissance fiel die Einschätzung von Zitierverfahren viel ambiva-
lenter aus: Während die Humanisten das Zitat als einen „ausgegrabene[n] Schatz"
(Berg 2000, S. 21) feierten und die literarische Rekursivität als Mittel der Rückbe-
sinnung auf antike Vorbilder präferierten, legte Montaigne einen kritischen Essay
über das Zitat vor und setzte es mit dem Verlust an Originalität gleich (Montaigne
1992).[10] Mit diesem Gedanken korrespondiert auch das Konzept des neuzeitlichen
Dramas, welches sich von der Tradition übertragener Figurenrede emanzipiert. In
seiner Monografie *Theorie des modernen Dramas* hat Peter Szondi auf überzeugen-
de Weise unter Beweis gestellt, dass die Entstehung des klassischen Dramas mit
der Privilegierung der Wechselrede Hand in Hand ging: „Das sprachliche Medium
[der] zwischenmenschlichen Welt [. . .] war der Dialog. Er wurde in der Renaissance, nach Ausschaltung von Prolog, Chor und Epilog, vielleicht zum erstmal in
der Geschichte des Theaters [. . .] zum alleinigen Bestandteil des dramatischen Ge-
webes." (Szondi 2004, S. 14 f.) Wie das neuzeitliche Drama seine Wirkung durch
den Ausschluss des Boten und somit der Suspendierung des Zitats erzielte, wird
aus Szondis pointierten Formulierungen deutlich:

> Das [klassische] Drama ist primär. Es ist nicht die (sekundäre) Darstellung von etwas
> (Primärem), sondern stellt sich selber dar, ist es selbst. Seine Handlung wie auch
> jede seiner Repliken ist ‚ursprünglich', [und] wird in ihrem Entspringen realisiert.
> Das Drama kennt das Zitat sowenig wie die Variation. Das Zitat würde das Drama
> aufs Zitierte beziehen, die Variation seine Eigenschaft, primär, das heißt ‚wahr' zu
> sein, in Frage stellen und [. . .] sich zugleich sekundär geben. Zudem würde ein
> Zitierender oder Variierender vorausgesetzt und das Drama auf ihn bezogen. (Szondi
> 2004, S. 16 f.)

Mit der Krise des klassischen und der Entstehung des modernen Dramas am Ende
des 19. Jahrhunderts kehrt das Zitat auf die Theaterbühne zurück. Wie man weiß,
rehabilitiert Brechts episches Theater den Zeugenbericht und erhebt ihn zur dramaturgischen Grundlage modernen Theaters, d. h. nicht das Ereignis selbst, sondern
dessen Bericht wird zum Gegenstand der Aufführung:

---

[9] Zur Signifikanz des Zitats in der Kultur des Mittelalters vgl. die Ausführungen von Wim
van den Berg (2000, S. 17 f.).

[10] Wim van den Berg fasst Montaignes Position wie folgt zusammen: „Im großen und ganzen
sieht Montaigne das Zitat als ein gefährliches Ausdrucksmittel, das das eigene Denken un-
fruchtbar machen kann: es ist oft Schwäche, die uns dazu verleitet, uns mit dem zu begnügen,
was andere gefunden haben." (van den Berg 2000, S. 27).

Es ist verhältnismäßig einfach, ein Grundmodell für episches Theater aufzustellen. [...] Der Augenzeuge eines Verkehrsunfalls demonstriert einer Menschenansammlung, wie das Unglück passierte. Die Umstehenden können den Vorgang nicht gesehen haben [...] – die Hauptsache ist, daß der Demonstrierende das Verhalten des Fahrers oder des Überfahrenen oder beider in einer solchen Weise vormacht, daß die Umstehenden sich über den Unfall ein Urteil bilden können. (Brecht 1963, S. 70)

Brecht bezeichnet die Berichterstattung des Passanten als „Grundform großen Theaters": „[E]s [braucht] grundsätzlich keine anderen Elemente als diese Demonstration an der Straßenecke zu enthalten [...], um großes Theater sein zu können, daß es andererseits kein episches Theater mehr genannt werden könnte, wenn eines der Hauptelemente der Demonstration an der Straßenecke fehlte." (S. 71) Waren die Worte der Schauspieler_innen im modernen Drama ursprünglich, ohne auf Vorgängiges zu rekurrieren oder die Zuschauer_innen zu adressieren, so beziehen die Figurenäußerungen in Brechts epischem Theater ihre Wirkung aus dem Rückgriff auf Vergangenes und der Appellkraft, die sie kraft dieser Mitte(i)lbarkeit an die Zuschauer- bzw. Zuhörerschaft richten.

Seit den 1950er und 60er Jahren avanciert das Zitat zum zentralen ästhetischen Mittel postmoderner Kunst. Durch die Hinwendung zum Populären und die Grenzaufhebung zwischen Elite- und Massenkultur werden die hermetisch geschlossene Form des Dramas bzw. der kausallogische Aufbau narrativer Erzählstränge aufgebrochen und enge Bezüge zur aktuellen Alltagskultur produziert. Wie Barbara Gronau in Bezug auf die Dramentexte von René Pollesch, Elfriede Jelinek, Kathrin Röggla oder auf die Regiearbeiten von Frank Castorf[11] bemerkt hat, wird die Rolle des Boten im Gegenwartstheater vom Zitat übernommen: Anstelle des Boten trete das implizite Sprechen oder das Spiel mit Übertragungsmomenten, wie dies beispielsweise mit Hilfe von Videobildern erreicht werde. Das Eindringen der ‚Außenwelt' bedürfe auf den Bühnen der Gegenwart keiner extra *dramatis personae*, sondern es manifestiere sich, so Gronau, in der Struktur der Darstellung selbst.[12] Doch in welch forciertem Grad die außerszenischen Rekursionen zu Verwirrungen von Innen und Außen, Sagen und Gesagtem, Sprechakt und Diskurs führen können, zeigt sich bei Regisseuren wie René Pollesch, Nicolas Stemann und allen voran Laurent Chétouane, denn in ihren Arbeiten wird die konventionelle Logik von Darstellung und Rezeption, Theater und Theorie deutlich suspendiert.

---

[11] Die rhetorische Dimension der (visuellen) Wahrnehmung bei Castorf habe ich an anderer Stelle – mit Hilfe der Tropen Metapher, Metonymie und Synekdoché – untersucht (Czirak 2012, S. 74–84).

[12] Vgl. den Kurzvortrag von Barbara Gronau im Rahmen der Expertenrunde zur Eröffnung des Stückemarktes beim Theatertreffen 2009, Haus der Berliner Festspiele, 7. Mai 2009.

3   Die Lust an der Wiedererkennung im Universum referenzieller Verwirrungen: René Pollesch und Nicolas Stemann

Kein anderer Regisseur geht so obsessiv mit Zitaten um wie René Pollesch. Seien es zentrale Begriffe eines Wissensdiskurses, Aphorismen berühmter Persönlichkeiten, die Namen von prominenten Schauspielern, Politikern oder Philosophen, Polleschs Zitate eröffnen immer neue Rahmungen und diegetische Koordinaten, ohne jedoch ein geschlossenes und in sich kohärentes Referenzsystem für kausalnarrative Erzählstränge aufzubauen. Hinsichtlich der künstlerischen Strategie des Zitierens zeigt sich in seinem Oeuvre eine klare Kontinuität, unabhängig davon, ob er die Debatten um pornographische Körperinszenierung in *Tal der fliegenden Messer* aufgreift, die widersprüchliche Beziehung von Szene und Off anlässlich einer Filmproduktion in *Liebe ist kälter als das Kapital* ausstellt oder die metatheatrale Diskussion über den Verlauf einer Aufführung in *JFK* und in *Kill your darlings* pointiert: Die Beziehung wird immer zu einem institutionalisierten oder kulturell gefestigten diskursiven Frame gestiftet, das in seiner Zitathaftigkeit exponiert wird.

Neben subtilen Verweisen, die durch videotechnische Bildinszenierungen entfaltet werden und allesamt filmhistorische Vorkenntnisse erfordern, häufen sich in den jüngeren Arbeiten des Regisseurs jene expliziten intertextuellen Bezüge, die wohl bekannte historische Persönlichkeiten zu Worte kommen lassen. Indem Pollesch häufig auf längst vergessene oder für verschollen gehaltene Protagonisten des kollektiven Bildungsgutes Bezug nimmt und Diskurse der Hochkultur mit denen des Kommerziellen mischt, löst seine Wahl der Referenzen Effekte des Komischen aus. Mehr noch: Was die systematische Aufdeckung und metareflexive Interpretation von seinen Rekursionen erschwert – eine Schwierigkeit, die den aufführungsanalytischen Zugriff bis heute herausfordert und jenseits der Beschreibung der dramaturgischen Oberfläche seiner Produktionen fruchtlos bleiben lässt – ist v. a. zurückzuführen auf jenen extremen Grad der Anhäufung zitathafter Bezüge, die die Rhetorik jeder Aussage gefährdet und der zerstörerischen Kraft der Ironie bzw. deren schwindelerregendem Potenzial bei der Sinnzuschreibung freien Lauf lässt. Hinzu kommt ein maßloses Spiel mit der nicht-verifizierbaren Authentizität der fingierten Zitationen: In seinem am Stuttgarter Staatstheater uraufgeführten Stück *Liebe ist kälter als das Kapital* bedient er sich verstaubter Referenzen aus dem Fundus kultureller Erinnerung, wenn er international bekannte Protagonist_innen der europäischen Filmgeschichte zu Worte kommen lässt, ohne dass diese anwesend oder dargestellt wären. Die Pollesch-Schauspieler_innen verleihen Liv Ullmann, Erland Josephson oder Stellan Skarsgard ihre Stimmen, und zwar unabhängig davon, ob der Rückgriff auf diese Personen und ihre vermeintlichen Aussagen dramaturgisch begründet ist oder nicht. Der manifeste Rekurs auf historische Schauspielstars mündet nie in ihrer Nachahmung, ihnen werden vielmehr Äußerungen zugeschrieben, die mit ihrem kulturell verbreiteten Image brechen. Dies ist der Fall, wenn Liv Ullmann scheitert, einen Bankautomaten zu bedienen und sagt: „[I]ch [hab] so was noch nie gemacht. Ich bin immer mit einer Knarre in die Bank. Magnetstreifen und so was, das kenn ich gar nicht." (Pollesch 2009, S. 181) Beinahe jeder Satz lebt von der unaufhebbaren Spannung zwischen Grammatik und Rhetorik, Authentizität und Nonsense, prominenten und profanen Versatzstücken der Rede, sodass es unmöglich wird, Sprechenden und Gesprochenes, Zitat und Kontext in einer Synthese aufzuheben.

In der Regel kann das Zitieren als ein Verfahren definiert werden, das eine Form expliziter Intertextualität darstellt, wobei zu beachten gilt, dass zwar jedes Zitat das Prinzip der Intertextualität manifest werden lässt, nicht jede Art von Intertextualität aber als Zitat gelten kann. Als die französische Literaturwissenschaftlerin Julia Kristeva in den 1960er Jahren dafür plädiert hat, jeden Text als eine mosaikartig zusammengesetzte intertextuelle Zeichenstruktur zu interpretieren, fasste sie das Verfahren der Zitation als eine latent wirksame und unumgängliche Kulturpraxis menschlicher Kommunikation und künstlerischen Schaffens auf. Was sich in einer kurzen Theatergeschichte des Zitats und vor allem in den bereits angesprochenen Beispielen konkretisiert, ist jedoch eine dramaturgische Funktion des Zitierens, die sich nicht darin erschöpft, eine letztbegründete Bedingung der Sprachpraxis zu erfüllen. Vielmehr besteht sie in der expliziten Markierung textueller Einlagerungen, die einen abwesenden Sprecher oder Urheber aufweisen bzw. suggerieren. Während Peter Zima vom Zitat als einer „wortlautgerechte[n] Anführung" (2000, S. 306) spricht, scheint allerdings im zeitgenössischen Theater der semiotische Wert des Zitats gegenüber seiner performativen Dimension in den Hintergrund zu treten. Denn das, was das Zitat zur Sprache bringt, tritt zugunsten seines Vollzugscharakters zurück, was ein Zeigen ist: Es lenkt die Aufmerksamkeit auf etwas hin, das primär kein Sagen ist, sondern den Diskurs unterbricht und ihn neu ordnet.

Die Montagetechnik als prominentes Gestaltungsprinzip der historischen Avantgarde hatte noch die Zerstörung von Sinnhaftigkeit zum primären Ziel und realisierte eine Annäherung an die Grenzen der hermeneutischen Verstehbarkeit. Im Gegenwartstheater scheint hingegen jede Aggregation von Zitaten darauf zu zielen, kurze Momente der Wiedererkennung, ja einer auf die Zuschauer_innen delegierten *Anagnorisis* hervorzurufen, und zwar unabhängig davon, ob die heranzitierten Passagen innerhalb der szenischen Wirklichkeit eine die Bühnenhandlung vorantreibende Funktion erfüllen oder diese vielmehr unterlaufen. Denn die Anführung historischer oder zeitgenössischer Persönlichkeiten appelliert in erster

Linie an die Zuschauenden und ihr kulturelles Wissen. Indem sie nämlich die Wiederholung einer Bedeutungseinheit, die fest in ihrem kulturellen Wissensfundus verankert ist, als solche identifizieren, wird im Akt der Rezeption ein Überschuss produziert, der nicht auf den Inhalt oder den ursprünglichen Kontext zurückgeführt werden kann.

Diese Freude am Wiedererkennen leitet sich von Aristoteles über Diderot ab.[13] Vor allem aber hat Paul Ricœur in seinem Buch *Wege der Anerkennung* die Diskursgeschichte der Wiedererkennung – oder, wie er es bezeichnet, der Rekognition – seit Kant nachgezeichnet und darauf hingewiesen, dass die Anagnorisis nicht aus der „bloße[n] Wiederholung einer früheren Erfahrung, eines Schon-Gesehenen, Schon-Erlebten" (2006, S. 32) resultiert, sondern unweigerlich auch eine Dimension der An-Erkennung und der personellen Betroffenheit eröffnet. Die ungarische Philosophin Ágnes Heller spitzt diesen Gedanken wie folgt zu: „Die ‚Wiedererkennung' ist eine physische Freude, nicht nur im Falle von Musik, aber auch von Bildern, Skulpturen oder Gegenständen. Das, was ich wiedererkenne, damit bin ich in Freundschaft verbunden, damit pflege ich bereits eine intime Beziehung, das gehört zu meiner Welt." (Heller 2008, S. 212) In diesem Sinne wird im Akt der Wiedererkennung immer ein Mehr an Sinnhaftigkeit dadurch generiert, dass Verstehen und Erinnern, Sinnhaftes und Sinnliches aneinander gekoppelt und Erkenntnis mit einer positiven emotionalen Resonanz, d. h. mit dem Vergnügen am Überraschtwerden durch bereits Bekanntes verbunden wird. Die Zitate appellieren im Gegenwartstheater weniger an die Figuren innerhalb des Registers der Darstellung, und entfachen somit keinen semantischen, vielmehr einen diskursiven Effekt, der die Bühnenrampe überquert und an die Zuschauer_innen und deren kulturelle Erinnerungskompetenz gerichtet ist. Im Moment der Wiedererkennung erfolgt die Begegnung mit etwas Vertrautem, bereits Bekanntem und im kollektiven Imaginären Verankertem.

Haben semiotische Ansätze nach dem *Was?* des herbeizitierten Inhalts gefragt und dessen konstitutive Rolle ausschließlich auf der Ebene der Sinnproduktion ermittelt, so erfordern die Formen des Zitierens in zeitgenössischen Aufführungen einen diskursiven Ansatz, der die Zitate danach befragt, welche Wirklichkeiten sie hervorbringen und was für Effekte sie auf die Kanonisierung kultureller Bedeutungen ausüben. Aus Polleschs Regieästhetik wurde ersichtlich, dass Zitate nicht immer die Funktion erfüllen, den Zuschauer_innen eine Position im diegetischen Raum der Fiktion zu garantieren. Sie weisen dem Publikum vielmehr eine Stellung

---

[13] Laut Diderot ist die gute Mimesis „allein dazu geeignet [. . .], Bewunderung hervorzurufen. Aber warum soll man die Ähnlichkeit ‚bewundern'? Ist es, wie Aristoteles dachte, weil der Mensch Vergnügen an der Ähnlichkeit so wie am Lernen findet?" (Kofman 1986, S. 37)

innerhalb des kollektiven Kunst- und Kulturdiskurses zu, und stiften dadurch ein Gefühl kollektiver Zeitgenossenschaft.

Die dramaturgische Strategie, die einen Satz erst dadurch als relevant erscheinen lässt, dass dieser wiederholt und in seiner Zitathaftigkeit explizit gemacht wird, eröffnet Szenen der Begegnung, in denen die Rezipient_innen altvertraute und bekannte Sprecher_innen in oder ‚hinter' der aktuellen Rede zu erkennen meinen. Es handelt sich um Begegnungsszenen, die nicht auf körperlicher Reziprozität basieren, sondern auf der symbolischen Ebene vollzogen und auf Zitatfragmente reduziert werden.

Mit welcher Radikalität Zitierverfahren im Gegenwartstheater Momente der Wiedererkennung an die Erfahrung der Desorientierung koppeln können, zeigt sich in Elfriede Jelineks Drama *Ulrike Maria Stuart*. Die Frage, die die bisherigen Interpreten von Nicolas Stemanns Inszenierung des Stücks geleitet hat, bezog sich v. a. auf den Ursprung der auf der Bühne laut werdenden Stimmen. Diese Fragestellung betrifft zunächst die Problematik der tatsächlichen Autorschaft des Theaterabends, denn der Aufführungstext wird zwar Elfriede Jelinek zugeschrieben, bekanntermaßen existiert aber kein Theaterstück mit dem Titel *Ulrike Maria Stuart*, insofern die österreichische Dramatikerin die Veröffentlichung des Textes kategorial abgelehnt hat. Der Text, der in der Aufführung gesprochen wird, so die Dramaturgin Sonja Anders, resultiert aus massiven Eingriffen des Regisseurs und entspricht lediglich einem Drittel der Originalvorlage (Anders und von Blomberg 2007, S. 114). Diese Sachlage zieht einerseits eine Verwirrung über die Autor- und Urheberschaft des Abends nach sich, und, betrachtet man die fragmentierten und zahlreiche Allusionen, Andeutungen und Paraphrasen einschließenden Monologtexte, dann lässt sich von einer Zersplitterung aller Bühnenfiguren sprechen, deren Selbstidentität von der expliziten Zitathaftigkeit ihrer Äußerungen unterlaufen wird. Im Vordergrund der Inszenierung steht somit weniger eine dokumentarische Absicht, mithilfe von überlieferten Berichten, Tagebucheinträgen oder nachweisbaren Aussagen ein kohärentes und auf Fakten gründendes Abbild von der Geschichte der RAF zu präsentieren, als vielmehr die notwendige Polyphonie und Mehrdeutigkeit des zur Verfügung stehenden Materials zu akzentuieren. Dieses Material, das als eine Ansammlung von Zitaten und Sprechakten in Szene gesetzt wird, ruft nie nur einen Kontext wach, denn es wird stets in mehreren Figurenkonstellationen lesbar und aufgrund seiner Vielstimmigkeit fortwährend auf die Problematik der theatralen Repräsentation bezogen.

Stemanns Inszenierung ist eine Komposition der Stimmen, und zwar im doppelten Wortsinn, wenn man unter Stimme sowohl eine akustische als auch eine intentionale Substanz versteht. Zum einen nimmt Stemann die zwei- und dreifache Besetzung einzelner Rollen vor und potenziert somit die akustisch vernehmbaren

Sprechstimmen, die demselben/derselben Sprecher_in zuzuordnen sind. Zum anderen baut er komplexe Referenzstrukturen in die Figurenreden ein und lässt jede_n Akteur_in an Stelle von mehreren bekannten historischen oder zeitgenössischen Protagonist_innen reden. In der Verwirrung der Eigennamen kann man kaum exakt benennen, wer eigentlich spricht. Bereits im Prolog oszilliert die Identität des Akteurs Sebastian Rudolph zwischen den RAF-Terroristinnen Ulrike Meinhof und Gudrun Ensslin sowie zwischen Maria Stuart, Königin von Schottland, und Elisabeth I. Die Vielstimmigkeit der Reden destabilisiert gleichzeitig die Ebene der visuellen Repräsentation, die sich aus wenigen, aber überdeutlichen mimischen Zeichen und Verweisen – wie etwa Perücken und Schminke – entfaltet. Gleich nach dem Prolog erkennt man in der tiefschwarz verdunkelten Bühne lediglich das Licht einer auf die Kamera montierten und schwach leuchtenden Lampe, die Bruchstücke der Bühnenwirklichkeit ausschneidet und für den *live* übertragenen Close-up an einer Leinwand sichtbar macht. Die Kamera zoomt in der ersten Sequenz vorwiegend den Mund der Schauspielerin Judith Rosmair an und bricht mit der kinematographischen Konvention, die darauf zielt, das Gesicht als Reflex der subjektiven Innenwelt in seiner Ganzheit wiederzugeben bzw. eine Face-to-face-Konstellation mit den Betrachter_innen zu suggerieren. Stemanns Komposition unterstreicht vielmehr die akustische Ebene und lässt die Worte hervordrängen. Mit der Fokussierung auf den Mund wird die Redende depersonalisiert und die verklingenden Worte von der jeweiligen Sprecherin getrennt. Susanne Wolff und Judith Rosmair fungieren hier als Sprachrohr für Abwesende und sind nur scheinbar in einen Dialog involviert. Sie sprechen im Namen anderer, ohne zu zeigen, dass sie zu den verkündeten Worten stehen; stattdessen exponieren sie die gespenstische Präsenz Verstorbener und lassen diese noch einmal zu Worte kommen.

Gerald Siegmund hat das gesamte figurale System der Inszenierung – v. a. wegen der doppelten Besetzung der Hauptfiguren mit Susanne Wolf und Elisabeth Schwarz bzw. Judith Rosmair und Katharina Matz – mit der Ästhetik der Abwesenheit in Verbindung gebracht und festgestellt, dass Stemann „die fragmentierten Zeichensysteme des Theaters – Stimme, Körper, Kostüm, Requisiten – [benutzt], um daraus Figuren zu konstruieren, die immer ihr Nichtsein mit ausstellen" (2010, S. 146). Wenn Wolff beispielsweise beginnt, einen fiktionalen Tagebucheintrag von Ulrike Meinhof zu rezitieren, der an keinen expliziten Adressaten gerichtet ist, bzw. wenn im Anschluss darauf Rosmair auf eine Weise spricht, als würde sie Gudrun Ensslin zitieren, in ihrer Ansprache aber permanent zwischen Ulrike Meinhof und Maria Stuart wechselt, lassen die Akteurinnen ihre Identität zwischen mehreren fiktional bzw. dokumentarisch angelegten ‚Figuren' oszillieren und torpedieren die Illusion einer kohärenten Rollendarstellung. Die postmoderne und vermeintlich kritische Inszenierungsstrategie des ‚Aus-der-Rolle-Fallens' wird somit nicht eingesetzt, um ein duales Verhältnis von ‚Schauspieler_in' und ‚Figur', ‚Original' und ‚Fake' zu markieren und darstellerische Distanz zu etablieren, denn dieses Verfahren bliebe einer Metaphysik der Präsenz verhaftet, verstärkt es doch den Glauben an die Ontologie einer darstellerischen Präsenz und verfehlt geradezu die Kritik an der klaren Markierung der szenischen Repräsentation (Kérchy 2010, S. 29 ff.). Vielmehr hat man es in Stemanns Inszenierung mit der kontinuierlichen Unentscheidbarkeit hinsichtlich der Sprecher_innen-Identität zu tun, ist es doch häufig nicht zu ergründen, welche der miteinander schwer zu vereinbarenden historischen Personen sich gerade zu Worte melden. Die Rhetorik des Textes gewinnt hier Oberhand über die Logik und „eröffnet schwindelerregende Möglichkeiten referentieller Verirrung" (de Man 1988, S. 40), die die Momente des In-die- und Aus-der-Rolle-Geratens vollkommen verwischt.

Die Zitathaftigkeit der Jelinekschen ‚Figuren' wird von Stemann dann radikalisiert, wenn die beiden Akteurinnen, Susanne Wolff und Judith Rosmair, auf die berühmte Szene in Schillers *Maria Stuart* anspielen, in der die Königinnen aufeinandertreffen. Ihr Dialog wird hier an die musikalische Ebene delegiert und im Flötenduett vollzogen. Die argumentative Wechselrede findet hingegen zwischen den Akteuren Andreas Döhler und Felix Knopp statt, die einzelne Satzzitate von Meinhof und Ensslin vorlesen, ohne ihre auktorialen Zuordnungen zu markieren. Ihre Verlautbarungen sind nur scheinbar dialogisch und münden in Akten des Nebeneinander-vorbei-Sprechens und Einander-Unterbrechens, wodurch die Sätze zwischen Urheber und Adressat in der Schwebe bleiben. Alle, die auf die Bühne treten, sind Akteur_innen ohne Figuren- und Selbstidentität und ziehen die Aufmerksamkeit dadurch auf sich, dass sie beständig für jemand anderen sprechen. Nicht einmal durch die verbalen Rekurse erschaffen sie sich eine konsistente Persönlichkeit, sprechen sie doch beständig für mehrere simultan oder vermischen die Urheber_innen ihrer Worte miteinander. Die männlichen Akteure, Peter Maertens, Andreas Döhler, Sebastian Rudolph und Felix Knopp, rezitieren bekannte Persönlichkeiten und eine heterogene Ansammlung ihrer Gedanken, sie leihen ihre Stimmen Andreas Baader, Holger Meins, Friedrich Schiller, Stefan Aust, dem ehemaligen Bundespräsidenten Roman Herzog sowie den so genannten ‚Prinzen im Tower' alias Eduard V. und Richard of Shrewsbury. Die Schauspielerinnen lassen die RAF-Terroristinnen ebenfalls durch Zitate lebendig werden und nicht selten sprechen sie anstelle von Personen, die wiederum auf andere rekurrieren: Dies ist der Fall, wenn Susanne Wolff Meinhofs leicht verändertem Wortlaut zitiert: „Ich bin die Vorstandsvorsitzende der Ausgebeuteten. [. . .] Ich spreche für sie, die Ausgebeuteten. Das muss ich wohl, denn keiner spricht noch als er selber." (Gallas 2007, S. 100) Trotz der komplexen Verweisstrukturen entsteht in der Aufführung kein Handlungsstrang, da die heran zitierten Bonmonts und Parolen sich nicht in ein diegetisches Erzählsystem zusammenfügen. Die Zitate werden in ihrer fragmentierten Qualität aneinander gereiht und als Relikte vormaliger Sprechakte finden sie keinen festen Platz in der Dialogstruktur der Inszenierung, die lediglich auf der grammatischen Ebene existiert und somit nur vorgetäuscht wird. Vor diesem Hintergrund wird deutlich, dass Stemann die Taxonomien dramatischer Rede, d. h. die Unterscheidung zwischen Monolog und Dialog, verkompliziert und zugleich überschreitet. Die Vielstimmigkeit als wesentlicher Charakterzug der Inszenierung unterwandert jeden dramaturgischen Anspruch auf Einheit, Geschlossenheit bzw. eine hermeneutisch angelegte Lektüre. Die heterogene Anhäufung und mitunter unvereinbare Kopplung der Redeelemente erzielt nämlich eine polyphone Qualität, die Michail Bachtin als eine besondere Eigenschaft von Dostojewskis Romanen bezeichnet, für das Drama jedoch als zerstörerisch erachtet hatte.[14]

„Und natürlich darf geschossen werden" oder „Entweder du bist ein Teil des Problems oder ein Teil der Lösung" sind Imperative, die unverkennbar Ulrike Meinhof zu Wort kommen lassen. Die performative Kraft der Ironie, die die semantische Ebene des Szenischen aufbricht, potenziert sich aber dadurch, dass Jelineks und Stemanns Verfahren der Zitation nicht darin aufgeht, eine klare Verweisfunktion zu erfüllen, setzen sie doch immer wieder auch gemorphte Zitate in Szene, die ihre Originalität nur vortäuschen, d. h. eine Referenzialität nur fingieren: „Wir wollen Taten. Das Sprechen reicht nicht mehr aus" oder „Besser einer mehr ist tot als einer weniger." Vermutlich nur erfunden, jedenfalls nicht nachzuweisen ist auch der immer wiederkehrende Satz, der in der Inszenierung Gudrun Ensslin zugewiesen wird: „Ich weiß nicht, was passieren muss, bis endlich was passiert". Es handelt sich um kein wirkliches Zitat, sondern um das Ergebnis einer Verdichtung, die den RAF-Diskurs auf kreative Weise pointiert und einen ambivalenten Akt der Wiedererkennung herbeiführt. Jelineks und Stemanns Texte nehmen somit die Stellen oder Leer-Stellen ,ursprünglicher' Diskursformationen ein und erproben die Möglichkeit einer neuen Geschichtsschreibung. Die Autorin und der Regisseur versuchen somit die Darstellungsfunktion von Theater zu umgehen und die Geschichte der RAF als ein Konglomerat von Stimmen zu inszenieren. Ihr Verfahren läuft darauf hinaus, die Unabschließbarkeit von Vergangenem zu betonen und die Perspektivvielfalt der Berichterstattung zu problematisieren. Die Aussagekraft des Zitats besteht hier nicht im überprüfbaren Bezug zur Wirklichkeit oder seinem

---

[14] „Die Repliken des dramatischen Dialogs zerreißen nicht die dargestellte Welt, machen sie nicht vielschichtig; [...]. Eine echte Vielschichtigkeit würde das Drama zerstören, denn die dramatische Handlung, die sich auf die Einheit der Welt stützt, ist nicht in der Lage, eine Lösung zu finden, diese Vielschichtigkeit in sich zu integrieren." (Bachtin 1971, S. 22)

Originalzusammenhang, sondern darin, dass sie an der Traditionsbildung beteiligt ist und einer kulturellen Amnesie entgegentritt.

Wenn man so will, überlistet Stemanns Zitationsverfahren die gängigen Theorien der Intertextualität, würde doch die Aufdeckung der Bezüge im Sinne einer Relationsanalyse von Phänotext und Subtext in die Irre führen. Stattdessen stellt die Inszenierung die Problematik des dokumentarischen Anspruchs im Theater auf performative Weise aus und behauptet „an keiner Stelle, zu wissen", so Siegmund, „wie es damals in den 1970er Jahren in der RAF ‚wirklich' gewesen sei" (2010, S. 148). Dies zeigt sich auch in einer Szene, in der auf unterschiedliche Sprecherinnen verweisende Stimmen plötzlich in eins fallen, wenn beispielsweise Judith Rosmair ihre Partnerin auf der Bühne auffordert, einen Suizid zu begehen: Der Satz „Häng dich doch mal auf!" scheint gleichzeitig an Maria Stuart und Ulrike Meinhof gerichtet zu sein und wird somit in mehreren Kontexten interpretierbar. Obwohl der Satz eine von Jelinek bzw. Stemann erdichtete Äußerung darstellt, wird er als ein historisch verankerter Sprechakt zitiert, der als vermeintlicher Auslöser historischer Fakten zu fungieren scheint.

Trotz der unmöglichen Verifizierbarkeit ihres Ursprungs treten in der Rezeption permanent Wiedererkennungseffekte ein. Seien es Parazitate, Pseudozitate oder faktisch belegbare Rekursionen, sie erzielen allesamt einen Akt der kollektiven Erinnerung und Identitätsbildung, in den die Zuschauer_innen miteinbezogen werden. Vor diesem Hintergrund wird deutlich, dass es nicht die Bühnenfiguren sind, für die hier zitiert wird, sondern die Zuhörerschaft im Publikum. Selbst wenn die verklingenden Worte unter den einzelnen Akteur_innen zirkulieren, sind sie dennoch nicht imstande, eine symbolisch-performative Wirkung innerhalb der szenischen Realität zu entfalten. Die Sprechakte unterlaufen ihren Vollzugscharakter, sie werden in der Bühnenwirklichkeit nicht gehört und haben keine Auswirkungen auf andere Figuren. Das Zitat ist nicht mehr mit einem Botengang gleichzusetzen, der Zeugenschaft ablegt, Beweise erbringt oder Informationen überträgt, ja es vermag nicht einmal das Interesse der szenenimmanenten Zuhörerschaft zu erwecken. Die Botenberichte verharren auf der akustischen Ebene, denn ohne die Handlung zu tangieren, bleiben sie Monologe, d. h. Sprech-Akte, die keine Hör-Akte stimulieren.

4   Vom Theater verlorener Referenzen: Laurent Chétouane

Nimmt man Arbeiten des Regisseurs Laurent Chétouane in Augenschein, dann kristallisiert sich die Strategie der textuellen Rekursion als sein zentrales dramaturgisches Prinzip heraus, welches jedoch die erwarteten Effekte und Konsequenzen der Wiedererkennung radikal unterbindet. Während Pollesch und Stemann diskrete visuelle bzw. theatrale Zeichen gesetzt haben, um die Rezipienten darin zu fördern, verbale Anspielungen und Rekurse plausibel zu machen, so werden die referenziellen Beziehungen im Theater Chétouanes instabil und brüchig: Seine Stimm- und Körperinszenierungen tendieren dazu, jegliche Sinnhorizonte spurlos zum Verschwinden zu bringen. Referenzialität stellt sich hier permanent als Selbstreferenzialität heraus, insofern die Zitate lediglich als Markierungen einer anwesenden Abwesenheit, als Platzhalter einer verlorenen Beziehung in Erscheinung treten. Wenn in Momenten der Wiedererkennung aus philosophischer Sicht jeweils eine Dimension der Freundschaft zum Tragen kommt, dann weisen die Textcollagen von Chétouane eine Qualität auf, die die Garantie der Freundschaft zugleich offenbaren und beschwindeln. Man könnte sie als *faux amis*, als falsche Freunde der Zuschauer_innen bezeichnen, die eine Bezugstiftung zu etwas Abwesendem versprechen. Bekanntermaßen stehen *faux amis* in der Linguistik für Wörter, die in zwei oder mehreren Sprachen eine ähnliche oder sogar gleiche phonetische Struktur aufweisen, aber Unterschiedliches bedeuten und somit das Verstehen beflügeln und zugleich in die Irre führen. Als Beispiel wird stets auf das englische Verb *to become* verwiesen, das im Deutschen nicht für ‚bekommen‘, sondern für ‚werden‘ steht. Noch tückischer ist jedoch das Substantiv *listopad*, das im Kroatischen ‚Oktober‘, im Polnischen hingegen ‚November‘ bedeutet. Falsche Freunde sind trügerische Scheinentsprechungen, die den Zuhörenden vertraut scheinen, sie aber täuschen und desorientieren.

Chétouane hat zwischen 2007 und 2009 zusammen mit Tänzer_innen unterschiedlicher nationaler Herkunft eine *Tanzstück*-Tetralogie entwickelt, deren textuelles Universum die Logik der falschen Freunde aufgreift. Ausgehend von Bewegungsimprovisationen ließ Chétouane die Tänzer kanonisierte Texte der westlichen Literaturtradition sprechen, die dermaßen fragmentarisch, gedehnt gesprochen oder mit solchen Akzenten vorgetragen wurden, dass sie sich in „Reste" verwandelten, „die keinem souveränen Willen gehorchen woll[t]en" (Kirsch 2010, S. 56): *Tanzstück #1* basierte auf Heiner Müllers Prosatext *Bildbeschreibung*, der die Modalitäten des Sehens bzw. die Diskursivierbarkeit von bildlicher Körperdarstellung sondiert und von dem Tänzer Frank Willens in einem Solo verdichtet wurde. Im *Tanzstück #2* traten neben ihm auch Sigal Zouk und Jan Burkhardt auf und rezitierten Dialogfragmente aus Goethes *Faust. Der Tragödie zweiter Teil*, wie dies auch im Titel *Tanzstück #2: Antonin Artaud liest den 2. Akt von Goethes Faust II und* angekündigt war. Sie trugen Satzfragmente aus der „Laboratorium"-Szene und der „Klassischen Walpurgisnacht"-Episode vor und schufen durch das Zitieren akustische Resonanzräume, in denen die symbolischen Qualitäten der Sprache zu verschwinden tendierten oder von schrillen Klang- und Geräuschkompositionen unterdrückt wurden. Im *Tanzstück #3* ließ Chétouane auf die Texte von Philipp Gehmacher und Friedrich Hölderlin zurückgreifend die Tänzer_innen Sigal Zouk und Matthieu Burner zwei Soli und ein Duo tanzen und ihre Bewegungen immer wieder mit Textfragmenten auf- oder unterbrechen. Obwohl diesmal die zitathaften Bezüge im Inszenierungstitel unmarkiert blieben, erschienen die Textpassagen durch ihre schriftbildartige Visualisierung an der hinteren Bühnenmauer. Im *Tanzstück #4* schließlich erprobte Chétouane mit Hilfe eines Ensembles die (Un-)Möglichkeiten des Miteinander-Zusammenseins, d. h. Formen der szenischen Kollektivität, in denen jedoch „einer oder eine [. . .] immer [fehlte]" und „den Abschluss der Gruppe [verweigerte]" (Haß 2010, S. 298). Analog zum *Tanzstück #3* ließ er eine Reihe von Textfragmenten, diesmal aus Marcel Prousts *Recherche*, an eine Leinwand projizieren. Die zum Teil auf die visuelle Ebene transferierten Stimmen erschienen mithin in ihrer bruchstückhaften und heteronomen Verfasstheit. Durch die gleichzeitige Exponierung von diskursiven und ikonischen Eigenschaften des Textes stellte Chétouane Zitathaftigkeit als solche aus und legte Rekursivität als zentrales Verfahren künstlerischer Praxis offen.

In Chétouanes *Tanzstück*-Episoden scheinen die Performer_innen außerhalb der Zeit zu stehen und jenseits symbolisch strukturierter Handlungsräume zu agieren. Ein wiederkehrendes Bewegungsmotiv der Tänzer_innen besteht in der körperlichen Erkundung des Bühnenraumes, der in seiner architektonischen Beschaffenheit ausgestellt ist. Dieses choreographische Interesse geht Hand in Hand mit einem Changieren der Körper zwischen einer intrinsischen Wendung nach Innen und den exaltierten Versuchen der körperlichen Bezugsstiftung nach Außen, sodass die Darstellungsebene jenseits jeglicher Signifikation gerät. In den Tanzstücken widmet sich Chétouane dem Nullpunkt körperlichen Ausdrucksvermögens, der Expressivität des „Fleisches" (Kirsch 2010, S. 55), setzt aber Worte ein, die den Aufführungstiteln zufolge auf altbekannte Texte kanonisierter Autoren rekurrieren: Heiner Müller, Johann Wolfgang von Goethe, Friedrich Hölderlin oder Marcel Proust werden als Referenzpunkte kenntlich gemacht und in den Aufführungen tatsächlich zitiert. Obwohl die Texte exakt angeführt werden, verlieren die Worte immer wieder ihre Kompetenz zur Denotation [. Körper und Stimme werden in ihrer selbstreferenziellen Materialität wahrnehmbar gemacht, indem die Sätze gegen die Regel betont und nicht in den Dienst einer psychologisierenden Artikulation gestellt werden. Die gesprochenen Passagen verwandeln sich in singuläre, durch lange Pausen dekontextualisierte Fragmente und verleihen der visuellen Ebene eine mit den Geräuschen des Körpereinsatzes interferierende akustische Dimension. Sowohl die Körpergesten als auch die vokalen Artikulationen unterwandern die Konventionen der Zeichentransferierung und versetzen die Zuschauer_innen in einen kontemplativen und reflexiven Rezeptionsmodus, der jenseits der Automatismen symbolischen Verstehens angesiedelt ist und eine erkundende, melancholisch gestimmte und Zugang zur Bedeutung suchende Betrachtung abverlangt.

Chétouanes Theater ist eines der verlorenen Referenzen: Die Zitate vergegenwärtigen nur noch Fragmente einer vermeintlichen Ganzheit und stellen den Bezug zu einem konsistenten Kontext nicht mehr her. Die Inszenierungstitel der ersten beiden Arbeiten bestehen zwar aus dem expliziten Nachweis eines literarischen Zitats, geben Urheber und Titel eines in Szene gesetzten Werkes preis, doch die Texte, die man grundsätzlich zum kollektiven Kulturgut rechnet bzw. zu erinnern meint, lassen sich in der Aufführung so gut wie gar nicht mehr vernehmen oder wiedererkennen. Im *Tanzstück #1* bekommt man keine Anhaltspunkte für eine Bildbeschreibung vermittelt, die Aufschluss über eine ikonische Szenerie geben würden, während im Tanzstück #2 Fausts und Mephistos Dialoge zu keinerlei Konfrontationen oder Bezugnahmen der Sprechenden führen. Die Sprechakte konstituieren keine Sprecher_innen-Identität, lösen diese vielmehr auf und verklingen in einem Vakuum des Symbolischen. Wie Nikolaus Müller-Schöll schreibt, wird hier der Text auf eine Weise gesprochen, „dass an ihm eher die durchgängige Sprache als die gesetzte Struktur hervortritt" und da „die Ablenkung durch Dialog, Drama und Konflikt fehlt, [e]ine potentielle Polyphonie hörbar" (2012, S. 549) gemacht wird.

Im Gegensatz zu Stimminszenierungen des avantgardistischen oder postdramatischen Theaters bei Kurt Schwitters, Antonin Artaud, Robert Wilson oder Marina Abramović erscheint hier die Vokalität nicht als reine Negation der Sprache, nicht als eine durch Schreien, Brüllen, Stöhnen oder elektronische Manipulationen destruierte symbolische Zeichenkette (Schrödl 2012, S. 111–126). Die Sprache wird vielmehr dadurch außer Kraft gesetzt, dass wohlbekannte Äußerungen oder Worte in ihrer Zitathaftigkeit belassen und ohne deren künstlerische Aneignung, ja „Appropriation" (Müller-Schöll 2012, S. 549) präsentiert werden. Der Text wird weder für die Aufführung aktualisiert noch zerstört, weder semantisch neu kodiert noch destruiert, er gewinnt in Form von dekontextualisierten Versatzstücken kanonischer Werke Gestalt, die ihre Potenz verlieren, den eigenen Ausdruckswert im Bezug auf ein episch-narratives oder dialogisch-dramatisches System zu offenbaren. Das Zitat sprengt hier die Ordnung des Logos, es wird gegenstandslos, abstrakt und autonom, emanzipiert es sich doch von seinem Originalzusammenhang und fällt gleichsam von seinem neuen Kontext ab. Wie paradox es auch klingen mag, unterlaufen hier Symbolisches und Referenzielles ihre eigene Setzung. Die Worte, die in Chétouanes Inszenierungen verklingen, führen Entzug und Präsenz zusammen, insofern sie ein Hin- und Herspringen der Zuhörer_innen zwischen Sinn und Nicht-Sinn, Erscheinungsseite und Entzugsseite der Signifikation bewirken. In einem Prozess unaufhörlicher Zerstörung und Hervorbringung neigen die Zitate dazu, sich auf sich selbst zu beziehen und führen Fremdreferenzialität in Autoreferenzialität über. Durch diese Selbstbezüglichkeit erscheinen sie trügerisch und irreführend und verweisen in ihrer Zeichenhaftigkeit ganz auf ihre fragmentarische Verfasstheit. Die eminent hervorgehobenen Bezüge zu Müller und Goethe verheißen Wiedererkennung, ohne dass diese letztlich eingelöst wäre. Chétouane experimentiert, wenn man so will, mit der referenziellen Funktion der Sprache, um Phänomenen jenseits der Sprache nachzugehen und Kommunikation als kausale Verweisstruktur zu torpedieren. Das Zitat, dessen ‚Hauptgeschäft' darin besteht, Verweise zu etablieren, Abwesendes wahrnehmbar zu machen und Sinn zu generieren, wird zu einer unkenntlichen Signatur, die sich durch eine doppelte Absenz auszeichnet: Es verliert sowohl den Bezug zu seinem Referenten als auch seinen eigenen Status als arbiträres Zeichen, wird hier doch Sprache als Material akzentuiert und in einem Modus poetischen Sprechens artikuliert. Die poetische Qualität des Sprechens widerspiegelt die performative Kraft, ja die unkontrollierbare rhetorische Dimension der Sprache, die Literarizität als eine Ordnung der Repräsentation unterwandert und nicht zuletzt die ‚Rhetorik' – verstanden als eine Praxis verbalen Überzeugens – bedroht und aus-setzt.

Wie der Theaterwissenschaftler Hans-Thies Lehmann vorschlägt, lässt sich Laurent Chétouanes Theater als „ein Theater der Sprechakte" (Lehmann 2010, S. 52) bezeichnen, das die Zitathaftigkeit des Sprechens ausstellt und *ad extremum* führt. Der gesamte Theaterraum wird in einen „Sprechraum" (Wirth 1980) der nicht mehr dialogischen oder konversationsorientierten Ansprachen verwandelt. In diesem Sinn verunmöglichen die Akteure geradezu durch das Sprechen ihr Darstellersein und exponieren Sprechakte in ihrer Wiederholung, ohne einen Effekt sprachlichen Handelns auszulösen, den man mit John L. Austin als anerkennenswert und somit als ‚geglückt' bezeichnen könnte. Das Theater Chétouanes ruft die Frage nach dem kommunikativen Wert jener Äußerungen wach, deren Kontextbezug fehlt, und erkundet eine Zuschauerrelation jenseits phänomenologischer Verankerung, eine Relation nämlich, die Partizipation im Anschluss an die Theorien der Derrida'schen Performativität oder der de Man'schen Überlegung zu den nichtdomestizierbaren Dynamiken sprachlicher Ironie neu definiert. Partizipation wird nicht mehr als Möglichkeit der Einwirkung auf Andere bemessen, sondern im Sinne einer „neue[n] Rhetorik" (1988, S. 37) jenseits der kalkulierbaren theatralen Wirkungen – bzw. jenseits deren Theoretisierbarkeit – realisiert, d. h. die elementare Involviertheit der Sätze in eine „durchgängige Sprache" (Müller-Schöll 2012, S. 549) bzw. deren ungesicherte und offene Bedeutungspotenziale vor Augen geführt.

Die Form jener Performativität, die bei falschen Freunden auf dem Spiel steht, bricht mit gängigen Modellen theatraler Kommunikation. Nimmt man die performative Kraft von *found-footage*-Zitaten bei Autor_innen wie René Pollesch oder Elfriede Jelinek, bei den Regisseuren Nicolas Stemann, Christoph Marthaler und – in der Radikalisierung „falscher Buchstäblichkeit" (Bloomfield 1970, S. 252) - bei Laurent Chétouane bzw. in den Arbeiten zahlreicher Performance-Gruppen wie etwa dem Nature Theater of Oklahoma, der Wooster Group oder Forced Entertainment in den Blick, dann befolgt das Theater des angehenden 21. Jahrhunderts immer wieder Spielregeln, die in nicht vollends konzeptualisier- oder klassifizierbare Bereiche poststrukturalistischer Theoriebildung weisen, in Zonen des Nicht-Regelhaften also, in denen herkömmliche wissenschaftliche Qualitätskriterien (Widerspruchslosigkeit, Falsifizierbarkeit oder Praktikabilität) außer Kraft gesetzt werden. Das Theater der Dekonstruktion zeigt und realisiert indes eine sich gegenseitig herausfordernde Relation von Theorie und Theater, eine Relation, in der die wissenschaftliche Reflexion ihre eigenen Grenzen bekennen und ihren Anspruch auf klare Bedeutungsanalysen oder phänomenologische Gewissheiten aufgeben muss. Sind falsche Freunde nicht immer (sofort) als solche zu erkennen, wird die Funktion des Zitierens häufig unentscheidbar, sodass die theoretischen Anschlüsse – wie auch die vorliegende Argumentation – Bekenntnisse bleiben über das uneinholbare Verhältnis von Theater und Theorie. Mit Hilfe der Dekonstruktion kommt man zwar dieser Grenze der Nicht-Theoretisierbarkeit näher, hilft sie doch als Lesestrategie das nicht Verifizierbare zu denken. Sie belässt jedoch die unbeherrschbaren performativen Kräfte einer Aufführung zwangsläufig in einer nicht widerspruchsfrei theoretisierbaren Dimension.

In seiner Kritik der Austin'schen Sprech-Akt-Theorie hat Jacques Derrida auf jene Wirkungen des Sprechens und Kommunizierens aufmerksam gemacht, die sich nicht auf die Semantik und Semiotik beschränken. Worte, die in der Linguistik als falsche Freunde bezeichnet werden und in zeitgenössischen Inszenierungen durch schwindelerregende Zitationsverfahren zum Vorschein kommen – denken wir nur an die zunehmenden Konflikte von faktischer Belegbarkeit und erdichteter Zuschreibung, von Sprache und Akustik, von ‚Authentizität' und Verstellung bzw. an den Widerstreit zwischen der generativen und zerstörerischen Wirkungen des Performativen –, dann wird zwar menschliche „Kommunikation als Kommunikation von Bewußtsein oder von Anwesenheit[...]" (Derrida 1999, S. 334) unterbrochen, aber durch diese Unterbrechung binden *faux amis* auch, sie stiften Bezüge und motivieren neue Strategien der Sinnproduktion.[15] Falsche Freunde verunsichern

---

[15] Diese Frage stellt Derrida in einer Replik an Hans-Georg Gadamer: „[I]mmer muß man sich doch fragen, ob die Bedingung des Verstehens weit entfernt davon, ein sich kontinuierlich entfaltender Bezug zu sein [...] nicht doch eher der Bruch des Bezuges ist, der Bruch als Bezug gewissermaßen, eine Aufhebung aller Vermittlung?" (Derrida 2004, S. 53 f.)

in der Tat, indem sie ein automatisiertes Verstehen aussetzen und eine hermeneutische Sinnübertragung in Frage stellen.[16] Man könnte sogar sagen, dass Hermes als schützende Figur des Transfers hier die Ansprüche einer Hermeneutik unterläuft und das Zitieren als Störung, Stockung oder Unterbrechung praktiziert.

Im Theater Chétouanes, das von der Verschwommenheit von Referenzen lebt, funktionieren Zitate als symbolische Formen der Gabe[17] und befragen den Wert eines unmöglich werdenden Versprechens. Vergegenwärtigen wir doch die Szenen, in denen die zitierende Deklamation, die von Referenzbeziehungen unterstützt zu sein scheint, in ein Vor-Sich-Sprechen übergeht und somit die Wendung zum Anderen bzw. den symbolischen Appell auf ein Zuhören suspendiert. Entscheidend ist in diesem Moment, dass das Sprechen zwar in seiner schwinde(l)nden Beziehung zur Referenzialität wahrnehmbar wird, dennoch aber, so Derrida, „nicht in sich verschlossen" bleibt, es offeriert vielmehr eine Gabe, „eine gegebene Hand, *zugleich geöffnet und geschlossen*" (2004, S. 21, Hervorhebung im Original). Wie man weiß, existiert die Gabe ausschließlich in dem Moment, in dem sie sich der Logik des Kalküls widersetzt und sich nicht in die Ökonomie der Nützlichkeit und die des Verstehens fügt. „Damit Gabe gibt, darf sie dem Gabenempfänger oder dem Geber nicht bewußt sein" (Derrida 1993, S. 28) – insistiert er und weist auf das ontologische Paradox jeder Gabe hin: Man kann sie nur geben, wenn man sie nicht besitzt.[18] Ohne zum Gegenstand einer Übertragung zu werden, ist sie doch „das Geben alles möglichen Gebens, die Bedingung des Gebens" (Derrida 2000, S. 76). In Chétouanes Sprechszenarien kommt sie in Form von Worten, Silben, Lauten oder zerstückelten Bewegungsmustern zum Vorschein, deren Handlungscharakter nicht der Logik einer dramatischen Zeit angehört. Die elliptisch anmutenden Zitate verwandeln sich in Zäsuren und Unterbrechungen, die „zugleich öffnen und schließen" (Derrida 2004a, S. 41). Sie gehören „nicht [...] der Ebene des Sinns an, [...] sondern [machen] jene erst möglich" und lassen die Zuhörenden zwischen der Möglichkeit und Unmöglichkeit des Verstehens schwanken.[19]

---

[16] „[D]as hermeneutische Verstehen [ist] nicht ein wirklich aktives, also auch transformierendes Interpretieren [...]." (Forget 1984, S. 13)

[17] Derrida spricht von der „Gabe des Gedichts" (2004, S. 20).

[18] „Im allgemeinen, meint man, kann man nur geben, was man hat oder besitzt; [...] Auch das Paradox des ‚geben, was man nicht hat', von dem wir bereits sprachen, gilt und wirkt nur deshalb als ein Paradox, weil das Geben normalerweise mit dem Haben verbunden wird." (Derrida 1993, S. 68).

[19] Derrida schreibt, dass „die Gabe, wenn es sie gibt, zugleich die Möglichkeit der Erzählung einfordert und ausschließt. Die Gabe gehört zur Bedingung der Erzählung, gleichzeitig aber zur Bedingung der Möglichkeit und Unmöglichkeit der Erzählung." (Derrida 1993, S. 136).

In den Unterbrechungen der Signifikation scheint die latente Gefahr auf, dass jedes Zeichen seinen semiotischen Wert verlieren kann und dadurch imstande ist, die Lektüre zu unterlaufen. In den Worten Derridas: „Ohne diese Gefahr, ohne diese Unwahrscheinlichkeit, ohne diese Unmöglichkeit [gäbe] es keine Lektüre, keine Gabe, keinen Segen. [Die Unentschiedenheit] scheint zwar die Entzifferung der Lektüre zu unterbrechen oder aufzuheben, sichert jedoch tatsächlich deren Zukunft." (Derrida 2004a, S. 22 f.) Ohne falsche Freunde, so könnte man diese Passage paraphrasieren, bliebe nicht nur die Störungsgefahr im Akt des Verstehens verborgen, sondern das latente Movens der Sinnstiftung schlechthin aufgehoben. Falsche Freunde funktionieren nämlich analog zum falschen Geldstück, welches die ganze Ökonomie strukturiert, insofern es seine Falschheit verbergen kann. Folgt man dieser Logik, dann sind falsche Freunde als dramaturgische Einheiten zu begreifen, die die Sinnbildung sowohl in Gang zu setzen als auch in Gefahr zu bringen vermögen und dementsprechend nicht an ihrer epistemologischen Zuverlässigkeit zu messen sind. Geraten Zitate in Misskredit, dann machen sie gerade auf die Unmöglichkeit einer trennscharfen Differenzierung zwischen Sagen und Gesagtem, Repräsentierendem und Repräsentiertem, ja einer Unterscheidbarkeit von wahren und falschen Dimensionen der Freundschaft aufmerksam. Kurzum: Falsche Freunde der Zuschauer_innen führen aus der Ökonomie eines konsolidierten Sinntransfers hinaus und leiten in die Sphäre des Politischen, überschreiten sie doch die Ordnung des Nützlichen, in der alles „aus der Hand in die Hand" (Derrida 2000, S. 274) spielt.

5   Von der Freundschaft

Es hat sich gezeigt, dass bei diversen Regisseuren des Gegenwartstheaters die dramaturgische Einlagerung von Zitaten weniger ein repräsentationskritisches und mithin ironisches Moment des ‚Aus-der-Rolle-Fallens‘ markiert und somit nicht die Funktion erfüllt, die Fiktionalität im Interesse der betonten Gegenwärtigkeit und ‚Authentizität‘ bewusst zitierender Akteur_innen zu unterbrechen. Die Anhäufung, die nicht immer nachweisbare Verdrehtheit und die handlungsdramaturgische Machtlosigkeit von Rekursionen artikulieren vielmehr Appelle, die offenlegen, dass das Gesagte und das Sagen nie mit Sicherheit voneinander differenziert werden können. Entsprechend haben wir es in den angeführten Beispielen mit dem Auftritt von falschen Freunden zu tun, die uns in die Fallen der Wiedererkennung locken und die epistemologische Grenze zwischen Bekanntem und

Nicht-Erkennbarem ästhetisch erfahren lassen. Dieser ambitionierte Umgang mit zitathaften Bezügen eröffnet ein unauslotbares Terrain von Bedeutsamkeit und Erkenntnis in der Betrachtung und füllt gleichsam das Verhältnis von Theater und Theorie mit nicht immer versöhnbaren Spannungen. Diese ästhetische Tendenz soll abschließend als Anlass dazu dienen, einen Gedanken zum Thema der Freundschaft zu skizzieren.

So paradox es auch klingen mag: *faux amis* weisen nicht auf die Unmöglichkeit der Freundschaft hin, sie beweisen uns vielmehr, dass es nur eine romantizistische Idee der Freundschaft ist, die alles ausschließt, was jenseits von Brüderlichkeit, Symmetrie, Reziprozität, Schwur und gegenseitigem Glauben situiert ist. Eine derart idealisierte Freundschaft ist nur auf das Besitzen ausgerichtet, versucht sie doch alles auf Gegenseitigkeit und Tausch zu reduzieren. Bekanntermaßen siedelt Derrida die Politik der Freundschaft jenseits des Brüderlichkeitsprinzips an, dessen illusorische Vorstellung den Zustandscharakter sozialer Identität festzuschreiben sucht.

> Die Wahrheit der Freundschaft ist ein Verrücktwerden der Wahrheit, sie hat nichts gemein mit jener Weisheit, die während der gesamten Geschichte der Philosophie, als einer Geschichte der Vernunft, in Sachen Freundschaft den Ton angegeben hat – indem sie uns glauben machen wollte, die Passion des Liebenden sei eine Torheit, gewiß, die Freundschaft dagegen der Pfad der Weisheit und des Wissens so gut wie der politischen Gerechtigkeit. (Derrida 2000, S. 84)

Könnte man nicht sogar spekulieren, dass Freundschaft gerade in Momenten des Ungleichgewichtigen und in Relationen der Unverhältnismäßigkeit an Kontur und Relevanz gewinnt? Ist es nicht die latente Gefahr einer Unterbrechung, die Wechselseitigkeit installiert?

Im Gegensatz zur Feindschaft kann die Freundschaft Wahrheit und Falschheit gleichermaßen einschließen; sie ist, wenn man so will, ohne den Horizont des Falschen nicht denkbar. Freundschaft wäre jenseits einer Gefahr des Verrats keine Freundschaft, sie wäre nicht realisierbar und würde auch als Idee verschwinden. Anders formuliert: Ohne das Risiko des Verlusts sind Liebe und Freundschaft nicht möglich, und zwar weder in der wechselseitigen noch in der einseitigen Beziehung zum Anderen. Die Möglichkeit der Falschheit ist die existenzielle Bedingung der Freundschaft, denn die Zukunft der Freundschaft unterliegt genauso einer Kontingenz wie ihr Anfang, der ebenfalls auf einen grundlosen Grund zurückzuführen ist.

Literatur

Aristoteles. 1962. *Eudemische Ethik*. Berlin: Akademie.

Anders, Sonja, und Blomberg Benjamin von. 2007. Jelinek-Texte auf dem Weg zum Stück. Über dramaturgische Extrembedingungen. In *Ulrike Maria Stuart von Elfriede Jelinek. Uraufführung am Thalia Theater Hamburg in der Inszenierung von Nicolas Stemann*, Hrsg. O. Gutjahr, 109–119. Würzburg: Königshausen und Neumann.

Bachtin, Michail. 1971. *Probleme der Poetik Dostoevskijs*. München: Hanser.

Bloomfield, Morton W. 1970. A Grammatical Approach to Personification Allegory. In ders. *Essays and Explorations*, 243–260. Massachusetts: Cambridge.

Brecht, Bertolt. 1963. Die Straßenszene. Grundmodell einer Szene des epischen Theaters. In ders. *Schriften zum Theater, Bd. 5* (1937–1951), 69–86. Frankfurt a. M.: Suhrkamp.

Czirak, Adam. 2012. *Partizipation der Blicke. Szenerien des Sehens und Gesehenwerdens in Theater und Performance*. Bielefeld: transcript.

de Man, Paul. 1988. Semiologie und Rhetorik. In ders. *Allegorien des Lesens*, 31–51. Frankfurt a. M.: Suhrkamp.

de Man Paul. 1997. The Concept of Irony. In *Aesthetic Ideology*, Hrsg A. Warminski, 163–184. Minneapolis: University of Minnesota.

Derrida, Jacques. 1993. *Falschgeld. Zeit geben I*. München: Wilhelm Fink.

Derrida, Jacques. 1999. Signatur Ereignis Kontext. In *Randgänge der Philosophie*, Hrsg. P. Engelmann, 325–351. Wien: Passagen.

Derrida, Jacques. 2000. *Politik der Freundschaft*. Frankfurt a. M.: Suhrkamp.

Derrida, Jacques. 2004a. Der ununterbrochene Dialog: zwischen zwei Unendlichkeiten, das Gedicht. In *Der ununterbrochene Dialog*, Hrsg. M. Gessmann, 7–50. Frankfurt a. M.: Suhrkamp.

Derrida, Jacques. 2004b. Guter Wille zur Macht (I). Drei Fragen an Hans-Georg Gadamer. In *Der ununterbrochene Dialog*, Hrsg M. Gessmann, 51–54. Frankfurt a. M.: Suhrkamp.

Forget, Philippe. 1984. Leitfäden einer unwahrscheinlichen Debatte. In *Text und Interpretation*, Hrsg P. Forget, 7–23. München: Wilhelm Fink.

Gallas, Helga. 2007. Suchfigur Ulrike Meinhof in Elfriede Jelineks *Ulrike Maria Stuart*. In *Ulrike Maria Stuart von Elfriede Jelinek. Uraufführung am Thalia Theater Hamburg in der Inszenierung von Nicolas Stemann*, Hrsg O. Gutjahr, 97–105. Würzburg: Königshausen und Neumann.

Haß, Ulrike. 2010. Verzweigte Gegenwarten. In *Lücken sehen… Beiträge zu Theater, Literatur und Performance. Festschrift für Hans-Thies Lehmann zum 66. Geburtstag*, Hrsg. Gross Martina und Primavesi Patrick, 291–302. Heidelberg: Universitätsverlag Winter.

Hegel, Georg Wilhelm Friedrich. 1971. *Vorlesungen über die Ästhetik, Bd. II*. Stuttgart: Reclam.

Heller, Ágnes. 2008. *New York-nosztalgia* [New-York-Nostalgie]. Pécs: Jelenkor.

Kérchy, Vera. 2010. *A de Man-i retorikaelmélet színházelméleti kihívási. A posztmodern önreflexiós színházelméletek és a performanszelméletek ideológiái, egy materiális színházolvasat esélyei* (Die theatertheoretische Herausforderungen von de Mans Rhetoriktheorie. Von den Ideologien der postmodernen, selbstreflexiven Theatertheorien und der Performancetheorien oder von den Chancen einer materialistischen Theaterlektüre). Unveröffentlichte Dissertationsschrift, Szeged.

Kirsch, Sebastian (2010) Es wird ein Mensch gemacht. Zu Laurent Chétouanes „Tanzstück #2: Antonin Artaud liest den zweiten Akt von Goethes ‚Faust II' und". In *Welt – Bild –*

Theater. Bd. 1: Politik des Wissens und der Bilder, Hrsg. K. Röttger, 49–61. Tübingen: Gunter Narr.

Kofman, Sarah. 1986. *Melancholie der Kunst*. Wien: Böhlau.

Krämer, Sybille. 2008. *Medium, Bote, Übertragung. Kleine Metaphysik der Medialität*. Frankfurt a. M.: Suhrkamp.

Kruschkova, Krassimira. 2002. *Szenische Anagramme. Zum Theater der Dekonstruktion*. Unveröffentlichte Habilitationsschrift. Universität Wien, Institut für Theater-, Film- und Medienwissenschaft.

Lehmann, Hans-Thies. 1991. *Theater und Mythos. Die Konstitution des Subjekts im Diskurs der antiken Tragödie*. Stuttgart: J. B. Metzler.

Lehmann, Hans-Thies. 2010. A színház nem a boldogok szigetén lakozik. Berecz Zsuzsa Hans-Thies Lehmannal beszélget (Das Theater haust nicht auf der Insel der Glücklichen. Hans-Thies Lehmann im Gespräch mit Zsuzsa Berecz). *Színház* 43 (5): 52–54.

Montaigne, Michel Eyquem de. 1992. *Das XXVII. Hauptstück. Von der Freundschaft*. In *Essais [Versuche] nebst des Verfassers Leben, Bd. I*, 323–324. Zürich: Diogenes.

Müller-Schöll, Nikolaus. 2012. Plus d'un rôle. Zusammen spielen in gegenwärtiger Tanz-, Theater- und Performance-Praxis. In *Theater und Subjektkonstitution*, Hrsg M. Bachmann, F. Kreuder, J. Pfahl, und D. Volz, 545–557. Bielefeld: transcript.

Pollesch, René. 2009. Liebe ist kälter als das Kapital. In ders. *Liebe ist kälter als das Kapital. Stücke, Texte, Interviews*, 171–224. Reinbek: Rowohlt.

Ricœur, Paul. 2006. *Wege der Anerennung. Erkennen, Wiedererkennen, Anerkanntsein*. Frankfurt a. M.: Suhrkamp.

Roselt, Jens. 1999. *Die Ironie des Theaters*. Wien: Passagen.

Schlegel, Friedrich. 1963. Zur Philosophie, Fragment 668. In *Kritische Friedrich-Schlegel-Ausgabe. Bd. XVIII. Philosophische Lehrjahre I (1796–1806)*, Hrsg. E. Behler, 85. München: Ferdinand Schöningh.

Schlegel, Friedrich. 1971. Über die Unverständlichkeit. In *Kritische Schriften*, Hrsg. W. Rasch, 530–542. München: Carl Hanser.

Schrödl, Jenny. 2012. *Vokale Intensitäten. Zur Ästhetik der Stimme im postdramatischen Theater*. Bielefeld: transcript.

Schwinghammer, Alexander. 2010. Botenberichte/ Bildmaschinen/ Weltengemurmel. Zwischen Bilderflüssen und technischen Medien. In *Welt – Bild – Theater. Bd. 1: Politik des Wissens und der Bilder*, Hrsg K. Röttger, 245–256. Tübingen: Gunter Narr.

Siegmund, Gerald. 2010. Zwischen „So war es nicht" und „Das kann's doch nicht gewesen sein". Abwesenheit spielen: Nicolas Stemanns Inszenierung *Ulrike Maria Stuart*. In *Welt – Bild – Theater. Bd. 1: Politik des Wissens und der Bilder*, Hrsg K. Röttger, 143–152. Tübingen: Gunter Narr.

Szondi, Peter. 2004. *Theorie des modernen Dramas, 1880–1950*. Frankfurt a. M.: Suhrkamp.

van den Berg, Wim. 2000. Autorität und Schmuck. Über die Funktion des Zitates von der Antike bis zur Romantik. In *Instrument Zitat. Über den literarhistorischen und institutionellen Nutzen von Zitaten und Zitieren*, Hrsg. K. Beekman und R. Grüttemeier, 11–36. Amsterdam: Rodopi.

Wirth, Andrzej. 1980. Vom Dialog zum Diskurs. Versuch einer Synthese der nachbrechtschen Theaterkonzepte. *Theater Heute* 21 (1): 16–19.

Zima, Peter V. 2000. Zitat – Intertextualität – Subjektivität. Zum Funktionswandel des literarischen Zitats zwischen Moderne und Postmoderne. In *Instrument Zitat. Über den literarhistorischen und institutionellen Nutzen von Zitaten und Zitieren*, Hrsg K. Beekman und R. Grüttemeier, 297–326. Amsterdam: Rodopi.

Disco und Diskurs: Die *performing society* als Denkfigur zwischen Kapitalismuskritik und Performancekunst (Boyan Manchev & Willy Prager)

Astrid Hackel

1 Zähneputzen und Gymnastik

Auf einer kleinen Bühne in den Berliner Uferhallen sitzt Sonja Pregrad lässig auf einem Hocker und poliert sich mit kreisendem Zeigefinger die Schneidezähne. Von hier aus folgt ihr Blick beiläufig den in den Saal strömenden Zuschauer_innen. Nachdem alle ihre Plätze eingenommen haben und Ruhe eingekehrt ist, putzt die Performerin noch eine Weile weiter. Dann steht sie auf, positioniert sich frontal zum Publikum und beginnt zu lächeln, ja nahezu demonstrativ zu grinsen. Scheinbar selbstvergessen unternimmt sie eine vage Kniebeuge. Keine Reaktion. Ihr Blick wandert durchs Publikum. Pregrad grinst. Dann schiebt sie ein paar prononciertere Kniebeugen hinterher. Die Bewegungen werden immer dynamischer, rhythmischer und größer. Schließlich heben ihre Füße vom Boden ab; die Tänzerin hüpft auf der Stelle, das Publikum nach wie vor in den Blick nehmend, es weiter angrinsend. Nach kurzer Zeit gesellen sich zwei weitere Tänzer, Tian Rotteveel und Willy Prager hüpfend dazu. Übertrieben lächelnd springen nun alle drei mit leicht geöffneten Armen und Beinen wieder und wieder am vorderen Bühnenrand in die Höhe. Hörbar berühren ihre Füße nach jedem Sprung den Boden, was den Sound der Aufführung vorgibt; zunächst wirkt er dringlich, bald jedoch hat man sich an das tackende Geräusch gewöhnt und nimmt es kaum noch wahr. Auffällig ist, dass die Tänzer_innen im ersten Teil der Performance *Transformability* (2012) selbst dann noch ihre frontale Ausrichtung beibehalten, wenn sie sich rückwärts oder

A. Hackel (✉)
Berlin, Deutschland
E-Mail: astrid.hackel@gmail.com

A. Hackel, M. Vollhardt (Hrsg.), *Theorie und Theater*,
Kulturelle Figurationen: Artefakte, Praktiken, Fiktionen,
DOI 10.1007/978-3-658-04102-1_3, © Springer Fachmedien Wiesbaden 2014

seitwärts über die Bühne bewegen. In ihrem dynamischen Gleichklang erinnern die drei an mechanische Aufziehpuppen ohne körperliche Tiefe. Keinen Zoll breit drehen sie sich aus ihrer Körpermitte heraus, als würden sie sich keinesfalls vom Publikum weg wenden, es aus den Augen verlieren wollen. Über ihre Blicke, mit denen sie wechselnde Zuschauer_innen fixieren, stellen sie vielmehr eine Verbindung zum Publikum her, scheinen es aufzufordern, sich zu diesem eintönigen *warm-up* zu verhalten, Zustimmung oder Unmut darüber zu äußern. Die Zuschauer_innen halten sich bei der Aufführung am 25. August 2012 mit auffälligen Äußerungen zurück. Indem einige mit der Zeit jedoch selbst anfangen zu lächeln und leicht mit dem Oberkörper auf und ab zu wippen, demonstrieren sie ihr eigenes Ansteckungsrisiko; sie spiegeln die sich vor ihren Augen ereignende, auf eigentümliche Weise nichtentzifferbare Angelegenheit in abgeschwächter Form wider.[1]

Im Zentrum der folgenden Überlegungen stehen die springenden Performer_innen aus Willy Pragers *Transformability*. Ausgehend von einer in mehrfacher Hinsicht zwischen verschiedenen Positionen oszillierenden Figur, die Sonja Pregrad, Tian Rotteveel und Willy Prager verkörpern, wird nach dem Umgang der Tanzperformance mit einem konkreten theoretischen Text gefragt. Der Fokus richtet sich auf die darin (re-)produzierten ästhetisch-sinnlichen und diskursiven Widersprüche, insofern die Choreographie einerseits die Verbindung zu Manchevs theoretischer Vorlage herausstellt, sie als Verbindlichkeit jedoch andererseits lustvoll demontiert und unterläuft. Auf diese Weise gelingt es der Aufführung, aus einer dynamisierenden Reibung heraus eigene Diskurse zu generieren und Partizipationsmöglichkeiten zu erproben.

2 Dynamik des Leerlaufs

Die im Januar 2012 in den Berliner Sophiensälen uraufgeführte Performance *Transformability* ist das Ergebnis einer selbst gestellten Aufgabe: „Ich beginne mit der Arbeit am Projekt *Transformability* indem ich mir die Aufgabe stelle, den philosophischen Text ‚*Transformability*' von Boyan Manchev (2006) in ein praktisches, performatives Skript umzuwandeln", so der freischaffende Künstler Willy Prager.[2]

---

[1] Die Beschreibung bezieht sich auf die Aufführung am 25. August 2012 im Rahmen des Festivals Tanznacht Berlin.

[2] Prager, Willy: http://www.sophiensaele.com/produktionen.php?IDstueck=912. Zugegriffen: 25. Januar 2014.

Prager hat nach seinem Abschluss beim Theaterstudio 4XC in Sofia an der Universität Plovdiv, Bulgarien, Synthetic Stage Arts und am HZT Berlin Solo/Dance/Authorship studiert. Bei der Erarbeitung seiner Performance geht er nach eigenen Angaben von einem knappen Text aus, in dem der Kulturtheoretiker Boyan Manchev die Verfasstheit zeitgenössischer Tanz- und Performancekunst mit den Begehrlichkeiten der technologischen Leistungsgesellschaft konfrontiert, die sich im Zuge des postsozialistischen Strukturwandels nach 1990 voll entfalten konnten. In seiner knappen Stellungnahme *Transformability. Performing society and the contemporary conditions of dance* kritisiert Boyan Manchev den totalisierenden Zug eines Systems, das bei der Realisierung anorganischer, effizient und universell einsetzbarer Körper vor der Vereinnahmung einer eher antikapitalistisch aufgestellten Tanz- und Performancekunst nicht halt mache, im Gegenteil: „If *perverted performance* [d.h. die kapitalistische Gesellschaft bzw. performing society, A.H.] imposes itself as the new model of the ‚social contract', then performance and dance are put, against their will, in the position of privileged figures of *performing* capitalism." (Manchev 2006, S. 19. Hervorhebung im Original.) Diese durchaus bekannte Praxis der unfreiwilligen Privilegierung bestätigt also nur die Konstituierung ideologischer Herrschaft, deren Erfolg unter anderem darauf zurückzuführen ist, „dass sich Darstellungsstruktur und Vokabular der Ideologie des herrschenden Blocks so sehr durchgesetzt haben, dass auch der Widerstand dagegen *innerhalb* seines Darstellungssystems und Vokabulars ausgedrückt werden muss," wie die Theoretikerin Johanna Schaffer treffend schreibt (Schaffer 2008, S. 126. Hervorhebung im Original). Irreführend ist, dass Manchevs Text suggeriert, es würde sich dabei um ein speziell die Tanz- und Performancekunst betreffendes Phänomen handeln, ohne die soziokulturellen und künstlerischen Wechselwirksamkeiten dieses Narrativs ausreichend mitzudenken.

Nach einer kurzen Bestandsaufnahme wendet sich Boyan Manchev im Hauptteil seines Textes der Frage nach den Handlungsmöglichkeiten einer kapitalistisch vereinnahmten Kunstform zu. Er reflektiert diesbezüglich ein menschliches Vermögen zu ‚echter' Transformation, die nicht schon pervertierte Adaption ist. Als Kernproblem stellt sich für ihn die Frage: „How to escape from the pitfall of (re)productibility and technologization, preserving at the same time the original potentiality for transformation of *tekhnè* [sic]?" (2006, S. 20. Hervorhebung im Original.). Den Begriff der τέχνη verwendet Manchev zunächst im wörtlichen Sinne einer menschlichen Fähigkeit, Kunst bzw. Technik. Es sei lange vor dem Zeitalter des Kapitalismus der Tanz gewesen, dem zumindest aus anthropologischer Sicht, das Vermögen zukam, die Technisierung des Körpers im Sinne der τέχνη darzustellen (ebd.). Um sich aktuell aus dem Joch der unfreiwilligen Anerkennung befreien zu können, sei es unerlässlich, sich wieder verstärkt solchen ursprünglichen Formen und Fähigkeiten der verkörpernden Transformation zuzuwenden. Als ein gelungenes Beispiel für die Sichtbarmachung körperlicher Metamorphosen führt der Kulturtheoretiker Xavier Le Roys Choreographie *Self-Unfinished* (1999) an, welche Formen der Körperwerdung und -verwandlung auf einem selten erreichten Niveau konzeptioneller Sachlichkeit untersucht.

Die nur zwei Seiten umfassende Textfassung, auf der Pragers Performance basiert, gleicht eher einem Manifest als einer Analyse, einem thesenhaften Programm, das Begriffe nicht erklärt, sondern setzt; die diagnostizierte *global prosthetification* fügt sich lose in die disziplinübergreifende Idee, menschliche Erfindungen von vornherein als künstliche Erweiterungen ihrer Gliedmaßen, also Prothesen zu betrachten, „be they medical, cosmetic, technological, social" (Manchev 2006, S. 20). Im Zeitalter des *„perverted* capitalism" ist es, so Manchev, „as if body is becoming a number of practices for reducing organics, for producing an *inorganic* body." (ebd., Hervorhebung im Original.).

Willy Pragers verspielte Performance *Transformability* ist nicht im Ansatz vergleichbar mit einer so durchdachten, in sich geschlossenen und ästhetisch avancierten Arbeit wie Xavier Le Roys *Self-Unfinished*, deren signifikante „Torsomutationen" nach Susanne Foellmer „für den zeitgenössischen Tanz nahezu schon als ikonographisch gelten[...]" (Foellmer 2013, S. 140). Dass Prager sich einerseits selbstbezüglich auf Manchevs Text bezieht, andererseits jedoch den Weg einer von Le Roy radikal abweichenden Ästhetik einschlägt, mag vor allem damit zusammenhängen, dass seine Performance nicht auf die Umsetzung eines Transformabilitäts-Programms abhebt, sondern den Text selbst auf seine verdeckte Wandlungsfähigkeit hinterfragt; Pragers *Transformability* begreift nicht den Inhalt, sondern die Form und Struktur eines theoretischen Textes als Ausgangsmaterial ihrer aufführungspraktischen Auseinandersetzung. Aus einer tanztheoretischen Forderung wird eine choreographische Partitur, womit die Performance diese Forderung förmlich in ihre Schranken zurückweist. Denn der Gestus, einer in der Sackgasse steckenden Tanz- und Performancekunst einen Ausweg weisen zu wollen, ist an und für sich schon als problematisch zu erachten, wie Hans-Thies Lehmann treffend festhält: „Theorie hat keine Vor-Schriften (Programme) zu geben". (Lehmann 2011, S. 29 f.) Und der Theaterwissenschaftler präzisiert, schon gar nicht habe sie „das heute so beliebte Fragespiel mitzuspielen, wohin in Zukunft das Theater gehen werde." (ebd.) Ganz in diesem Sinne deutet Willy Pragers Performance den Vorschrifts-Charakter von Boyan Manchevs Text *Transformability* um. Sie begreift ihre selbst gewählte Vorschrift nicht als Anweisung, sondern als eine seiner Arbeit zeitlich vorangegangene Schrift, eine Vor-Schrift, die schon aufgrund dieser temporalen Differenz als Material, Script, ja als Prätext wie geschaffen ist.

Diese Praxis ist symptomatisch für einen konstruktiven Umgang zeitgenössischer Tanz- und Performancekunst mit kritischer Theorie: „Auf politische Weise zu arbeiten bedeutet [...], das recherchierte Material so aufzuarbeiten, dass sein Recherchecharakter noch offensichtlich bleibt. Es bleibt in seiner Ambivalenz erhalten. Die Stücke zeigen das Material, ohne direkt und unmittelbar inhaltlich Position zu beziehen." (Deck 2011, S. 15) Willy Pragers Arbeit bezieht zwar nicht unmittelbar Position, distanziert sich jedoch auch nicht explizit von inhaltlichen Aspekten. Mit ihrer lakonisch-selbstironischen Art setzt sich die Aufführung einerseits leichtfüßig vom Duktus der besorgten Bestandsaufnahme ab und demontiert andererseits deren impliziten Anspruch darauf, überhaupt als eine Vorschrift gelesen zu werden. Zwischen Formen der Aneignung, Zuspitzung und Demontage drängt *Transformability* auf die Erzeugung von signifikanten Leerstellen und Ambivalenzen des Verstehens. Sie bedient sich dabei bevorzugt bei einem diskursiven Phänomen par excellence, dem Pop.

3   Boy, Girl, Dog

Zunächst führt Pragers Aufführung den Zuschauer_innen vor, dass dort, wo Bezüge suggeriert, diese gemeinhin auch gefunden werden. So liegt nahe, eine Verbindung zwischen Manchevs skizziertem Vorgang der *prosthetification* menschlicher Körper mit Pragers einerseits simpler, andererseits prägnanter Ausgangsfigur zusammenzudenken: Das hüpfende Trio scheint besonders im ersten Teil der Aufführung einem endlosen Wiederholungszwang ausgesetzt, ohne dass sich aus der Situation selbst auf Sinn und Zweck dieser physischen Prozedur schließen ließe. Die Ausstellung von Bewegung als vermeintlich reinem Selbstzweck lässt die Performer_innen dem Eindruck nach zum Beiwerk mutieren. Nicht die Bewegungen fungieren hier als „Medium, in dem Menschen an den Welten anderer teilnehmen und selbst Teil ihrer Gesellschaft werden" (Gebauer und Wulf 1998, S. 19), sondern umgekehrt dienen die Performer_innen hier offensichtlich als Material bzw. Medium für Bewegungen, die keinen Zweck außerhalb ihrer selbst haben. Auf diese Weise ist es denkbar, in jenem oszillierenden ‚Sprungformativ', „images of the inorganic body and its bodiless aura" (2006, S. 19) zu erkennen. Während die Faszination für mechanische Puppen unter anderem mit der suggerierten Emotionalität oder auch Verletzlichkeit der anorganischen Objekte zusammenhängt, markieren Sonja Pregard, Tian Rotteveel und Willy Prager in *Transformability* den entgegengesetzten Prozess: Analog zu Manchevs hervorgehobener *prosthetification* erscheinen sie schon nach kurzem Zuschauen wie entemotionalisierte und entindividualisierte Automaten, Phantome einer postmodernen Abgeklärtheit, Stellvertreter_innen abwesend bleibender Charaktere. Pragers Performance bringt also keine differenzierten Subjekte hervor, sondern hebt auf die Ausstellung eines sozialen Rollenmusters ab. Gerald Siegmund und André Eiermann haben sich mit dieser Kritik im Bereich von Tanz und Theater ausführlich auseinandergesetzt und in diesem Zusammenhang Konzepte der Abwesenheit und des Entzugs als Strategien der Subversion artikuliert. Das Bemerkenswerte an Pragers Performance ist, dass er gerade nicht mit der Idee der Abwesenheit spielt, um dem Imperativ einer emphatischen Präsenz und einer sich permanent vollziehenden Transformation zu entkommen (Siegmund 2005; Eiermann 2009).

Willy Prager bringt die (selbst-)darstellende Gesellschaft des globalen Kapitalismus, die *performing society*, in seiner Performance *Transformability* mit dem populären Unterhaltungsformat des Musicals zusammen. Die bei Manchev eindeutig negativ besetzte *performing society*, von der sich die Tanz- und Performancekunst schon begrifflich loseisen müsse, und ihr aufführungskünstlerisches Pendant sind hier längst eine unheilvolle Allianz eingegangen: Das Trio erinnert, und hieraus ergibt sich eine interessante Analogie zu ihrer evozierten Künstlichkeit, an die Idealbesetzung eines archetypischen Musicals oder einer Screwball-Komödie, wie sie im Fernsehen der 1950er Jahre ausgestrahlt worden sein mag: Boy, Girl, Dog sind stereotype Rollen für einen denkbar einfachen Plot – eine Liebesgeschichte mit obligatorischem Spannungsbogen. Das Gute und das Böse sind holzschnittartig montiert. Die Einspielung deutlich erkennbarer Anleihen ans Musical sorgt für das passende Ambiente, unterstützt durch pinkfarbenes Licht und den Einsatz einer Nebelmaschine. Die drei Performer_innen konkretisieren das atmosphärische Setting durch die chorische Proklamation der Namen großer Schauspielstars des 20. Jahrhunderts wie Frank Sinatra, Katharine Hepburn und Buster Keaton. Sie benennen also ihre Referenzen, anstatt sie zu spielen. Ebenfalls wie aus einem Munde und weitgehend tonlos geben die drei die schematische Dramaturgie der altbekannten Liebesgeschichte zum Besten, die wir auf der Bühne, im Kino oder in der Literatur hinreichend oft erlebt haben: „Boy meets girl, boy loses the girl, boy sings a song and gets the girl." Die Rolle des Dog konnotiert in diesem nicht konkret benannten Zusammenhang einerseits als bellender Gouvernanten-Ersatz sowohl das Schoßhündchen als auch das modische Accessoire des Girl und andererseits den charismatischen Underdog mit *street credibility,* den gesellschaftlichen Außenseiter also, der wie aus dem Nichts ins behütete Leben des Girl hineinplatzt und ihre Beziehung zu, sagen wir, *Franky Boy* gefährdet, ehe der diesem Intermezzo mit einer musikalischen Liebeserklärung ein jähes Ende bereitet. Die Performance dekodiert den kapitalistischen Mythos des heterogenen Liebes- und Lebensglücks als vollkommen inhaltlos, inklusive des Versprechens, dass am Ende (auch materiell) alles gut wird, solange man sich nur anstrengt, an seiner eigenen Integrität arbeitet und sich eines unerschütterlichen Optimismus erfreut. Pragers *Transformability* schafft den musikalischen, gestischen und verbalen Referenzrahmen für ein Narrativ, das hier nicht ausbuchstabiert oder verkörpert, sondern nur paraphrasiert und formal angedeutet wird. Sie kann aber davon ausgehen, dass das Publikum in der Lage ist, Leerstellen zu ergänzen, Stichworte mit den sinnlich-formalen Anleihen zusammenzubringen und die Bühnensituation insgesamt lustvoll zu dekodieren. Zitate aus Madonnasongs und Musical-Paraphrasierungen, gestische Anleihen an Buster Keaton und den Slapstick werden also weitgehend entziffert und dankbar aufgenommen. Die Performance setzt damit auf die altbewährte Logik des Pop: die Popularisierbarkeit sowohl des vermeintlich allzu Trivialen als umgekehrt des vermeintlich Erhaben-Elitären, wobei die persiflierende Diskursivierung oftmals anregender ist als das Produkt, auf das sie sich bezieht.

Während die drei Performer_innen unablässig springen und goldene Münzen in die Luft werfen, küssen sie sich alle durcheinander, ihre kühle Gleichgültigkeit weiter zur Schau tragend; die Botschaft dieses kurzen Goldregens ist klar: Es geht nicht um Personen, Intensitäten oder Inhalte, sondern um kapitalistische Währungen im Allgemeinen und die Zugehörigkeit zu einer wie auch immer definierten Gruppe als Wert an sich.

4 Theorie und Praxis

Die reduzierten Handlungsabläufe bleiben in *Transformability* insofern auf programmatische Weise unlesbar und zugleich in einer überzogen dargestellten Gegenwärtigkeit zu verorten: Im Fokus der Aufführung steht das hüpfende Trio, das problemlos als marktkonform, flexibilisiert und endindividualisiert erkennbar ist. Es schreibt sich aber auch in bestimmte Körper- und Bewegungsfiguren der Tanz- und Theatergeschichte ein, die durch Wiederholung sowohl gesellschaftliche als auch aufführungskünstlerische Kodierungen erfahrbar machen und in ihrer Wahrnehmbarkeit verändern. Erinnert sei nur an das 45minütige Körper- und Stimmexerzieren in Einar Schleefs berühmtem *Sportstück* oder die ungezügelten Schüttel- und Zitterattacken in Meg-Stuart-Choreographien. Auch hinsichtlich Performances, die sich intensiv einer einzigen Aufgabe widmen, ergeben sich Referenzen, etwa zu Antonia Baehrs Performance *Lachen* (2008) oder Lee Meirs sich fieberhaft steigernder Publikums-Ansprache *Translation Included* (2012). Auch *Transformability* wird von einem Thema und seinen vielschichtigen Verschiebungen durch künstlerische Strategien der wiederholenden Verfremdung beherrscht, der konstituierten Erfahrbarkeit von zeitlicher Dauer. Die auffallend kurze Performance wirkt wie eine choreographische Studie, eine Untersuchung grundlegender

(Kommunikations-)Prozesse. In einem konzentrierten Format wird eine Bewegungsfigur durch verschiedene Situationssequenzen hindurch navigiert. In der auch hier wieder markierten Korrelation von Vor-Schrift und Ausführung zeigt sich in selbstreferentiell-ironischem Gestus, wie schwer es mitunter sein kann, Theorie und Praxis überhaupt in Einklang miteinander zu bringen: So führen die Performer_innen im Verlauf der Aufführung auf anschauliche Weise vor, wie Praktiken der Übertragung und speziell der Übersetzung von Theorie in Praxis vonstattengehen können und demontieren damit zugleich eine alte Kulturtechnik, die der Nachahmung (Mimesis), in der ihr zugeschriebenen Bedeutungsgenerierung und -perpetuierung. Singend und tanzend versuchen die drei, buchstäblich Schlüsselbegriffe aus Manchevs Text auf den Boden der Bühne, die Szene zu übertragen. Mit riesigen Kreidebuchstaben überziehen sie den dunklen Belag und bewegen sich dabei weiter rhythmisch eruptiv hin und her. Ihre Kritzeleien sind nahezu unlesbar; als die verwendete Kreide auf die Kleidung der Performer_innen abfärbt, verlieren sie vollends an Sinn. Die diskursiven Schlüsselbegriffe aus Manchevs Text erscheinen in diesem bildlichen Vorgang als ein flüchtiges Gut, das durch die weiteren Bühnenaktionen im doppelten Sinn verwischt wird: sichtlich und semantisch bleiben nur helle Flecken übrig. Auf diese Weise stellt *Transformability* die Abstriche und Verluste heraus, die konstitutiv sind für ihren spezifischen Vorgang der künstlerischen Bearbeitung. Gleichzeitig eignet sich diese Schlüsselsequenz, begleitet vom ironischen Lächeln der Performer_innen, zur selbstbewussten Ausstellung ihres unfertigen Charakters. *Transformability* zeigt nicht das Ergebnis einer diskursiven Anverwandlung, sondern den Prozess als solchen. Das spürbare Maß der Selbstbezüglichkeit verweist hier auf ein ausgeprägtes, künstlerisches Selbstbewusstsein. Die Verflüchtigung von Kategorien lässt sich aber auch mit der Grundfigur aus Manchevs Text zusammenbringen. Die Art, in der sich Begriffe als haltlos und flüchtig erweisen, wirkt zurück auf die Immunität der verkörperten *performing society* gegenüber ihrer eigenen Theoretisierbarkeit.

Um vor diesem Hintergrund noch einmal auf das mit Hans-Thies Lehmann und Jan Deck unterlegte Verhältnis zwischen Theorie und Theater zurückzukommen: Während ein unmittelbarer Zusammenhang zwischen Manchevs Text und Pragers Aufführung kaum auszumachen ist, erscheint die Performance als vielfach inspirierte Produzentin eigener theoriefähiger Diskurse. Sie vollzieht damit auf einer weiteren Ebene, was die Theaterwissenschaftlerin und Dramaturgin Theresia Birkenhauer hinsichtlich des Verhältnisses von Theatertheorie und -praxis angemerkt hat: „Die künstlerische Praxis ist nicht mehr Objekt und Gegenstand, praktische Umsetzung und anschauliche Demonstration, sondern der genuine Ort theoretischer Reflexion des Theaters." (Birkenhauer 2008, S. 9). Während Boyan Manchev den gesellschaftlichen Opportunismus versus alternative Handlungsmöglichkeiten auslotet, schlägt die Performance eine aufführungspraktische Richtung ein, in der sich diese beiden Prinzipien nicht unbedingt ausschließen: *Transformability* eröffnet einen Raum, in dem die stumpfe Ausführung von Handlungsvorschriften selbst mit der Zeit zur Ausbildung eines quasi-natürlichen, subversiven Verhaltens führt. Der sich in der Aufführung selbst konstituierende Ansatz zu einer theorie- und anschlussfähigen Praxis verläuft nahezu konträr zu Manchevs Überlegungen, wie im Folgenden gezeigt werden soll.

5   Erzwungene Partizipation

So etwas wie eine Tanz- oder Performancekultur existiert quasi nicht mehr in einer Gemeinschaft, in der ‚ohnehin ständig alle am Singen und Tanzen sind'. Auch so lässt sich Manchevs Ausgangsüberlegung szenisch konkretisieren und interpretieren, wenn er einleitend bemerkt: „The newly emerged *performing* society, the society of ‚global capitalism' [. . .] is a society pretending to step beyond the conventional roles and agencies, beyond the rigid frames of economic, social, and cultural production. Fluidity, transgression of borders, destabilization of all sorts are becoming the rule." (Manchev 2006, S. 12. Hervorhebung im Original.) In einer ideologieoffenen Gesellschaft, in der sich Business und Punk nicht ausschließen, solange ihre Verbindung für beide Seiten profitabel ist, wo alles, was nicht hoffnungslos am Boden kriecht und traurig vor sich hin dümpelt, schon einen potenziellen Marktwert besitzt, ist es, wie schon in Rekurs auf Johanna Schaffer bemerkt, äußerst schwer, *nicht* zu partizipieren. Denn egal wie wir leben, werden wir in irgendeiner Weise von Personen oder Institutionen vereinnahmt, deren Denken oder Handeln wir vehement ablehnen. In ihrem Essay *Die eindimensionale Frau* fasst die Philosophin Nina Power das Dilemma dieser Scheinpartizipation, die auch in entgegengesetzter Richtung wirkt, treffend zusammen: „Der Kapitalismus hat unser Verständnis von ‚Gleichberechtigung' auf vielfältige Weise beeinflusst. Einerseits ist scheinbar keine Diskriminierung mit dem Zwang zur Akkumulation verbunden – es ist egal, wer die Arbeit macht, solange Gewinn und Mehrwert dabei herausspringen. Wozu sollte man Frauen *ob* ihres Frauseins diskriminieren? Oder Schwarze *ob* ihres Schwarzseins? Oder Homosexuelle *ob* ihrer Homosexualität?" (Power 2011, S. 11 Hervorhebung im Original.).

Gleichwohl täuschen diese Repräsentationsfragen, so Power weiter, nicht über die strukturelle und ideologische Schlechterstellung etwa ethnischer Minderheiten hinweg. Mit Blick auf Frauen oder People of Color in Spitzenpositionen erinnert Nina Power daran, dass wir im Gegenteil, „den Begriff der Alibipolitik ausweiten müssen, um zu erfassen, dass oftmals gerade diese ‚außergewöhnlichen' Frauen und Minderheiten nicht nur Zugang zu Machtpositionen erhalten haben, sondern vielmehr deren schlimmste Seiten verkörpern." (ebd., S. 12) Rückbezogen auf Manchevs Text und Pragers Performance würde dies bedeuten, dass die diagnostizierte Privilegierung des *performing capitalism* durch Tanz- und Performancekunst de facto noch übertroffen wird von der unfreiwilligen Suprarepräsentation dieses Systems: „In a performing society all are singing, all are dancing". Die Performance *Transformability* lässt den Mythos, den sie mit der *prosthetification* ihres Personals überblendet, satirisch ins Leere laufen, indem sie ihn in seiner ganzen Banalität und Regressivität ausspielt. Im breit lächelnden Sprungformativ verkörpert sie die unfreiwillige Überidentifikation an sich, ohne Vorbild, Sinn und Verstand. Und gerade durch diese übertriebene Zurschaustellung bekommt die Ausgangsformation aus *Transformability* die Qualität einer Kippfigur: Mit ihr lässt sich nicht nur die kollektive Identität der Sprungfigur thematisieren, die sich zugleich in Boy, Girl, Dog splittet, sondern auch jene Performanz konstituierende Gleichzeitigkeit von Wiederholung und/als Veränderung (vgl. Butler 1988). Die Kippfigur ist in diesem Zusammenhang als mehrdeutiges Bild zu verstehen, deren Bedeutung nicht nur in jedem einzelnen Moment der Aufführung, sondern auch innerhalb ihres zeitlichen Verlaufs umschlägt.

6 Kippfigur

„In a performing society all are singing, all are dancing" kann sowohl freudige Bilanz als auch alarmierendes Signal sein: Die Aussage lässt sich einerseits auf eine ‚ausgesöhnte' Gesellschaft beziehen, in der es keine Kontroversen gibt und die Gleichheit des Tuns die Gleichberechtigung ihrer Mitglieder garantiert; andererseits zeichnet sich diese Aussage durch agitatorisches Eigenlob und geistige Einfalt aus; sie verweist auf den eklatanten Mangel eines notwendigen Konfliktpotenzials, einer geistig-politischen Streitkultur und auf die Verdrängung all derjenigen, die keinen Grund sehen oder schlicht keine Lust haben, stets und ständig (sich selbst) zu feiern: Sie ist Utopie und Dystopie in einem. Auch als Parodie der so genannten Feierabendkultur lässt sie sich auffassen, wenn sich die Performer_innen zu eingespielter Clubmusik beim Versuch, hüpfend Flaschenbiere zu öffnen oder sich Zigaretten anzuzünden schön lächerlich machen.

Eine auf Konsens festgelegte *performing society* ist demnach auch nichts anderes als eine Kontrollgesellschaft und verkörpert den omnipräsenten Appell des

enjoy!, der im Anschluss an Nina Power jedes wahre Vergnügen im Keim er-
sticken muss, weil er kein Angebot, sondern einen Befehl markiert (vgl. Power
2011, S. 86 f.) Angelegt ist diese Doppeldeutigkeit szenisch schon im ständigen
Auf und Ab der Sprungformation: Was zuerst eine gewisse Leichtigkeit vermittelt,
kippt mit der Zeit in eine deutlich wahrnehmbare Schwerfälligkeit und Monotonie.
In der steten Wiederholung zeigt sich nicht nur die Dynamik des Leerlaufs, der
Ausverkauf einer ganzen (Streit-)Kultur, welche *off-scene* bleibt; in ihr ist auch die
Polarität zwischen oben und unten angelegt, die Logik der Flexibilisierung und der
erwerbsbiographisch regelmäßigen *ups and downs* einer auf Ökonomie setzenden
Ordnung.

Das Publikum hat merklich Spaß daran, wenn das Trio selbst dann noch weiter
zu springen versucht, als es schon regelrecht am Boden liegt und versucht, jene be-
sagten Kreidebuchstaben vor sich hin zu kritzeln oder sich umständlich Zigaretten
anzuzünden. Die eingangs bemerkte Herstellung des Blickkontakts zum Publikum,
die den Großteil der Performance über beibehalten wird, verstärkt den Eindruck,
dass die Performer_innen das Publikum, wenn sie es auf diese Weise ansprechen,
auch regelrecht anspringen (wollen). Der offensive Appell installiert es als (poten-
zielles) Spiegelbild jener ausgestellten *performing society* und erzeugt so jenseits
der Belustigung auch einen gewissen Druck, sich zum Aufgeführten zu verhalten:
Schließlich ist das Publikum maßgeblich daran beteiligt, die gezeigte Maschinerie
am Laufen zu halten; es protestiert und interveniert nicht gegen die so demonstrativ
einfallslose, redundante Darbietung; im Gegenteil: Es lacht darüber. Mitwippend
und förmlich mitgehend fühlt es sich angesprochen – und bleibt doch gleichzeitig
distanziert, weil es den wohlkalkulierten Effekt fraglos durchschaut, wodurch sich
die besagte Ambivalenz jener szenisch präsentierten Kippfigur in den Reihen der
Zuschauer_innen fortsetzt.

Doch je länger die Aufführung dauert, desto stärker tritt die Diskrepanz zwischen vermittelter Begeisterung und Teilnahmslosigkeit, Dynamik und Trägheit
zutage. Es fällt Sonja Pregrad, Tian Rotteveel und Willy Prager bald sichtlich
schwer, weiterhin gute Miene zum bösen Spiel zu machen: Ihr Lächeln wirkt mit der
Zeit unglaubwürdig, ja fragwürdig. Ähnlich verhält es sich mit ihrer Sprungkraft.
Wie schon angedeutet, untersucht *Transformability* in dieser szenischen Testreihe,
wie lange es dauert, bis die Motivation der Performer_innen nachlässt; die Dauer der Aufführung entspricht der tatsächlichen Zeit, die es in Anspruch nimmt,
sich körperlich zu verausgaben. Während dieses Vorgangs verflüchtigt sich jedoch
nicht die Wirkmacht der Aufführung, im Gegenteil: Je erschöpfter die Perfor-
mer_innen, desto präsenter wirken sie. Analog der schwindenden Produktivität
steigt ihre Bühnenpräsenz; mit Edward Scheer ließe sich zur Bedeutung der Dauer für aufführungsperformative Prozesse konkretisieren: „For performance artists,

duration refers to the time it takes to break away from the things that inhibit creativity, empathy and intuition, yet the extent to which any performance develops its object in real time forms the basis of what we might call ‚the durational aesthetic‘." (Scheer 2012, S. 1) Allmählich melden sich die physisch lädierten Körper der Performer_innen im Verlauf der Aufführung zurück: hörbar, sichtbar, spürbar; sie subvertieren das ausdruckslose Lachen, indem sie es in ein zwanghaftqualvolles wenden: Sie brechen aus ihrer Rolle aus. Auf diese Weise vollziehen sie ihren eigenen Übergang vom dynamisch-optimistischen Schein hin zu erschöpften, sich in der Aufrechterhaltung eines sinnentleerten Rituals quälenden Individuen in Echtzeit nach.

7 Aktive Passivität

Eine paradoxe Dynamik, motorische Spannung entsteht hier also im spielerischen Ineinandergreifen ausgestellter Wiederholungs- als Veränderungsakte. Denn was sich im zeitlichen Verlauf der Aufführung verschiebt bzw. verändert, ist wie gesagt im einzelnen Sprung der Tänzer bereits angelegt: Nicht nur die Bereitschaft sich zu beugen angesichts einer wie absurd auch immer wirkenden Vorschrift, sondern auch das Unvermögen, angesichts dessen gefasst zu bleiben, und zwar buchstäblich körperlich.

In ihrem Aufsatz *Ich ernähre mich durch Kraftvergeudung* stellt die Theaterwissenschaftlerin Barbara Gronau klar, dass jede Produktion oder Arbeit – also auch die künstlerische Darstellung – Verausgabung sei (vgl. Gronau 2008). Gelder und Materialien, aber auch physische, mentale und lebenszeitliche Ressourcen würden dabei verbraucht. Jede künstlerische Praxis trage infolge der Geringschätzung des Gebrauchswerts dieser Kunst den Charakter der ‚unproduktiven Verausgabung‘ und das umso mehr als das ergebnisorientierte Werk zugunsten performativer Prozesse zusehends an Wert verloren hat (ebd.). Pragers *Transformability* kann als eine Studie über die nutzlose Verausgabung körperlicher und lebenszeitlicher Ressourcen betrachtet werden, die weder einem elitären Theaterverständnis dient noch sich gesellschafts-ökonomisch verwerten lässt. Sie führt körperliche Verausgabung exemplarisch in Echtzeit vor. Erst die unproduktive Verausgabung verdeutlicht, dass die subversiven Momente von Anfang an als versteckte Effekte in der Performance angelegt sind: Vom ersten Sprung an verunklären die Performer_innen ihre äußere Fassung, indem sie zwischen zwei unmöglichen Positionen beständig hin und herspringen: Während sie selbst den Blick zum Publikum suchen, lassen sie sich in ihrer Unschärfe im Gegenzug kaum fixieren. Nicht stehenzubleiben bedeutet hier auch, sich weder unten noch oben subjektivieren oder einfach sammeln zu können: keine Zeit zu haben, sich auf einen Zustand einzulassen, weder hier noch da voll *verfügbar* zu sein: Die Subversion siedelt in den Anforderungen, den Bedingungen des so konstellierten Systems selbst, ob auf eine Makro- oder Mikrostruktur bezogen. Indem sich die Körper im exzessiven Wiederholen der Sprünge *energetisch* und paralinguistisch zurück melden, unterstreichen sie diesen äußeren Formverlust: Identität basiert hier auf der Zerrüttung des Körpers, wie Gabriele Brandstetter schreibt (vgl. Brandstetter 2010, S. 346). Es geht um transformierende Potenziale der „Ent-Staltung" (ebd., S. 343) und um das Recht auf nutzlose Verausgabung. Das mag angesichts der körperlichen Entkräftung nicht gerade eine gesunde Form des Widerstands darstellen, spiegelt aber die vielfältigen Praktiken der (Selbst-)Ausbeutung vieler freischaffender Künstler_innen und denkt sie weiter bis an einen potenziellen Punkt, an dem (Selbst-)Ausbeutung umschlagen muss. Irgendwann früher oder später stoßen die Performer_innen in *Transformability* an die Grenzen ihrer Leistungsfähigkeit und ihrer Artifizierbarkeit; das ist kein plötzlicher, sondern ein steter Prozess der Ermüdung, der Ermattung, der zunehmenden Verweigerung: Sie können gar nicht anders als früher oder später zu streiken, die Idee einer umfassenden *prosthetification* ins Gegenteil zu wenden, sich zu erheben, indem sie hörbar werden, sich laut atmend zurückmelden und ihre Körper nun mit voller Wucht in die Aufführung einbringen, als das Kapital ihrer nutzlosen Verausgabung, was sich mit Joseph Vogl als „energische[] Inaktivität" (Vogl 2007, S. 23) oder mit Kathrin Busch als aktiv erzeugte Passivität verstehen ließe. (vgl. Busch 2013) Dabei bleiben von wissenschaftstheoretischer Seite aus betrachtet jedoch beide Konzepte, Aktivität wie Passivität, in ihrer ambivalenten Bedeutung bestehen. Kathrin Busch schreibt vor dem Hintergrund kulturtheoretischer Revisionen des Aktivitätsparadigmas:

> In jedem Fall sollte man zunächst beides auseinanderhalten: einmal die Vision des Nichtstuns in einer vom Ideal der Produktivität durchdrungenen Gesellschaft und sodann eine fundamentale Kritik am Vorrang der Aktivität in Bezug auf die Genese und Verfasstheit des Subjekts. Wenn also im einen Fall das Passivsein als selbstgewählte Verweigerung und Abwehr gegenüber Aktivitätsappellen begrüßt wird, sodass man in der Untätigkeit eine Widerstandsform erblicken kann, so konvergiert im anderen Fall das Passivitätsdenken mit einer philosophischen Entmachtung des neuzeitlichen Subjekts, um die passivischen Bedingungen aufzudecken, denen das Selbst in seiner Konstitution, seinem Wahrnehmen, Erleben und Handeln ausgesetzt ist. (Busch 2013, S. 16)

In Pragers Performance kommen die beiden unterschiedlichen Momente überein: Passivität ist hier kein Wert an sich, kein Ideal, sondern sowohl ein alarmierendes Signal als auch die ‚Keimzelle' potenzieller Suspension und Subversion: ein in seinem Vermögen zur Transformation akzentuierter Begriff.

Während Manchev in seinem Text *Transformability* als explizite Herausforderung der Tanz- und Performancekunst formuliert, der *„performing* society of *perverted* capitalism" (Manchev 2006, S. 19. Hervorhebung im Original) zu widerstehen, legt es Pragers *Transformability* von vornherein darauf an, jene Idee einer *performing society* in ihrer Ambivalenz zu untersuchen. *Transformability* ist eine Studie über die Interferenzen von Adaption und Veränderung: Sie ließe sich auf einen ebenso grundtheatralen wie gesellschaftlichen Vorgang zurückführen: die vermeintlich passive Nachahmung von Handlungen und Verhaltensweisen; indem das Prinzip der Nachahmung hier auf eine (Bewegungs-)Formel reduziert und förmlich bis zum Exzess betrieben und forciert wird, werden verschiedene Stadien dieses Wirklichkeit erst konstituierenden Vorgangs erfahrbar, die Gunter Gebauer und Christoph Wulf in die Einheiten, „Einwirkung, Aneignung, Veränderung, Wiederholung" (Gebauer und Wulf 1998, S. 29) zerlegen. Die in Manchevs Text erwähnte Konstruktion des Körpers als „a number of practices for reducing organics, for producing an *inorganic* body" (Manchev 2006, S. 19. Hervorhebung im Original) wirkt, um diese Zwischenschritte mit Blick auf die Performance noch einmal abschließend zu erwähnen, aktiv auf die im Fokus der Aufführung stehenden Akteur_innen ein; sie eignen sich diesen Ablauf an und wiederholen ihn solange, bis sich die Aussage in dieser Wiederholung selbst verändert. Das Nachgeahmte wird im Vorgang der exemplarischen Konstituierung in Echtzeit als inhaltsleer dekodiert und entwertet. In die Logik jenes endlosen Produzierens und Selbstausbeutens wird exemplarisch das entgegenwirkende Prinzip der nutzlosen Verausgabung oder Passivität implementiert: als Verweigerung, die im Rekurs auf die Philosophin Kathrin Busch nicht unbedingt von Anfang an selbst gewählt wurde, jedoch schlicht aus den steten Aktivitätsappellen, der vermittelten Darstellungspflicht selbst resultiert, als quasi-natürliches, subversives Verhalten. Während es zu Beginn der Aufführung den Anschein hat, Sonja Pregard, Tian Rotteveel und Willy Prager würden gemäß ihrer frontalen Ausrichtung und des steten Blickkontakts dem Publikum einen Spiegel vorhalten wollen, kippt dieser Eindruck im weiteren Verlauf: Je erschöpfter die Performer_innen, desto stärker treten sie erst als Akteur_innen in Erscheinung, die gemäß ihrer sich performativ formierenden Handlungsbefähigung das Potenzial verkörpern, in Konflikten zu intervenieren. Das stete Nachahmen eines programmatisch außerhalb der Bühne situierten Musters, das in ebenso steten Praktiken des Vormachens besteht, lässt in diesem Sinn von Willy Pragers Performance aus über den Umweg der (verdeckten) Imitation neue Formen der Handlungsfähigkeit erahnen.

Literatur

Birkenhauer, Theresia. 2008. *Theater/Theorie. Zwischen Szene und Sprache.* Berlin: Vorwerk 8.

Brandstetter, Gabriele. 2010. Körper-Transformationen in zeitgenössischen Tanz-Performances. Benoît Lachambre, Meg Stuart, Xavier Le Roy und Jeremy Wade. In *Intermedien. Zur kulturellen und artistischen Übertragung,* Hrsg. A. Kleihues, B Naumann,und E. Pankow, 343–357. Zürich: Chronos.

Busch, Kathrin. 2013. Elemente einer Philosophie der Passivität. In *Theorien der Passivität* (Schriftenreihe der Merz-Akademie), Hrsg. H. Drexler, 14–31. München: Fink.

Butler, Judith. 1988. Performative Acts and Gender Constitution: An Essay in Phenomenology and Feminist Theory. *Theatre Journal* 40 (4): 519–531.

Deck, Jan. 2011. Politisch Theater machen - Eine Einleitung. *Theater machen. Neue Artikulationsformen des Politischen in den darstellenden Künsten,* Hrsg. Jan Deck und A. Sieburg, 11–28. Bielefeld: transcript.

Eiermann, André. 2009. *Postspektakuläres Theater. Die Alterität der Aufführung und die Entgrenzung der Künste.* Bielefeld: transcript.

Foellmer, Susanne. 2013. Un/Doing Gender. Markierungen und Dekonstruktionen der Inszenierung von Geschlecht in zeitgenössischen Tanzperformances. In *Choregraphie – Medien – Gender,* Hrsg. M.-L. Angerer, Y. Hardt, und A.-C. Weber, 139–155. Zürich: Diaphanes.

Gebauer, Gunter, und Christoph Wulf. 1998. *Spiel, Ritual, Geste. Mimetisches Handeln in der sozialen Welt.* Reinbek: Rororo.

Gronau, Barbara. 2008. ,Ich ernähre mich durch Kraftvergeudung'. Künstlerische Strategien der Verausgabung. In *Strahlkräfte. Festschrift für Erika Fischer-Lichte,* Hrsg. C. Weiler, J. Roselt, und C. Risi, 149–164. Berlin: Verlag Theater der Zeit.

Lehmann, Hans-Thies. 2011. Wie politisch ist postdramatisches Theater? In *Theater machen. Neue Artikulationsformen des Politischen in den darstellenden Künsten,* Hrsg. J. Deck und A. Sieburg, 29–40. Bielefeld: transcript.

Manchev, Boyan. 2006. Transformability. Performing society and the contemporary conditions of dance. *Defining the Undefinable. European Dance House: A Recent Realitiy. Theater der Zeit* 6:19–20.

Power, Nina. 2011. *Die eindimensionale Frau.* Berlin: Merve.

Schaffer, Johanna. 2008. *Ambivalenzen der Sichtbarkeit. Über die visuellen Strukturen der Anerkennung.* Bielefeld: transcript.

Scheer, Edward. 2012. Introduction: The end of spatiality or the meaning of duration. *Performance Research: A Journal of the Performing Arts* 17 (5): 1–3.

Siegmund, Gerald. 2005. Erfahrung, dort, wo ich nicht bin: Die Inszenierung von Abwesenheit im zeitgenössischen Tanz. In *Performance. Positionen zur zeitgenössischen szenischen Kunst,* Hrsg. G. Klein und W. Sting, 59–75. Bielefeld: Transcript.

Vogl, Joseph. 2007. *Über das Zaudern.* Zürich: Diaphanes.

Enacting Theory. Zur theatralen Rezeption humanwissenschaftlicher Diskurse bei René Pollesch am Beispiel von *Das purpurne Muttermal*

Franziska Bergmann

Mit seinem sogenannten Diskurstheater konnte sich René Pollesch in den vergangenen 15 Jahren als einer der wichtigsten Köpfe der deutschsprachigen Theaterlandschaft etablieren. In einem kollektiv organisierten Produktionsprozess geht es ihm zusammen mit seinen Schauspieler_innen darum, Theaterabende zu gestalten, die, so Pollesch in einem Interview, „das Normale in Frage [stellen] und es als Konstruktion entlarven" (Raddatz 2007, S. 196). Diese Konstruiertheit des Normalen und die Kontingenz sozialer Lebenswelten rückt Pollesch in den Blick, indem er seine Texte mit zahlreichen Versatzstücken aus aktuellen humanwissenschaftlichen Debatten wie der *Gender*-Theorie oder den *Animal Studies* anreichert – daher der in Forschung und Feuilletons zirkulierende Begriff des ‚Diskurstheaters'. Welche Konsequenzen die Übersetzung abstrakter, mitunter sperriger theoretischer Konzepte in das konkrete theatrale Spiel hat, möchte ich im Folgenden untersuchen. Es geht mir darum zu fragen, wie sich die intermedialen Bezüge Polleschs auf schriftlich fixierte Theorietexte im Kontext der plurimedialen Kunstform der Theateraufführung gestalten.

Bevor ich diesen hier aufgeworfenen Fragen exemplarisch anhand des 2006 am Wiener Akademietheater inszenierten und mit dem Nestroy Theaterpreis ausgezeichneten Stücks *Das purpurne Muttermal* nachgehe, werde ich einführend zunächst einen allgemeinen, skizzenhaften Überblick über Polleschs künstlerische Verfahrensweisen geben.

Mitnichten lässt sich Polleschs Theaterästhetik mit konventionellen Begriffen des Dramas erfassen. So wendet er sich dezidiert gegen die von ihm als bürgerlich diskreditierte Theaterpraxis des illusionistischen Repräsentationstheaters; ein

F. Bergmann (✉)
Trier, Deutschland
E-Mail: bergmannf@uni-trier.de

A. Hackel, M. Vollhardt (Hrsg.), *Theorie und Theater*,
Kulturelle Figurationen: Artefakte, Praktiken, Fiktionen,
DOI 10.1007/978-3-658-04102-1_4, © Springer Fachmedien Wiesbaden 2014

Theater, das auf der Darstellung einer zweiten Welt aufbaut (vgl. Bloch 2008, S. 165). Pollesch geht es in Abgrenzung zu diesem Theater nicht darum, eine kohärente Geschichte mit eindeutig identifizierbaren Figuren und herkömmlicher Dialogführung auf die Bühne zu bringen. Die unablässig sprechenden Schauspieler_innen, die in Polleschs Theater mal sich selbst darstellen, mal für kurze Zeit in die Rolle unterschiedlicher fiktiver Figuren schlüpfen, versuchen vielmehr „argumentativ [. . .] einschlägige philosophische [Positionen] oder auch nur Begriffe umkreisend, [die] Bedingungen ihrer eigenen Existenz" (Schößler 2009, S. 142) zu reflektieren. Diese Bedingungen sind, wie Polleschs Arbeiten immer wieder deutlich machen, von einem abendländischen, spätkapitalistischen Denken geprägt, in dessen Zentrum das westlich männliche Subjekt als unmarkiertes Maß aller Dinge steht.

Trotz des intellektuell anspruchsvollen Theoriematerials, das Pollesch in seine Theaterarbeiten integriert, begreift er seine Bezüge beispielsweise auf Judith Butler, Michel Foucault, Giorgio Agamben oder Donna Haraway nicht als elitären Gestus. Anders als zum Beispiel Elfriede Jelinek, deren Theatertexte sich ebenfalls immer wieder explizit, allerdings in durchaus kalauernder, spöttischer Manier auf Theoriediskurse beziehen, nimmt Pollesch seine theoretischen Prätexte sehr ernst und glaubt an die

> Theoriefähigkeit [des] Alltags, daß der Alltag mit Theorie zu bearbeiten ist. Man muß nur von dem Vorurteil weg, daß es sich dabei um etwas Elitäres handelt, wenn ich mich auf eine Philosophie beziehe, um mein eigenes Handeln zu begreifen. Auf eine Philosophie allerdings, die sehr nah an dem ist, was gerade stattfindet. (Pollesch in Raddatz 2007, S. 200)

Ein weiterer Faktor, der verhindert, dass Polleschs Abende den Charakter einer wissenschaftlichen Vorlesung annehmen, ist die ausgeprägte Komik seiner Texte und Inszenierungen. So schreibt Dietrich Diederichsen, dass die Anreicherung des akademischen Jargons mit den Emotionen der Schauspieler_innen und die Übertragung der Theorietexte von der dritten in die erste Person Singular „grundkomische" (Diederichsen 2002, S. 59) Effekte erziele. Gleichzeitig ist das akademische Register mit alltagssprachlichen Floskeln und populärkulturellen Diskursen versetzt, die bisweilen aus dem Bereich der „‚seichten' Abendunterhaltung" (Bloch 2008, S. 168) wie diversen TV-Serien oder Hollywoodfilmen stammen. Pollesch montiert also unterschiedliche Register aneinander, die zunächst völlig disparat erscheinen. Was er jedoch mit diesem Arrangement erzielt, ist ein verfremdender Effekt, der neue Wahrnehmungsweisen auf scheinbar Selbstverständliches ermöglicht. Die Bauprinzipien seiner Theaterarbeiten zeichnen sich Frauke Meyer-Gosau zufolge durch die „Brechung von Traditionen, Erwartungen und Erfahrungen" (Meyer-Gosau 2003, S. 16) aus. Mithin nutzt Pollesch Verfahren der komischen Verfremdung, um vormals Unhinterfragtes (z. B. hierarchisierte Zweigeschlechtlichkeit oder die Norm des Weiß-Seins) in neue Wahrnehmungsbereiche (vgl. Bloch 2008, S. 168) zu verschieben und zur Debatte stellen zu können.

1 *Das purpurne Muttermal*: tierphilosophisches Boulevardtheater

Dieses Spiel mit Brechungen von Erwartungshaltungen betreibt Pollesch exzessiv in seiner Theaterarbeit *Das purpurne Muttermal*, in deren Zentrum ein konventionell gezeichnetes Ehepaar steht, dessen Beziehung durch die Liaison der Frau mit einem Affen in Gefahr ist. In der Kritik wird *Das purpurne Muttermal* als „Liebes- und Verwechslungskomödie", „Boulevardtheater" (Kralicek 2006, Online) oder als „Kammerkomödie" (Helmer 2006, Online) bezeichnet, wobei diese vermeintlich trivialen Formate insofern komisch gebrochen werden, als sie mit elitär anmutenden Versatzstücken humanwissenschaftlicher Theorien insbesondere aus dem Bereich der zeitgenössischen Tierphilosophie angereichert sind. Geht es Pollesch in *Das purpurne Muttermal* (wie auch seinen anderen Stücken) darum, mithilfe der zitierten Theoriemodelle kritisch nach abendländischen Konzepten von Identität zu fragen, so nutzt er die aus dem Register des Boulevardesken entstammenden temporeichen Spiele und zahlreichen Verwechslungsszenen, um identitätsbildende Kontinuitäts- und Kohärenzstrukturen immer wieder zu unterbrechen. Auf diese Weise werden in *Das purpurne Muttermal* herkömmliche Subjektkonzeptionen suspendiert, die nicht zuletzt auch die Grenzziehung zwischen Mensch und Tier affizieren. Im Rahmen dessen rücken zugleich Fragen um Wahrheit/Lüge, Realität/Fiktion, Ernst/Spiel oder Identität/Alterität ins Blickfeld und Pollesch versucht mithilfe des theatralen Spiels, diesen binären Oppositionen komplexere Modelle entgegenzusetzen.

Um die seit dem 18. Jahrhundert „hoch sanktionierte Grenz[ziehung]" (Schößler 2004, S. 283) zwischen Mensch und Tier zu befragen und neuartige, gattungs- übergreifende Beziehungsformen zwischen menschlichen und tierischen Wesen auszuloten, bezieht sich Pollesch maßgeblich auf die Überlegungen der US- amerikanischen Biologin und Philosophin Donna Haraway. Dass Haraways Theorien zum Mensch-Tier-Verhältnis von Pollesch als Quellen genutzt werden, aus denen er mitunter „wortwörtlich zitiert" (Schößler 2009, S. 143), macht er wiederholt in zahlreichen Interviews deutlich – so auch im Programmheft zur Inszenierung. Zudem ist in diesem Heft ein Ausschnitt aus einem Text Hara- ways abgedruckt, d. h. Pollesch geht von einem informierten Publikum aus, das durch die Lektüre der Interviews und des Programmhefts wenigstens oberflächlich mit den Positionen der theoretischen Prätexte vertraut ist und diese identifizieren kann. Im Programmheft zu *Das purpurne Muttermal* schildert Pollesch, dass ihm Haraways Bücher gleichsam ein Instrument an die Hand geben, um mit einem „bestimmten Denken" (Beck 2006/2007, S. 16) anzufangen. Dieses Denken ist eines, das unter Rückgriff auf den Anti-Speziesismus[1] die Mechanismen der sogenannten anthropologischen Differenz in Frage stellt, eines abendländischen Diskurses also, der von der vermeintlich eindeutigen Unterscheidbarkeit zwischen Humanitas und Animalität sowie von der Überlegenheit des Menschen über das Tier ausgeht. Haraway indessen ist sich der willkürlichen Setzungen der anthropologischen Differenz bewusst und entwickelt Modelle, in denen das Verhältnis zwischen Mensch und Tier neu definiert wird. So hebt sie u. a. in ihrer Schrift *Companion Species Manifesto*, auf die sich Pollesch stellenweise bezieht, die herkömmliche Zuschreibung von menschlichem Subjekt und tierischen Objekt auf, indem sie am Beispiel von Mensch-Hund-Beziehungen demonstriert, dass Tiere als Akteure, als handelnde Subjekte zu begreifen sind, die an der Gestaltung sozialer Lebenswelten wesentlichen Anteil haben. Im Rahmen ihrer tierphilosophischen Überlegungen visioniert Haraway dabei das Szenario einer alternativen Gemeinschaft; einer Gemeinschaft, der Prinzipien von Singularität zugrunde liegen, so dass homogenisierende, universalisierende und hierarchisierende Kategorien ihre Wirkmacht verlieren (vgl. O'Rourke 2008, S. xix). Innerhalb dieser Gemeinschaft werden ein- bzw. ausschließende Abstammungsdiskurse durch das ethische Diktum der radikalen Anerkennung gleichwertiger Differenzen ersetzt; es geht Haraway um die kommunikative Begegnung mit Wesen, die nicht wie ‚wir' sind, d. h. weder der Logik von Ähnlichkeit noch von Identisch-Sein unterworfen sind. Ein mögliches, in *Das purpurne Muttermal* aufgegriffenes Beispiel für eine neuartige Form der Gemeinschaftsbildung entwickelt Haraway anhand der Lebensform eines milliardenalten Mikroorganismus: Dieser Mikroorganismus sei, so Haraway, auch heute noch im Darmtrakt australischer Termiten aufzufinden. Wurde dieser Mirkoorganismus innerhalb des Darmtraktes zunächst als Fremdkörper wahrgenommen, so konnte er im Verlauf der Zeit in das Darmsystem integriert und zu einem – wie es Haraway nennt – „supportive adopted relative" (Haraway 2004, S. 147) werden, einem das Darmsystem unterstützenden, adoptierten Verwandten.

---

[1] Der Begriff *Speziesismus* wurde im Rahmen der Tier-Ethik in Analogie zu Begriffen wie *Rassismus* oder *Sexismus* geprägt und verweist auf die hierarchisierende und naturalisierende Differenzierung zwischen Angehörigen unterschiedlicher Spezies. Die scharfe Trennung zwischen Mensch und Tier hat zur Folge, dass sich Menschen Privilegien einräumen, die Tieren als Angehörigen einer vermeintlich minderwertigen Spezies nicht zugestanden werden. Vgl. zur kritischen Auseinandersetzung mit der Ideologie des Speziesismus u. a. die Arbeiten des australischen Philosophen und Tierrechtlers Peter Singer.

In *Das purpurne Muttermal* nun ist Haraways Kritik an der anthropologischen Differenz in das Setting einer Boulevardkomödie eingelassen und wird von Pollesch in unterschiedlichen und völlig unvermittelt aufeinander folgenden Handlungssegmenten mit diversen Fragestellungen verschaltet, die allesamt die Konstruiertheit und Kontingenz sozialer Lebenswelten betreffen. Dabei stellt das boulevardeske Szenario des Ehebruchs, das ein zentrales Motiv in der Inszenierung bildet, für Pollesch und seine Schauspieler_innen den thematischen Ausgangspunkt dar, um das Verhältnis von Mensch und Tier zu beleuchten. Eine Szene, die ich nun detaillierter untersuchen möchte, führt eine ungewöhnliche Ehebruchkonstellation vor. Pollesch inszeniert hier den Konflikt eines Ehepaares, welcher durch das Liebesverhältnis der Gattin zu einem Schimpansen ausgelöst wird. Wie sich zeigt, mutet die Szene auch deshalb bizarr an, weil der Dialog mit Versatzstücken aus Donna Haraways Tierphilosophie angereichert ist. Der Ehemann, in dessen Rolle Martin Wuttke (M) schlüpft, trifft auf das Liebespaar, wobei die Gattin hier von Sophie Rois (S), der Affe von Caroline Peters (C) verkörpert wird:

M: Und ist es wirklich niemand Anderer im Zimmer, nur ihr beiden?
Alle: Nein.
S: Nein, mein Schatz, nur wir beide. Nur dieser Affe und ich.
M: Alles was du sagst, es kann das eine heißen, aber auch sein Gegenteil. Es kann heißen, dass du mich liebst, und es kann heißen, dass du mich nicht liebst, in so einer Konstruktion befinden wir uns. Und da wird man doch verrückt. . .
S: Wolltest du nicht vorhin noch das Kontingenzproblem berühren. Na, jetzt hast du es jedenfalls! Ich liebe dich. Das hier ist ein Affe.
C: Er kann mich einfach als Nebenbuhler nicht akzeptieren, nur weil ich ein Affe bin. Wir sind radikal unterschiedliche Arten von Subjekten. Ich bin auch ein Subjekt. Vielleicht sollte es anerkannt werden, dass Tiere ihre jeweilige Welt ebenfalls sozial konstruieren, und darüber hinaus auch deine Welt mitformen. [. . .] (Pollesch 2009, S. 88 f.)

Neben der bereits erwähnten amüsanten Montage boulevardesk-trivialer Elemente und elitärer Theoriediskurse ist die Dialogpassage von zahlreichen anderen komischen Wendungen durchzogen: So wird die konventionelle Dramaturgie der Entdeckungsszene gebrochen, indem sich das Verhältnis zwischen dem Affen und der Frau für den Mann nicht gleich als Betrug darstellt. Da es sich bei dem Liebhaber der Frau um ein Tier handelt, sieht der Ehemann in ihm keinen Nebenbuhler. Hier liegt also eine Verwechslung vor – ein für das Genre der Boulevardkomödie charakteristisches Motiv –, die durch die anthropologische Differenz bedingt ist. Der Mann irrt sich hinsichtlich der Statuszuschreibungen von Subjekt und Objekt. Aus der Perspektive des Mannes erscheint der Affe deswegen nicht als ernstzunehmender Konkurrent, weil der Mann in dem Tier lediglich ein Objekt sieht, das ihm als Mensch nicht ebenbürtig erscheint.

2 Stellvertretendes Sprechen?

Ein weiterer komischer Effekt liegt in der Figur des Affen, der mitnichten solchen Vorstellungen entspricht, wonach Tiere über keine intellektuellen Fähigkeiten verfügen. In *Das purpurne Muttermal* können sich tierische Wesen gleichermaßen distinguiert artikulieren wie menschliche Wesen. Verstärkt wird dieser komische Effekt durch das gelehrte Niveau, auf dem der Affe spricht. In der Entdeckungsszene erweist er sich hinsichtlich philosophischer Diskurse als überaus bewandert, da er sofort in der Lage ist, das Geschehene auf prägnante Weise zu deuten.

Polleschs Theaterabend versucht demnach nicht, einen Affen möglichst ‚naturgetreu' auf die Bühne zu bringen: Weder verzichtet Caroline Peters in der beleuchteten Passage auf die Verwendung menschlicher Sprache noch schlüpft sie vorübergehend in ein Affenkostüm. Vielmehr trägt Caroline Peters das aufreizend-feminine Kleid einer Dienerin. Letztlich sorgt dieser widersprüchliche Zeichengebrauch für komplexe identitäre Grenzverwischungen nicht nur zwischen Mensch und Tier, sondern auch in Bezug auf geschlechtliche bzw. sexuelle Identität, ist doch der Liebhaber von Sophie Rois durch Caroline Peters mit einer Person besetzt, die dem äußerlichen Erscheinungsbild nach als Frau wahrgenommen wird. Auf rein visueller Ebene lässt sich Sophies und Carolines Affäre entsprechend zugleich als lesbisches Verhältnis lesen.

In der untersuchten Szene wie auch anhand zahlreicher anderer Passagen des Stücks zeigt sich allerdings ein grundsätzliches Dilemma, das sowohl die Aufführung als auch die gesamte Theoriebildung innerhalb der *Animal Studies* bzw. der Tierphilosophie betrifft: Pollesch interessiert sich in das *Das purpurne Muttermal* unter Rückgriff auf Haraway für die Problematik des stellvertretenden Sprechens und der angemessenen Repräsentation, d. h. für die Frage, wer für wen überhaupt zu sprechen vermag. So stellt Pollesch seinen Theaterabend unter das Motto: „Wir müssen nicht für jemanden reden, sondern mit jemand" (Pollesch 2006a) und führt in einem Interview mit der österreichischen Tageszeitung *Der Standard* aus:

> Pollesch: [. . .] Was Sie hier erzählen, kann ich zurzeit mit Texten von Donna Haraway bearbeiten. Eine Biologin, die jetzt sehr stark als Philosophin wahrgenommen wird und sich mit Repräsentationsproblemen auseinandersetzt. Sie sagt beispielsweise: Diejenigen, die über den Regenwald reden, glauben, sie können für den Regenwald reden – alle die Wissenschaftler aus Europa und den USA. Und sie fragt, warum die glauben, jene, die dort leben, hätten keine Sprache. Die haben aber eine, sie wird nur als eine geeignete geleugnet. Was ist das für eine Konstruktion? Was für eine Vorrichtung ist die Sprache, dass sie eine Stimme kennt, die für alles reden kann, die sich als „unmarkierte" sieht. . .
> Standard: Dabei tendenziell als enteignende wirkt?
> Pollesch: . . . und damit sich „den Anderen aneignet" [. . .]. (Pollesch 2006b)

Im Hinblick auf *Das pupurne Muttermal* wäre zu fragen, ob Pollesch nicht selbst in die Falle des von ihm als heikel bewertenden stellvertretenden Sprechens (eines stellvertretenden menschlichen Sprechens für Tiere) tappt. Hinsichtlich der Affenfigur lässt sich Pollesch nämlich eine Tendenz zur Anthropomorphisierung, also zur Vermenschlichung vorwerfen, weil der Affe in der Ehebruchsszene ja von Caroline Peters gespielt wird und durch die intellektuelle Rede und das Erscheinungsbild eindeutig menschliche Züge erhält; Pollesch setzt folglich Haraways Plädoyer (die als Tierphilosophin paradoxerweise ebenfalls ein stellvertretendes Sprechen betreibt), Tiere als radikal andere, aber gleichwertige Subjekte anzuerkennen, nicht konsequent um. Kann dieses radikal Andere, so wäre zu diskutieren, überhaupt im Schauspieltheater ‚authentisch' dargestellt werden, ohne dass der künstlerische Ablauf durch die Anwesenheit eines tatsächlichen Tieres vor zahlreiche technische Schwierigkeiten gestellt wird?[2] Wie kann Theorie über Tiere zur Aufführung gebracht werden, wenn dabei immer Menschen auf der Bühne stehen? Und wie kann die Tierphilosophie bzw. die anti-spezieistische Theorie im Allgemeinen ein stellvertretendes Sprechen vermeiden? Zu überlegen wäre, ob Polleschs Theater mit der Anthropomorphisierung des Affen offensiv diesen Widerspruch aufzuzeigen vermag und ob Pollesch in dieser offensiven Geste zugleich auf die prinzipielle Unzulänglichkeit des auf Repräsentation angewiesenen Schauspieltheaters verweist.

Dieses offensiv-theatralische Ausstellen des performativen Widerspruchs, der – wenn es um das menschliche Sprechen im Namen des Tiers geht – sowohl dem *Purpurnen Muttermal* als auch der Tierphilosophie/den *Animal Studies* anhaftet, lässt sich als wesentliche Leistung von Polleschs Auseinandersetzung mit der Haraway'schen Theorie bewerten. In rezeptionsästhetischer Hinsicht ist dabei bedeutsam, dass Pollesch den Widerspruch nicht auflöst, sondern vom Publikum einen geradezu paradoxen Wahrnehmungsmodus einfordert; einen Modus, der beständig zwischen dem Wissen oszilliert, wonach die tierischen Wesen auf der Bühne einerseits anthropomorphisiert werden, im Rahmen des künstlerisch-experimentellen Freiraums Theater andererseits aber versucht wird, neue Positionen jenseits speziesistischer Diskurse und der klaren Grenzziehung zwischen Humanitas und Animalität spielerisch zu erproben.

---

[2] Vgl. hierzu auch: Haas 2012.

3   Polleschs Theater als sinnlich-experimenteller Erfahrungs- und Denkraum

Wird der zweite von Pollesch eröffnete Wahrnehmungsmodus ernst genommen und die Theaterbühne als ästhetischer Freiraum erkannt, in dem alternative Entwürfe von Welt temporär körperlich erlebbar werden, so betreibt Pollesch in *Das purpurne Muttermal* auch insofern eine interessante Auseinandersetzung mit dem Denken Haraways, als er ihr Beharren auf die Begriffe des tierischen *Subjekts* und *Akteurs* buchstäblich auffasst. Diese beiden Begriffe bindet er an konkret agierende Schauspieler_innenkörper und bringt sie in einem konkreten Handlungszusammenhang auf die Bühne. Dadurch bleiben Haraways Überlegungen zu alternativen Mensch-Tier-Konzeptionen nicht abstrakt, sondern werden im Raum des Theaters als sinnlich erfahrbar vorgeführt (beispielsweise – und ich beschränke mich hier *nur* auf den Bühnenraum – durch die körperliche Nähe von Caroline Peters, der Affenfigur, und Sophie Rois, der Ehefrau, durch ihre Gesten der Zuneigung wie Streicheln, Liebkosungen, Auf-dem-Schoß-Sitzen etc.). Der Rahmen der Theateraufführung lässt sich hier also als ästhetisches Experiment bzw. als Laboratorium verstehen, innerhalb dessen mögliche Konsequenzen des Haraway'schen Entwurfs einer gleichrangigen Begegnung von Mensch und Tier durchgespielt werden. Eine durchaus heikle und gesellschaftlich tabuisierte Konsequenz, für die sich Pollesch in *Das purpurne Muttermal* entscheidet, ist die Nivellierung der anthropologischen Differenz in Form einer Liebesbeziehung zwischen einem Affen und einer Frau – ein Motiv, das sich in der Literatur, aber auch im Film immer wieder findet: Man denke z. B. an das Märchen *Die Geschichte von der Prinzessin und dem Affen* in *1001 Nacht*, an Peter Høegs Roman *Die Frau und der Affe* oder an den Film *Max, mon amour* mit Charlotte Rampling; ein Film, den Pollesch explizit als Bezugspunkt anführt.[3] Das Skandalöse und Irritierende dieser Liebeskonstellation wird bei Pollesch allerdings durch die komisch-verfremdende Darstellungsweise gebannt und ermöglicht dem Publikum eine distanzierte, zuweilen vergnügliche Rezeption des Vorgeführten.

Mehrfach wird in *Das purpurne Muttermal* die Thematisierung der Beziehung von Tier und Mensch aufgegriffen, variiert und bisweilen auch weitergedacht. Pollesch nutzt das Theater also nicht nur als Raum sinnlicher Erfahrung und als Labor,

---

[3] So bemerkt er, dass die Filme *Max, mon amour* und *Planet der Affen*, dessen Dreh die Schauspieler_innen in *Das purpurne Muttermal* in kurzen szenischen Sequenzen nachstellen, „gute Steinbrüche [sind], um nach oder mit Donna Haraway zu reden" (Pollesch, zit. n. Beck 2006/2007, S. 25). Die ästhetische Organisation von *Das purpurne Muttermal* zeichnet sich entsprechend dadurch aus, dass das Stück auf eine Vielzahl unterschiedlicher, d. h. sowohl hoch- als auch populärkultureller Denkbestände zurückgreift.

sondern lässt es, wie nun anhand zwei weiterer Textabschnitte gezeigt werden soll, zugleich zu einem komplexen Denkraum werden. In der ersten zu untersuchenden Passage verschaltet Pollesch Versatzstücke der Philosophie Donna Haraways mit der Philosophie Giorgio Agambens, in der zweiten genauer beleuchteten Passage werden tierphilosophische Überlegungen mit *gender*-theoretischen Positionen verknüpft. In beiden Beispielen setzt Pollesch maßgeblich den Dialog als dramaturgisches Mittel ein, um, ganz wie in einem Streitgespräch, unterschiedliche theoretische Positionen miteinander zu konfrontieren.

4   Polleschs Theater als Denkraum I: zur Verschaltung von Haraways und Agambens Philosophie

Ähnlich wie Haraway interessiert sich der italienische Philosoph Giorgio Agamben in seinen einflussreichen Schriften zum so genannten *homo sacer* und *Das Offene. Der Mensch und das Tier* für die Mechanismen der anthropologischen Differenz. So postuliert Agamben, dass „die Festlegung der Grenze zwischen Humanem und Animalischem [. . .] nicht eine Frage unter vielen zu sein [scheint], sondern vielmehr eine grundlegend [. . .] politische Operation" (Agamben 2003, S. 218) darstellt. Wie Agamben ausführt, verläuft die Zäsur zwischen Mensch und Tier stets im Menschen selbst und sorgt dafür, dass spezifische Aspekte menschlichen Lebens flexibel animalisiert und von dem, was als ‚menschlich' gilt, im Menschen selbst abgetrennt werden können. Dies ermöglicht Agamben zufolge zahlreichen (totalitären wie demokratischen) Staatssystemen regelmäßig, spezifische Menschengruppen in Ausnahmezuständen wie der Lagerhaft auf das Level des Tierischen, Seelenlosen zu degradieren; auf nichts weiter als das nackte, rein körperliche (Über-)Leben. Paradigmatisch nennt Agamben die jüdischen Häftlinge in den KZs des Dritten Reichs, zu Beginn des 21. Jahrhunderts lassen sich die Gefangenen auf Guantánamo anführen. Agamben kann entsprechend aufzeigen, dass die Mensch-Tier-Dichotomie keineswegs eine neutrale Angelegenheit ist, die auf objektiven wissenschaftlichen Erkenntnissen basiert, sondern grundsätzlich mit ethisch und politisch relevanten Fragestellungen korreliert, immer wieder neu verhandelbar ist und sich somit als eine letztlich kontingente Setzung erweist.

In der dialogischen Sequenz in *Das purpurne Muttermal* nun gestaltet sich die Fusionierung von Haraways Denkansätzen (kursivierte Passagen) mit jenen von Agamben (*unterstrichene Passagen*) folgendermaßen:

C: [. . .] *Ich will nur noch darüber sprechen können, was in meiner nächsten Nähe passiert, hier, zwischen mir und dem Hund, und ich will dabei an keine Universalität denken, die etwas über die Menschen erzählen soll.* Außer vielleicht, dass Seele und Körper voneinander getrennt wurden und es interessanter ist, über ihre Trennung nachzudenken als über ihre Vereinigung. Was erzählt unsere Liebesgeschichte? Dass es keine Trennung gibt zwischen Mensch und Tier, wohl aber zwischen Körper und Seele.

M: Ich frage mich [...], ob nicht andere Geschichten möglich sind. [...] *Geschichten von einem mikroskopisch kleinen Haar im Darmtrakt einer Termite, das sich so lange mit seiner Beute unterhält, bis es ein Gast und schließlich ein adoptierter Verwandter ist* [...]. (Pollesch 2009, S. 93 f.)

Caroline Peters gibt in dieser Passage die Rolle des Affen auf und versetzt sich vorübergehend in eine menschliche Sprechposition, von der aus die Schauspielerin in Anschluss an Haraways Plädoyer für Singularität ihre Beziehung zu einem Hund, hier gespielt von Sophie Rois, reflektiert. Dabei lässt sich in dieser kurzen Szene eine Bewegung nachzeichnen, in der zunächst ein Brückenschlag von Haraways Denken hin zu Agambens Philosophie geleistet wird und dann wieder eine Rückkopplung von Agamben zu Haraway stattfindet. Mithilfe des Haraway'schen Entwurfs eines Mensch-Tier-Verhältnisses jenseits der anthropologischen Differenz wird in Caroline Peters' Rede Agambens Argument gestützt, dass die Trennung zwischen den Spezies Mensch und Tier eine kontingente Setzung ist und dass es beim nackten Leben eigentlich um die Unterteilung in Körper geht, denen eine Seele zugesprochen und um Körper, denen die Seele abgesprochen wird. Nun spannt Martin Wuttke in seiner anschließenden Replik einen assoziativen Bogen von der Trennungstheorie Agambens hin zu der schon erwähnten Vereinigungsphantasie Haraways, die sie in ihren Überlegungen zum Leben eines Mikroorganismus im Darmtrakt einer Termite (vgl. Haraway 2004) umreißt. Die Verknüpfung Agambens und Haraways innerhalb dieser dialogischen Passage dient entsprechend dazu, den von Agamben untersuchten gewaltsamen Mechanismen der anthropologischen Differenz mithilfe von Haraways Ausführungen zu Mikroorganismen ein alternatives, beispielhaftes Narrativ sozialer Beziehungen entgegenzusetzen.

Neben der intellektuellen Leistung, die hier vollzogen wird, erweist es sich als aufschlussreich, diese Passage auch in Hinsicht auf ihre Aufführung zu beleuchten. Nicht nur in den Szenen, die ich hier im Rahmen meines Aufsatzes detaillierter untersuche, sondern im gesamten Aufführungsverlauf wechseln die Schauspieler_innen immer wieder beliebig ihre Rollen und sprechen mal aus einer menschlichen, mal aus einer tierischen Position. Während Caroline in der ersten untersuchten Szene einen Affen spielt, verkörpert sie in der zweiten Szene eine menschliche Figur. Mithin betreibt Pollesch ein ausgiebiges Spiel um flexible Zuschreibungspraktiken und macht von der Theaterbühne als einem Ort Gebrauch, auf dem sich semiotische Prozesse wesentlich freier gestalten lassen als im Alltag – man denke, um nur ein Beispiel zu nennen, an die von Erika Fischer-Lichte benannte Polyfunktionalität des theatralen Zeichens, wonach ein Stuhl auf der Bühne nicht unbedingt ein Stuhl bedeuten muss, sondern für einen Berg, eine Treppe, eine Geliebte usw. stehen kann (vgl. Fischer-Lichte 2005, S. 298–302).

Dass die Schauspieler_innen in *Das purpurne Muttermal* nun flexibel zwischen tierischen und menschlichen Rollen oszillieren, lässt sich als Supplement zur Philosophie Agambens deuten. Damit möchte ich eine Entkräftung des bereits zuvor angesprochenen möglichen Vorwurfs der Anthropomorphisierung des Affen in der Ehebruchsszene und der vermeintlich inkonsequenten Umsetzung von Haraways Konzept einer anzuerkennenden Andersartigkeit tierischer Wesen vorbringen: Neben der rein praktikablen Erwägung, dass echte Tiere auf der Bühne stets ein schwer zu realisierendes Unterfangen sind, erlaubt es die Polyfunktionalität des theatralen Zeichens, dass der szenisch agierende Mensch auf der Bühne immer auch ein Tier darstellen kann. Diese Möglichkeit der flexibilisierten Positionen von Mensch und Tier auf der Bühne nutzt nun Pollesch in *Das purpurne Muttermal*, um das Theater als einen Gegenort zu den von Agamben theoretisierten Lagern zu etablieren; jenen Orten also, in denen – wie erwähnt – z. B. Juden oder vermeintliche islamistische Terroristen jeglicher Rechte beraubt und auf das nackte Leben, auf gleichsam tierische Wesen reduziert werden.

Anders als in den Lagern jedoch bedeutet die letztlich völlig kontingente Animalisierung menschlicher Wesen in *Das purpurne Muttermal* keine gewaltsame Zurichtung, sondern ist in den spielerischen Kontext einer Theateraufführung eingelassen; einer Theateraufführung freilich, die sich äußerst kritisch mit dem Diskurs der anthropologischen Differenz befasst.

5 Polleschs Theater als Denkraum II: zur Verschaltung von Tierphilosophie und *Gender*-Theorie

Bringt Pollesch in *Das purpurne Muttermal* einerseits tierphilosophische Positionen unterschiedlicher Theoretiker_innen miteinander in den Dialog, so nutzt er das im Zentrum seines boulevardesken Theaterabends stehende Motiv der Liebe einer verheirateten Frau zu einem Affen andererseits auch dazu, um Fragen zu verhandeln, die aus dem Feld der *Gender*-Theorie stammen; d. h. Pollesch verknüpft bisweilen auch tierethische mit geschlechterkritischen Überlegungen und folgt damit wesentlich den Argumentationen Haraways. Haraway, die durch ihr bereits in den 1990er Jahren verfasstes *Cyborg Manifesto* zunächst vor allem in *gender*-theoretischen Kontexten rezipiert wurde, macht in ihren aktuelleren Studien zur Tierphilosophie stets darauf aufmerksam, dass das Konzept der anthropologischen Differenz zugleich den Dreh- und Angelpunkt eines sexistischen (wie auch rassistischen) Denkens bildet, weil sowohl der Speziesismus als auch der Sexismus auf Diskursen basiert, deren Prämissen essentialistisch, dualistisch und hierarchisierend sind.

Diese Analogie gewinnt im folgenden Dialog maßgeblich an Bedeutung. Die zitierte Passage schließt unmittelbar an die oben bereits untersuchte Entdeckungsszene an, in der Martin Wuttke den betrogenen Ehemann, Sophie Rois die Ehefrau und Caroline Peters den Affen spielt. Kommentiert wird das Geschehen zudem durch einen vierten Schauspieler mit dem Namen Hermann. Caroline richtet hier das Wort zunächst an Martin Wuttke:

> C: Du kommst durch die Tür und bist automatisch heterosexuell und akzeptierst alles Nicht-Menschliche nicht als Nebenbuhler. [...]
> M: [...] Ich kann unmöglich zulassen, dass dieser Affe meine menschliche soziale Welt mitformt. [...]
> Hör sofort auf, diesen Schimpansen zu küssen! Da sind immer diese Viecher, von denen du nicht weißt, was du an ihnen lieben sollst. Weil es ja nichts zu lieben gibt.
> H: Moment mal, normalerweise ist doch diese menschliche heterosexuelle Welt hier so selbstverständlich, dass sie nicht ausgesprochen werden muss. (Pollesch 2009, S. 89 f.)

Werden in dieser Passage in Gestalt von Martin Wuttke die diskursiven Strategien der anthropologischen Differenz vorgeführt, so dient Carolines und Hermanns Rede, in die Versatzstücke der Tierphilosophie und der *Gender*-Theorie montiert sind, dazu, Martins hegemoniale Position als menschlich-heterosexueller Ehemann zu destabilisieren. Um seine soziale Vormachtstellung und seinen Anspruch auf seine Ehefrau zu sichern, versucht Martin, den Affen mit dem pejorativen Begriff „diese Viecher" seiner Singularität zu berauben und ihn einer unspezifischen Gruppe abjekter tierischer Wesen zuzuordnen. Daraus leitet Martin zugleich die Schlussfolgerung ab, dass der Affe auch aus jeglicher Begehrensökonomie auszuschließen sei („Weil es ja nichts zu lieben gibt.") und somit als ernstzunehmender Konkurrent im Wettstreit um die Ehefrau nicht in Frage komme. Geschwächt wird Martins Machtanspruch jedoch durch Caroline, den Affen, und anschließend durch Hermann. Beide nutzen das Wissen der Tierphilosophie und der *Gender*-Theorie, indem sie aufzeigen, dass sich Martins hegemoniale Position aus ihrer Unmarkiertheit ableitet; sprich aus einem Selbstverständnis, demzufolge Heterosexualität und Mensch-Sein die nicht zu thematisierende Norm darstellen, während sich alles andere als minderwertige Abweichung deklassieren lässt. Entsprechend gelingt es Caroline und Hermann in ihrer Gegenrede, mithilfe der *gender*-theoretischen und tierphilosophischen Versatzstücke Martins unmarkierten Status als Analysekategorie sichtbar zu machen, um ihn kritisch zur Diskussion zu stellen.

Interessant ist, dass sich Carolines Äußerung „Du kommst durch die Tür und bist automatisch heterosexuell" zugleich als Verweis auf Überlegungen deuten lässt, die Pollesch selbst wiederholt in diversen Interviews anstellt. So fragt Pollesch in einem Gespräch mit Frank Raddatz:

> Was bedeutet es denn, wenn da geschrieben wird: „Eine Frau betritt die Bühne." Heißt das, irgendeine Frau betritt die Bühne? [. . .] Bezieht sich der Verfasser auf eine Normalitätssprache, die für jeden einleuchtend macht, die Frau ist heterosexuell? Was wäre, wenn sie lesbisch wäre oder schwarz? Dann müsste man das dazuschreiben. (Raddatz 2007, S. 202)

Pollesch übt in diesem Interview Kritik am bürgerlichen Repräsentationstheater, dessen Menschenbild maßgeblich von der Norm des Weißseins und der Heterosexualität geprägt ist.[4] Dabei bedient sich das Theater laut Pollesch einer Sprache, welche diese Norm beständig tradiert, weil nur das Alteritäre einer zusätzlichen Markierung bedürfe. Caroline greift diesen Gedankengang in der zuvor zitierten Textpassage in leicht variierter Form auf und überträgt ihn auf Martin, als dieser durch eine Tür in der Kulisse die Bühne betritt. Durch den Zitatcharakter, der auf Polleschs eigene theatertheoretische Überlegungen anspielt, wird die Aussage Carolines polyvalent: Auf handlungsimmanenter Ebene des Stücks *Das purpurne Muttermal* verweist die Äußerung auf die normative Position des fiktiven Ehemanns und kritisiert dessen Unfähigkeit, seine hegemoniale Stellung vor dem Hintergrund einer an den Grundfesten des menschlichen Selbstverständnisses rüttelnden Szenerie aufzugeben. Gleichzeitig lässt sich Carolines Aussage aber auch als Metaaussage begreifen, die einen distanzierenden Blick auf den realen Schauspieler Martin Wuttke wirft, der sich, wie es Pollesch formuliert, im Kontext des mit einer „Normalitätssprache" operierenden Theaterapparates bewegt.

Was Pollesch in dieser Szene mit seiner komplexen Theorieverschränkung leistet, ist zweierlei: Erstens kann er in Anschluss an Haraway demonstrieren, dass sich Tierphilosophie bzw. *Animal Studies* und *Gender*-Theorie insofern in einen produktiven Dialog bringen lassen, als es beide Denkmodelle ermöglichen, subtile Machtkonstellationen offenzulegen, die auf der Differenz von unmarkiert-hegemonialem Eigenen und markiert-subalternem Anderen beruhen; einer Differenz also, welche sowohl das abendländische Mensch-Tier-Verhältnis als auch das Geschlechterverhältnis maßgeblich strukturiert. Zweitens ermöglicht die Anspielung in Carolines Replik auf Polleschs eigene Interviewstatements einen

---

[4] Vgl. hierzu auch die folgenden beiden instruktiven Auseinandersetzungen mit den Normvorstellungen des deutschsprachigen Theaters: Raddatz 2008; Schößler / Haunschild 2010.

Rückbezug auf sein persönliches Arbeitsumfeld und damit auf seinen Alltag. Diesen möchte er, wie zu Beginn dieses Aufsatzes bereits erwähnt, mit den multipel zitierten Theoriemodellen – seien sie aus dem Bereich den *Animal Studies* oder der Geschlechterforschung – nachdrücklich bearbeiten.

Anhand der gewählten Szenenbeispiele aus *Das purpurne Muttermal* wurde gezeigt, dass sich Polleschs theatrale Bearbeitung des Theoriematerials äußerst vielfältig gestaltet. Nutzt Pollesch das Theater einerseits als experimentellen Freiraum, in dem sich die abstrakten theoretischen Modelle der Tierphilosophie von Donna Haraway in konkrete Situationen übersetzen und somit auch auf mögliche realweltliche Konsequenzen prüfen lassen, so etabliert Pollesch die Bühne zugleich als eine Art Denkraum, innerhalb dessen kontroverse Dialoge zwischen den Schauspieler_innen dazu dienen, verschiedene theoretische Positionen – etwa von Haraway oder Agamben – miteinander zu verschalten und weiterzuentwickeln.[5]

Literatur

Agamben, Giorgio. 2003. *Das Offene. Der Mensch und das Tier,* aus dem Italienischen von Davide Giuriato. Frankfurt a. M.: Suhrkamp.

Beck, Andreas. 2006/2007. Die Möglichkeit, dass alles auch anders sein könnte. Ein Gespräch mit René Pollesch zu Beginn der Proben. In *Programmheft. Das purpurne Muttermal,* 8–26. Burgtheater/Akademietheater Wien.

Bloch, Natalie. 2008. ‚ICH WILL NICHTS ÜBER MICH ERZÄHLEN!' Subversive Techniken und ökonomische Strategien in der Theaterpraxis von René Pollesch. In *SUBversionen. Zum Verhältnis von Politik und Ästhetik in der Gegenwart,* Hrsg. T. Ernst, et al., 165–182. Bielefeld: transcript.

Diederichsen, Dietrich. 2002. Denn sie wissen, was sie nicht leben wollen. Das kulturtheoretische Theater des René Pollesch. *Theaterheute* 3: 56–63.

Fischer-Lichte, Erika. 2005. Semiotik. In *Metzler Lexikon Theatertheorie,* Hrsg. E. Fischer-Lichte, D. Kolesch, und M. Warstat, 298–302. Stuttgart: Metzler.

Haas, Maximilian. 2012. Report über ein Tier auf der Bühne: Der Esel Balthazar. In *Animalität und Ästhetik. Tierstudien 01.* Hrsg. J. Ullrich, 122-135. Berlin: Neofelis.

Haraway, Donna. 2004. Otherworldly Conversations, Terrain Topics, Local Terms. In *The Haraway Reader,* Hrsg. D. Haraway, 125–150. New York: Routledge.

Helmer, Judith. 2006. Die Narrenkappe als perfekte Tarnung. Das neue Stück ‚Das purpurne Muttermal' von René Pollesch am Akademietheater Wien, 27.11.2006. http://www.corpusweb.net/die-narrenkappe-als-perfekte-tarnung-2.html. Zugegriffen: 2. Dezember 2013.

Kralicek, Wolfgang. 2006. ‚Ich bin der Antiromantiker'. Demnächst hat in Wien das neue Stück von René Pollesch Premiere. Der deutsche Regisseur und Autor über Theorie und

[5] Die Autorin bedankt sich herzlich bei Thomas Stachelhaus für die produktiven Anregungen zum Aufsatz.

Alltag, Liebe und Arbeit, schreiende Schauspieler und rassistische Regisseure. *Falter* 47. http://www.falter.at/web/print/detail.php?id=386. Zugegriffen: 2. Dezember 2013.

Meyer-Gosau, Frauke. 2003. ‚Ändere dich, Situation!' René Polleschs politisch-romantischtes Projekt der ‚www-slums'. In *World Wide Web-Slums,* Hrsg. René Pollesch, 9–26. Reinbek bei Hamburg: Rowohlt.

O'Rourke, Michael. 2008. Series Editor's Preface. The Open. In *Queering the Non/Human,* Hrsg. N. Giffney und M. J. Hird, xvii–xxi. Aldershot: Ashgate.

Pollesch, René. 2006a. http://members.chello.at/~hermann.scheidleder/3.html. Zugegriffen: 2. Dezember 2013.

Pollesch, René. 2006b. Gegen den Mittelstand der Millionäre: René Pollesch im Interview. http://derstandard.at/2668075. Zugegriffen: 2. Dezember 2013.

Pollesch, René. 2009. Das purpurne Muttermal. In *Liebe ist kälter als das Kapital. Stücke, Texte, Interviews,* Hrsg. René Pollesch, 61–119. Reinbek bei Hamburg: Rowohlt.

Raddatz, Frank. 2007. Penis und Vagina, Penis und Vagina, Penis und Vagina. René Pollesch über Geschlechterzuschreibungen, das Normale als Konstruktion und die Theoriefähigkeit des Alltags. In *Brecht frißt Brecht. Neues Episches Theater im 21. Jahrhundert,* Hrsg. Frank Raddatz, 195–213. Leipzig: Henschel.

Raddatz, Frank. 2008. Das Theater als Identitätszentrifuge. Theater der Zeit 4:16–17.

Schößler, Franziska. 2004. Augen-Blicke. Erinnerung, Zeit und Geschichte in Dramen der neunziger Jahre. Tübingen: Gunter Narr Verlag.

Schößler, Franziska. 2009. Fremdheit und Kapitalismuskritik. Okkulte Ökonomie und das Ende des Subjekts in René Polleschs ‚Prater Saga' (2005). *Acta Germanica. German Studies in Africa* 37,141–150.

Schößler, Franziska, Haunschild, Axel. 2010. Genderspezifische Arbeitsbedingungen am deutschen Repertoiretheater: Eine empirische Studie. In *GeschlechterSpielRäume. Dramatik, Theater, Performance und Gender,* Hrsg. G. Pailer, F. Schößler, 255–269. Amsterdam: Rodopi.

(Feministische) Theorie und Alltag. Theorie als theatrale Praxis in *Sex. Nach Mae West* und *Die Welt zu Gast bei reichen Eltern* von René Pollesch

Mascha Vollhardt

René Pollesch, Jahrgang 1962, ehemaliger Student am Gießener Institut für Angewandte Theaterwissenschaften, ist zurzeit einer der erfolgreichsten deutschen Regisseure und Dramatiker. In den 1990er Jahren fing er an, für das TAT (Theater am Turm) Frankfurt zu schreiben und zu inszenieren, darauf folgten Arbeiten am Hamburger Schauspielhaus und der Volksbühne bzw. dem Prater Berlin, den er von 2001 bis 2007 leitete. Derzeit arbeitet er in Theatern in ganz Deutschland. Er gewann bereits dreimal den Mühlheimer Dramatikerpreis und erhielt 2012 den Else-Lasker-Schüler-Dramatikerpreis für sein Gesamtwerk.

Seine Theaterstücke kennzeichnen sich durch eine enge Verbindung von theoretischen Texten, bestehend aus „soziologischen Theorien zur neoliberalen, spätkapitalistischen Gesellschaft und ihren Produktionsverhältnissen, aus Texten des kritischen Urbanismus, der Postcolonial Studies, der Gender und Queer Theory" (Dreysse 2011, S. 358), mit Zitaten aus der Popkultur, etwa Kinofilmen und Popmusik. Es werden u. a. die Kritik des Zweigeschlechtersystems, der spätkapitalistischen Ökonomie und überkommener Vorstellungen von Subjektivität und Identität verhandelt. Die Inszenierungsästhetik lässt sich beschreiben als die „engmaschige Dialogtechnik Polleschs, die stete Bezugnahme einer Sprecherin auf die vorausgehende Replik, die semantischen Minimalverschiebungen und das damit verbundene hohe Tempo" (Bloch 2004, S. 62 f.), einer Art musikalisch geprägter „Loop" (ebd.). Dabei verzichten sowohl die Texte als auch die Aufführungen auf tradierte dramatische Kategorien wie Handlung, Figuren und Ort zugunsten einer intertextuellen Verhandlung von gegenwärtigen Diskursen. Polleschs Thea-

M. Vollhardt (✉)
Berlin, Deutschland
E-Mail: maschavollhardt@web.de

A. Hackel, M. Vollhardt (Hrsg.), *Theorie und Theater*,
Kulturelle Figurationen: Artefakte, Praktiken, Fiktionen,
DOI 10.1007/978-3-658-04102-1_5, © Springer Fachmedien Wiesbaden 2014

tertexte lassen sich somit in das von Hans-Thies Lehmann beschriebene Paradigma des ‚postdramatischen Theaters' (vgl. Lehmann 1999) einordnen, das sich nach Lehmann durch Heterogenität und Offenheit auszeichnet: „Im postdramatischen Theater liegt offenkundig die Forderung beschlossen, es müsse an die Stelle der vereinigenden und schließenden Perzeption eine offene und zersplitterte treten" (ebd., S. 140). Der von Gerda Poschmann entwickelte Begriff des ‚nicht mehr dramatischen Theatertextes' (1997) kann die hier fokussierte Thematik noch etwas präziser in den Blick nehmen. Poschmann wirft die Frage auf, welchen Status dem geschriebenen Theaterstück im postdramatischen Kontext zukommt und stellt dabei fest, dass die Bezeichnung der Texte als ‚Dramen' in aristotelischer Tradition diese Theaterstücke nicht mehr trifft, da sie tradierte Genrenormen wie die Einheit von Handlung, Zeit und Figur sowie die Mimesis einer Handlung durch Sprache nicht erfüllen (wollen) (vgl. ebd., S. 37 f.). Nichtsdestotrotz lassen sich durchaus zahlreiche und vielgestaltige Theatertexte im postdramatischen Kontext finden, die sich durch eine Suchbewegung abseits dramatischer Traditionen auszeichnen. Für dieses vielfältige Korpus an Texten entwickelt Poschmann nun den Begriff des ‚Theatertextes', der die textuelle Heterogenität im postdramatischen Feld jenseits der dramatischen Repräsentation von Handlung erfassen kann (ebd., S. 40).

Im Folgenden werde ich der Frage nachgehen, wie die theoretischen Diskurse Eingang in diese ‚nicht mehr dramatischen', heterogenen und in postdramatischem Kontext entstandenen Theatertexte Polleschs finden, indem ich mich insbesondere auf feministische Theorien beziehe, und werde dann eine Verhältnisbestimmung von Theorie und Alltag bzw. Theorie als Alltagspraxis in den Theatertexten von Pollesch und in feministischen Praktiken vornehmen. Im Mittelpunkt der Analyse stehen das Theorem des situierten Wissens von Donna Haraway und die Frage nach der Möglichkeit des Sehens als einer Praxis des Erkennens. Dabei werde ich mich auf die Stücke *Sex. Nach Mae West* und *Die Welt zu Gast bei reichen Eltern* konzentrieren, da sich die beiden Stücke – neben vielen anderen Theaterstücken von Pollesch, die um ähnliche Themen kreisen – durch eine zentrale und explizite Beschäftigung mit feministischen Theorien auszeichnen. *Sex. Nach Mae West* wurde 2002 im Prater der Volksbühne Berlin uraufgeführt. *Die Welt zu Gast bei reichen Eltern* hatte 2007 im Thalia Theater Hamburg Premiere.[1]

Inszenierungspraxis und Textgenerierung greifen bei Pollesch eng ineinander, die Texte entstehen in ihrer endgültigen Form erst durch Diskussion und Improvisation im Probenprozess und sind dadurch eng an die an der Inszenierung

---

[1] Der Text ist unveröffentlicht, freundlicherweise wurde mir er mir vom *Thalia Theater Hamburg* zur Verfügung gestellt. Das Zitieren aus dem Text wurde mir vom Rowohlt-Verlag mit der Zustimmung des Autors ermöglicht.

beteiligten Performer_innen gebunden.[2] Trotzdem werde ich mich im Folgenden auf die Analyse der Texte konzentrieren und die Inszenierungen weitgehend außer Acht lassen, da die Texte in sich kohärent und literaturwissenschaftlich analysierbar sind. Um diese Trennung von Text und Inszenierungspraxis zu verdeutlichen, werde ich zwischen Protagonist_innen (im Text) und Performer_innen (auf der Bühne) unterscheiden – auch wenn diese Unterscheidung sicher nicht immer ganz trennscharf ist, was durch die Arbeitsweise Polleschs bedingt ist. Für eine literaturwissenschaftlich orientierte Analyse der Texte ist sie jedoch notwendig. Dieser Versuch der Trennung von Text und Inszenierung wird auch durch die dauerhafte Anwesenheit einer Souffleuse in den meisten Inszenierungen Polleschs sowie die dadurch bewusst dargestellte Differenz zwischen umfangreichem und schwer zu memorierendem vorgängigen Theatertext und der gegenwärtigen Präsenz der Performer_innen auf der Bühne unterstützt. Es sei jedoch darauf hingewiesen, dass dies in der Analyse nicht zugleich die Trennung von Text und Theatralität nach sich zieht, worauf auch Poschmann hinweist, wenn sie den Begriff der Theatralität ebenso auf Theatertexte wie auf Inszenierungen anwendet und auf die ihnen inhärente theatrale Dimension hinweist (Poschmann 1997). Die Texte Polleschs sind im Sinne Poschmanns als durch den Einbezug von Theorie per se heterogen strukturierte, nicht mehr dramatische Theatertexte zu verstehen.

1 Privater und öffentlicher Raum als vergeschlechtlicht – Karin Hausen

Die Welt zu Gast bei reichen Eltern umkreist das Problem der Familie in der spätkapitalistischen Zeit, in der ökonomische Zwänge die sozialen Beziehungen zu durchziehen scheinen. Der Text versucht, eine Ortsbestimmung der Familie vorzunehmen: Ist die Familie ein sozialer Ort jenseits der kapitalistischen Verwertungslogik oder ist sie Teil davon und somit kein alternativer Ort? Zugleich werden der Familie innewohnende Geschlechterverhältnisse und die Konstruktion eines weiblichen Geschlechtscharakters reflektiert, der Fürsorglichkeit und Mutterliebe mit Weiblichkeit verknüpft. Der traditionelle, als abseits der Ökonomie gedachte Ort der Familie erweist sich bei Pollesch als sexistische Konstruktion. Die Sehnsucht nach Sicherheit abseits der Ökonomie scheint unerfüllbar.

---

[2] Auf den *Schillertagen* am Mannheimer Nationaltheater im Jahre 2009 war es mir möglich, eine Probe von Polleschs Inszenierung von *Der Mensch ist nur da ganz Mensch, wo er singt* für das Festival zu besuchen, wo ich einen Einblick in den Probenprozess bekam.

Einerseits wird die Unabhängigkeit der Familie von Ökonomie formuliert: „J: Ja gut, ich bin deine Mutter und wir bewegen uns hier zuhause auf einer außerökonomischen Matrix." (Pollesch 2007, S. 2). Andererseits wird diese Unabhängigkeit in Frage gestellt, wenn es heißt: „J: Aber trotzdem sollte hier ab und zu überprüft werden, ob wir es mit Körpern zu tun haben, auf die wir auch außerhalb dieser Familiensituation stehen." (ebd.). Mit dieser Fragestellung wird auf einen grundlegenden Text aus der feministischen Theorie Bezug genommen: auf Karin Hausens *Die Polarisierung der „Geschlechtscharaktere" – Eine Spiegelung der Dissoziation von Erwebs- und Familienleben* von 1974. Hausen stellt die These auf, dass die Entwicklung der Geschlechtscharaktere im 19. Jahrhundert die Bedingung für die Trennung der privaten und öffentlichen Sphäre war. Indem Weiblichkeit mit mütterlichen Attributen wie Fürsorge und Emotionalität belegt werde, würden Frauen dem privaten Bereich zugeschrieben. Die kapitalistische Ordnung, die in der Industrialisierung entstand, könne somit die unbezahlte Reproduktions- und Hausarbeit an Frauen delegieren, um Männer vollständig für die Produktionssphäre zu gewinnen. Diese grundlegende Trennung, die eng an die Entwicklung des sexistischen Zweigeschlechtersystem gebunden sei, ist laut Hausen also zugleich durch eine kapitalistische Logik motiviert (Vgl. Hausen 1974). Sie wird im Text von Pollesch nach ihrer Aktualität in der spätkapitalistischen Gesellschaft befragt. Festgemacht wird dieser Diskurs über die Familie an einem alltäglichen Bild: Das dreißigjährige arbeitslose Kind will wieder bei seinen Eltern einziehen, da es von der Ökonomie nicht mehr gewollt wird:

> J: Und übrigens: Wenn ich nicht mehr weiter weiß, geh ich zu meinen Eltern. Die Karriere hat nicht ganz so funktioniert. Und da sind meine Eltern als letzte Ressource. Die lieben mich, die können mich nicht einfach ausschließen. Wie der Markt und der Sozialismus. (Pollesch 2007, S. 1)

Die Sicherheit der Familie, die das Kind aus der Welt wieder in sich aufnimmt, ist jedoch nicht mehr gegeben, stattdessen ist die kapitalistische Logik bereits in die Familie eingezogen:

> K: Nein, ich weiß doch auch nicht woher mein automatisches Interesse an dir kommt, mein Kind! Die einen nennen es Natur, die andern nennen es Liebe. Aber trotzdem kann ich mich doch ab und zu fragen, ob du nach objektiven Kriterien gut genug aussiehst. (Pollesch 2007, S. 3)

Die Idee der bedingungslosen Liebe innerhalb der Familie, insbesondere die der Mutterliebe, wird mit ökonomischen Diskursen konfrontiert und kann nicht mehr als unabhängig von Logiken des Marktes gesehen werden. Das Alltagsbeispiel des arbeits- und obdachlosen erwachsenen Kindes wird also verschränkt mit Fragen nach dem Ort der Familie, der Frage nach der Herkunft und Entwicklung des Diskurses der Mutterliebe und der Logik der Selbstvermarktung. Die Frage der Mutter danach, ob das Kind gut genug aussieht, denaturalisiert dieses Modell der Mutterliebe und weist auf den Faktor Attraktivität in der spätkapitalistischen Logik hin, die auf der Individualisierung und Selbstvermarktung der Individuen beruht. Das „automatische Interesse" der Mutter an ihrem Kind wird zur Verhandlungssache, wenn die Begründungsmuster von „Natur" und „Liebe" nicht mehr greifen. Aber auch das Kind selbst übernimmt die ökonomische Logik, wenn es heißt:

> JP: Diese Tochter ist so unnatürlich. Sie hat ausgerechnet, was wir alles für sie ausgegeben haben, Kleidung, Schulkosten, Kleinigkeiten und die Gegenrechnung geliefert, was *sie* alles für *uns* getan hat. Als Arbeit und Dienstleistungen zuhause. Und zwar in Euro. Diese unnatürliche Tochter, stellt mir ihre Arbeit hier zuhause in Rechnung. Sowas macht man doch nicht. Das hier ist doch die Familie. Ich hab sie nur daran erinnert, was das kostete sie groß zu ziehen. (Pollesch 2007, S. 5 f., Hervorhebung im Original.)

Die Rechnung der Eltern, die die Fürsorge für ihr Kind an ökonomischen Faktoren messen, wird somit umgekehrt und die unbezahlte Hausarbeit des Kindes bzw. der Tochter ebenfalls als ökonomischer Faktor gemessen.

In *Sex* spielt diese Grenzauflösung der Räume ebenfalls eine zentrale Rolle, hier jedoch in anderer Konfiguration: Das Bordell, in dem die drei Protagonistinnen arbeiten, ist ein zugleich öffentlicher und privater Raum, indem Gefühle verkauft werden, die zugleich den Wünschen der Prostituierten zu entsprechen scheinen: „dann weiß ich nicht mehr, ob ich mich hier verkaufe oder nicht doch eher der Erfüllung meiner Wünsche nachgehe" (Pollesch 2002, S. 64). Die Arbeit von Prostituierten, die nicht nur ihren Körper, sondern auch Gefühle der Lust und Liebe verkaufen, ist zugleich Sinnbild für die Nicht-Privatheit von Gefühlen:

> Sophie: Die Liebe hier zuhause, die soll immer noch weitgehend ohne Bezahlung stattfinden. [...] Liebe, die bezahlt wird, die scheint da irgendwas Künstliches zu sein. Liebe zu verbinden mit Geld. Und hier zuhause das ist doch Natur und nicht künstlich. Jedenfalls sagt das Panasonic. (Pollesch 2002, S. 65)

Aufgenommen wird die feministische Diskussion um den tradiert weiblich konnotierten privaten Raum, in dem Frauen eine emotionale ‚Absicherung' der im unemotionalen öffentlichen Raum arbeitenden Männer übernehmen sollen, wodurch die Gefühle zugleich als privat und nicht-ökonomisch imaginiert werden. Gegenwärtig scheint durch die Entstehung der Erlebnisökonomie und die Erosion der Grenze zwischen Privatem und Öffentlichem diese tradierte Konstellation aufzubrechen, so ist im Stück vollkommen unklar, ob der Raum, in dem die Figuren sich befinden, ein privater oder öffentlicher ist: „Caroline: Mein Kunde weiß zuviel. Er weiß zuviel über mich, mein Kunde oder mein Ehemann." (Pollesch 2002, S. 67).

Durch Individualisierung und Ausbeutung von Individualität durch die neoliberale Wirtschaft, die selbst das Begehren des Individuums erst erzeugt, kann sich das Selbst nicht von dieser abgrenzen: „Wunschproduktion, die mich ausbeutet" (Pollesch 2002, S. 64).[3] Die Erosion der Grenze wird als belastend dargestellt, der Einzug des Ökonomischen in den privaten Raum zumindest wird dabei allerdings auch als Chance begriffen, tradierte sexistische Strukturen sichtbar zu machen:

> Sophie: Und wenn ich meine Arbeit zu Hause mit Geld aufrechne, ist das keine Frage der Moral! Oder unmoralisch! Oder unanständig. Sondern der Versuch das als Arbeit überhaupt kenntlich zu machen. Damit ich das irgendwie SEHN KANN! (Pollesch 2002, S. 65)

Der Verlust des privaten Raumes als Raum abseits der Ökonomie ist offenbar unumkehrbar, aber in Bezug auf feministische Theorie auch eine Chance für Kritik.[4] Laut Miriam Dreysse wird dieser Komplex der geschlechtlich konnotierten (un-) ökonomischen Räume mit der Thematisierung von Heterosexualität verschränkt: „So werden in SEX die Porno- beziehungsweise Prostitutionsindustrie und ihre Machtverhältnisse als konsequente Zuspitzung der Zwangsheterosexualität dargestellt" (Dreysse 2011, S. 359). Der Einbezug von feministischer Theorie zum Verhältnis von Ökonomie und privatem Raum ermöglicht eine innovative Perspektive auf gesellschaftliche Institutionen wie die Familie und das Bordell und macht diese als Gegenstände nicht zuletzt der textuellen und theatralen Verhandlung deutlich.

2 Geschlecht als Konstruktion – Judith Butler

Die Adaption der Gendertheorie von Judith Butler in den Theaterstücken Polleschs wurde bereits mehrfach betont (Vgl. Dreysse 2011, Diederichsen 2002 und Bergmann 2009), wobei bisher weniger der Funktionsweisen der Rezeption dieser

---

[3] Für Näheres zum Verhältnis von Ökonomie und Geschlecht bei Pollesch vgl. Bergmann 2009. Die Dialektik der Postmoderne in Theatertexten von René Pollesch. Zur Verschränkung von Neoliberalismus und Gender. In *Ökonomie im Theater der Gegenwart. Ästhetik, Produktion, Institution*, hrsg. Franziska Schößler und Christine Bähr,193–208, Bielefeld: transcript.

[4] Pollesch bezieht sich im Stück auch auf den feministischen Theorieband *Reproduktionskonten fälschen!* von Pauline Bourdry, Brigitta Kuster und Renate Lorenz, in dem wiederum Polleschs Trilogie *Heidi Hoh* abgedruckt ist, wodurch die Verschränkung von Text und Theorie besonders deutlich wird, vgl. dazu Bergmann. Franziska: Die Dialektik der Postmoderne in Theatertexten von René Pollesch, S. 195.

Theorie nachgegangen wurde. Ich möchte im Folgenden die spezifische Art und Weise untersuchen, mit der Pollesch in *Sex. Nach Mae West* und in *Die Welt zu Gast bei reichen Eltern* die Theorie Butlers rezipiert.

In *Die Welt zu Gast bei reichen Eltern* wird die Verschränkung von Natur mit Weiblichkeit reflektiert, wenn es heißt: „F: Der Objektstatus wird immer der Natur zugewiesen und damit auch mir. Wenn hier dauernd die Rede davon ist, dass dieses Frausein Natur ist." (Pollesch 2007, S. 13). *Sex* thematisiert die Verschränkung von Identität bzw. Individualität und Geschlecht:

> Caroline: Grade in der sogenannten Dienstleistungsbranche stelle ich fest, dass meine Fähigkeiten hier sehr nachgefragt werden. Und dann denke ich, dass der Markt, der mir so individualisiert vorkommt, doch irgendwie nur meine Subjektivität als Frau anspricht.
> Sophie: Und die sogenannte Individualisierung und Differenzierung folgt Geschlechterunterschieden.
> Inga: Du empfindest dich als Frau und das ist Teil deiner nachgefragten Selbstverwirklichung. (Pollesch 2002, S. 66)

Die De-Konstruktion von naturalisierenden Diskursen und die Analyse der Verschränkung von Identität und Geschlecht lässt sich als eindeutiger Bezug auf einen Butlerschen queeren Feminismus begreifen, der diese Diskurse als konstruierte entlarvt, indem er ihre inhärenten Logiken und Voraussetzungen offenbart. Der inzwischen zu einigem Ruhm gekommene Satz von Butler lautet folgendermaßen:

> Hinter den Äußerungen der Geschlechtsidentität (*gender*) liegt keine geschlechtlich bestimmte Identität (*gender identity*). Vielmehr wird diese Identität gerade performativ durch diese „Äußerungen" konstituiert, die angeblich ihr Resultat sind. (Butler 1991, S. 49)

Diese ‚Äußerungen' bzw. die Rede vom Frausein als Natur brächten dieses Natursein erst hervor und verknüpften es untrennbar miteinander. Nach Butler ist die Konstruktion einer geschlechtlichen Natur der Geschlechtsidentität inhärent:

> Die Geschlechtsidentität umfasst auch jene diskursiven/kulturellen Mittel, durch die eine ‚geschlechtliche Natur' oder ein ‚natürliches Geschlecht' als ‚vordiskursiv', d. h. als der Kultur vorgelagert oder als politisch neutrale Oberfläche, auf der sich die Kultur einschreibt, hergestellt und etabliert wird. (ebd., S. 24)

Das heißt, dass laut Butler paradoxerweise die Assoziation von Weiblichkeit mit Natur und daraus folgend Männlichkeit mit Kultur beide einer diskursiven Strategie der Naturalisierung unterliegen. Die Naturalisierung von Weiblichkeit (und Männlichkeit) werde durch performative Äußerungen immer wieder hervorgebracht, die hier im Theatertext jedoch gezielt verweigert werden: „A: Aber das hier ist doch nicht meine Natur, dieses für Sexismus, Rassismus und Klassenherrschaft anfällige, das als das Andere konstituiert wird." (Pollesch 2007, S. 28). Der Konstruktionscharakter der weiblichen Geschlechtsidentität wird durch Rückbezug auf die Theorie Butlers sichtbar gemacht und eine wiederholende, naturalisierende Performanz von Geschlecht verweigert. Natur wird als hegemonialer Diskurs diskreditiert und neu verhandelt, dabei ist gleichzeitig der Rückbezug auf das individuelle Leben von Bedeutung wenn es heißt „das ist nicht *meine* Natur". Das Butlersche Konzept der Performativität von Geschlecht durch ständige Wiederholung wird in *Die Welt zu Gast bei reichen Eltern* übernommen und klar benannt:

> A: Ständig wiederholtes Handeln ist Macht und deshalb müssen die, die alles dauernd wiederholen, verschleiern dass sie es tun... und alle andern der Wiederholung bezichtigen. Und da steckt die Macht! Darin dass die Wiederholungen unsichtbar bleiben. (Pollesch 2007, S. 20)

Diese Wiederholung des immer Gleichen wird im Stück verweigert und stattdessen als Voraussetzung für machtvolles Handeln reflektiert. In *Sex* dient das Alltagsbeispiel von Disney bzw. Disneyland zur Veranschaulichung dieses wiederholenden Handelns, das Geschlechterdifferenzierungen hervorbringt:

> Sophie: Wie kommt es, dass Disney Geschlechterdifferenzen zementiert und all die Scheiße und Kleiderordnungen für sein Personal festlegt in Disneyland, die die Geschlechterdifferenzen markieren. [...] Und auf CNN werden frauenfeindliche Staaten abgewertet in der Dritten Welt? WIE KANN DIE SCHEISSE DENN SEIN? und so unerkannt. Wie kann die Scheiße so verdeckt ablaufen, die Talibanscheiße in Disneyland? Dass Frauen da markiert rumlaufen in irgendwelchen Scheißröcken und „unaufdringlichem" Make-Up, und in irgendeiner Scheiß-Disney-Burka, die irgendwie so KUNDENFREUNDLICH aussieht. Disney ist ein fundamentalistischer Kleinfamilienkonzern und der zementiert Geschlechterdifferenzen. Und warum wirft auf den niemand Scheißbomben? [...] Warum bombardieren sie nicht Mickey und Minnie-Mouse, und all die selbstverständlichen Comicfiguren! (Pollesch 2002, S. 68)

Die Alltäglichkeit der Disney-Figuren, die sehr stereotyp und stark dichotom vergeschlechtlicht sind und zudem eine große kulturelle Wirkmächtigkeit haben, bewirkt die Unsichtbarkeit dieses Machtverhältnisses das Frauen dazu bringt, sich stereotyp zu kleiden, zu verhalten und sich zu schminken. Diese Unsichtbarkeit wird im Text durch den Vergleich mit dem äußerst gewalttätigen Taliban-Regime verschränkt, das Frauen zwingt, Burkas zu tragen, um die implizite Macht in vermeintlich freien westlichen Gesellschaften erkennbar zu machen. Der Konstruktionscharakter von Geschlecht sowie die Machtverhältnisse, die laut Butler Geschlecht erst performativ hervorbringen, werden im Text durch die Verbindung von Theorie und

Alltagsbeispiel sowie die Eröffnung einer neuen Perspektive auf diesen vermeintlich ‚normalen' Alltag thematisiert und in emotional aufgeladenem Vokabular kritisiert. Der Umgang mit der Geschlechterdifferenz wird als Arbeit begriffen, wenn es heißt: „Inga: Und das ist doch irgendwie Sexarbeit: die Differenzierung in Geschlechtern, und damit dauernd umzugehen." (Pollesch 2002, S. 66). Die Etablierung einer kritischen Perspektive auf Geschlecht ist die mühsame, aufwändige und nie zu beendende textuelle und theatrale Arbeit in Form einer dekonstruktiven De-Naturalisierung. Textuell geschieht dies maßgeblich durch die Anwendung von Theorie auf Alltagsgeschehen, in den Inszenierungen durch die Abwendung von einem tradierten Repräsentationsbegriff zugunsten der Betonung der Performativität, wie Dreysse zeigt: „Die Aufführungsästhetik Polleschs wendet sich dezidiert gegen das Ausdrucksmodell, gegen die Repräsentation eines inneren Kerns oder einer vorrangigen Realität." (Dreysse 2011, S. 363). Das Konzept der Repräsentation wird somit sowohl im Sinne einer festen, vorgeformten Geschlechtsidentität als auch der Repräsentation von Figur und Handlung auf der Bühne verabschiedet.

3 Situiertes Wissen – Donna Haraway

Neben den in der feministischen Theorie zentralen Konzepte Butlers nimmt Pollesch in diesen und auch in einigen anderen Texten die Schriften Donna Haraways auf. In *Die Welt zu Gast bei reichen Eltern* spielt insbesondere das Harawaysche Konzept des ‚situierten Wissens' eine Rolle. Haraway entwickelt in ihrem Aufsatz *Situiertes Wissen. Die Wissenschaftsfrage im Feminismus und das Privileg einer partialen Perspektive* eine Kritik an dem Begriff der Objektivität in den Wissenschaften und weist auf die problematischen Implikationen des Begriffs hin. Sie kritisiert jedoch auch die Strömung des Sozialkonstruktivismus, die von der Konstruiertheit allen Wissens ausgeht und ihrer Meinung nach damit dem Zynismus verfällt. Haraway plädiert vielmehr für die Suche nach neuen Wahrheiten abseits von tradierten, etablierten Erzählungen: „Feministinnen müssen auf einer besseren Darstellung der Welt beharren: Es reicht nicht aus, auf die grundlegende historische Kontingenz zu verweisen und zu zeigen, wie alles konstruiert ist." (Haraway 1995, S. 78), stattdessen zeichne sich die feministische Position aus durch „ein kritisch-reflexives Verhältnis zu unseren eigenen wie auch zu fremden Herrschaftspraktiken und dem für jede Position konstitutiven, unterschiedlichen Maß an Privilegiertheit und Unterdrückung" (ebd.). Ziel ist die Verdeutlichung der „Verortung und Verkörperung von Wissen" (ebd., S. 83), die Praxis von „Lokalisierung, Positionierung und Situierung", die einen Anspruch auf rationales Wissen gerade durch die bewusste Partialität formuliert.

Das Konzept des ‚situierten Wissens' und insbesondere die ihm inhärente Kritik von Objektivität spielt insbesondere in *Die Welt zu Gast bei reichen Eltern* eine zentrale Rolle, wie im folgenden Zitat deutlich werden soll:

> JP: Bei allem was da erzählt wird, geht es doch um die Nicht-Nennung von Weißsein. Das ist die einzige Erzählung, die eine Hete hier beisteuern kann. Aber für diesen Verdacht, dessen Geheimnis sich eigentlich dauernd offenbart, scheint hier niemand anfällig zu sein. Die warten alle immer auf die Offenbarung eines metaphysischen Geheimnisses. Und da würde ich sagen, könntest du nicht für einen Moment die Augen aufmachen, von mir aus auch mit Sehhilfen von Donna Haraway und da offenbart sich das vielleicht, dass der Typ, der da unser aller Geschichte erzählt eine männliche Hete ist. Und wann immer er seinen Mund aufmacht benennt er nur dauernd nicht sein Weiss- sein (sic!)!
> F: Das ist doch, was hier erzählt wird, wenn du auftrittst, dass etwas *nicht* benannt wird, alles andere aber schon.
> JP: Und da steckt doch die Macht, falls sich jemand fragt, wo die wohl stecken könnte: In dem, was nicht benannt wird!
> K: Die Position aus der erzählt wird, die bleibt immer unmarkiert. Die taucht nie als Problem auf, sondern als universelle Wahrheit. *Ich* hab aber schon ein Problem mit ihr. (Pollesch 2007, S. 27 f., Hervorhebung im Original.)

Der sich universell gebärdende hegemoniale Diskurs über Familie, Geschlecht und auch ‚Rasse' wird identifiziert als ein spezifischer Diskurs, der von machtvollen Positionen (weiß, männlich, heterosexuell) aus wirkt. Soweit folgt der Text also dem Theorietext von Haraway, in dem sie die „unmarkierte Position des Mannes und des Weißen." (Haraway 1995, S. 80) als Problem diskutiert. Der Text springt nach der Wiedergabe von Aspekten der Harawayschen Theorie in einen individuellen Tonfall um, in dem JP sein Gegenüber auffordert, diese Theorie gegen den Blick blickend als „Sehhilfe" zu benutzen und auf sein/ihr eigenes Leben anzuwenden. F wendet diese theoretische „Sehhilfe" wiederum auf JP an, den er als unmarkiert bezeichnet. An dieser Stelle ist es bemerkenswert, dass JP und F sich als „Jörg Pose" und „Felix" dechiffrieren lassen, beide Performer in der Inszenierung also weiße Männer sind, die eben diesen Diskurs gegenseitig auf sich anwenden. JP und F machen performativ ihre Positionierung im Text bzw. auf der Bühne sichtbar und verweisen dabei auf ihre ‚Realität' als Performer auf der Bühne, die ihren eigenen Diskurs gegen sich wenden. Somit verhält sich die anschließende Aussage von K, dass die Erzählerposition immer unmarkiert bleibe, zur Situation auf der Bühne widersprüchlich. Der Text stellt vielmehr das Theorem des situierten Wissens performativ her. Zugleich ist K, die sich als „Katrin", also als weiße Frau in der Inszenierung dechiffrieren lässt, diejenige, die mit diesem hegemonialen Diskurs der universellen Wahrheit Probleme hat: „*Ich* hab aber schon ein Problem mit ihr" (s. o.). Die machtvolle weiß-männliche Position wird im Text ausgestellt und auf der Bühne performativ mit der Theorie Haraways sichtbar gemacht, wobei die zitathafte Wiedergabe des Theorems mit einer individuellen Aneignung durch die Performer_innen verschränkt wird. Die Personalpronomen weisen eindeutig auf diese individuelle Aneignung hin. Somit wird der überindividuelle Theorietext Haraways auf die Ebene der individuellen, *situierten* Anwendung zurückgebracht und erfüllt die Forderung Haraways nach einer „Politik der Positionierung" (ebd., S. 87), die der feministischen Theorie und Praxis inhärent sein solle. Diese Positionierung kann nach Haraway zugleich die Perspektive derjenigen Person, die Diskurse (re-)produziert, verdeutlichen als auch neue Anschlüsse an andere situierte Perspektiven ermöglichen. Die Positionierung bzw. Positionier*heit* der Protagonist_innen im Text ist zentrales Moment der Einbettung in hegemoniale Diskurse, die Reflexion dieser Positioniertheit ist Zeichen für eine individuelle Reflexionsmöglichkeit dessen. Somit wird die Gleichzeitigkeit von individuellem Leben und hegemonialem Diskurs behauptet, jedoch nicht als vollständig deckungsgleich angenommen. Die „Sehhilfe" der Theorie macht die hegemonialen Machtbeziehungen erkennbar, in die auch das individuelle Leben verwickelt ist.

Das bedeutet im Rückschluss jedoch nicht, dass von einem authentischen Selbst, einem Subjekt ausgegangen wird, das in der Selbstreflexion zu sich findet. Das eigene Handeln wird als stets bereits in hegemoniale Diskurse eingebunden (und somit als potentiell diskriminierend) reflektiert:

> F: Da für mich als Weiße Frau ständig die Gefahr besteht, mich in den Fallstricken des weißen Normalitätsregimes zu verfangen bzw. die asymmetrischen Machtkonstellationen von Weißsein zu reproduzieren. Um dieses Risiko zu minimieren bedarf es einer unablässigen Selbstreflexion, welche die eigenen Handlungsweisen und Interaktionsmuster laufend in Frage stellt und gegebenenfalls modifiziert. (Pollesch 2007, S. 29 f.)

Das Misstrauen in die eigenen Handlungen wird deutlich. Die Selbstreflexion der eigenen Positionierung innerhalb eines hegemonialen Machtgefüges kommt nicht bei einem ‚echten' Selbst jenseits davon an, sondern ist als unabschließbarer Prozess stets präsent. Die Verschränkungen verschiedener Machtdimensionen wie Geschlecht und ‚Rasse' weisen darauf hin, dass es keinen Standpunkt des Selbst außerhalb der Macht geben kann: Reflektiert F das (vermeintlich) eigene Frau- und Weißsein, so ist dies nur als ein Punkt innerhalb einer hegemonialen ‚Matrix' verortet und produziert zugleich wiederum Ausschlüsse und Diskriminierung. Die Selbstreflexion der Positionierung als weiße Frau weist also auf den nicht-universellen Status von Weiblichkeit hin und lässt die Kategorie ‚Frau' als authentische Identitätskategorie hinfällig werden – nicht zuletzt dadurch, dass F auf der Bühne ja Felix Knopp ist. Hier wird also wiederum ein performativer Widerspruch hervorgebracht, der Identifizierung als einen Diskurseffekt herausstellt und das ‚authentische Selbst' als Illusion entlarvt. Das Selbst ist nur als Selbstbefragung vorhanden, es kann keinen festen Ort einnehmen und ist trotzdem als Wiederstand gegen die hegemonialen Diskurse vorhanden.

Das Konzept von Theorie als Sehhilfe lässt sich auch in *Sex* finden. Immer wieder geht es darum, dass gesellschaftliche Machtverhältnisse wie das der Geschlechterdifferenz schwer zu *sehen* sind, schwer sichtbar zu machen:

> Sophie: Alltag abseits von Heterosexualität und wie die Geschlechter regelt ist sich die vierte DIMENSION VORZUSTELLEN! Ich will mir die Scheiße hier andauernd als nicht selbstverständlich vorstellen. (Pollesch 2002, S. 67)

Die Unmöglichkeit, sich ein Jenseits dieser Verhältnisse vorzustellen, korreliert mit der Schwierigkeit, die Problematik überhaupt erst sichtbar zu machen, wie im oben bereits zum Teil zitierten Ausschnitt deutlich wird:

> Sophie: Und wenn ich meine Arbeit zu Hause mit Geld aufrechne, ist das keine Frage der Moral! Oder unmoralisch! Oder unanständig. Sondern der Versuch das als Arbeit überhaupt kenntlich zu machen. Damit ich das irgendwie SEHN KANN! Und in sowas wie Erlebniswirtschaft werden Gefühle und Erlebnisse von sowas wie ‚Normalität' abgekoppelt.
> Caroline: Und das will ich auch, ich will Normalität SEHN! (Pollesch 2002, S. 65)

Immer wieder wird der Wunsch thematisiert, eine objektive Perspektive einzunehmen: „Caroline: Ich will mir meine Gefühle von AUSSEN ANSEHEN!" (ebd.), „Caroline: Und ich würde mir das gerne mal objektiv ansehen." (ebd., S. 66). Die Sehnsucht nach dem objektiven Blick jenseits etablierter Sichtweisen lässt sich mit der von Haraway beschriebenen Sehnsucht von Feministinnen nach einer besseren Darstellung von Welt begreifen: Der Wechsel der Perspektive sowie die Reflexion vermeintlich ‚normaler' Verhältnisse wird als Voraussetzung für deren Veränderung begriffen. Dabei spielt die Praxis der Markierung des ‚Normalen' eine zentrale Rolle:

> Caroline: Normalität ist Heterosexualität, die nicht MARKIERT IST!
> Sophie: Und die Arbeit ist: sie unselbstverständlich zu machen. Das ist ARBEIT!
> (ebd., S. 69)

Die Markierung von Machtverhältnissen bzw. die Fähigkeit, sie zu *sehen* und für andere *sichtbar* zu machen, ist erst die Voraussetzung für ihre ‚Verunselbstständigung'. Erst durch ihre Sichtbarkeit können sie in Frage gestellt und angegriffen werden, wobei diese Reflexion als ständige Praxis, als Arbeit geschildert wird. Arbeit ist aber nicht nur die Sichtbarmachung und Markierung von Machtverhältnissen, sondern, wie bei der Analyse von *Die Welt zu Gast bei reichen Eltern* gezeigt wurde, auch die Reflexion der eigenen Position in diesen Machtverhältnissen. Das Konzept des *situierten Wissens* liefert dafür das theoretische ‚Handwerkszeug‘, indem es im Text performativ durch die Protagonist_innen angewandt wird. Das *Sehen* ist dabei gleichzeitig Voraussetzung für das Erkennen der Machtverhältnisse und für die eigene Positionierung in ihnen. Sehen als Erkenntnis und Voraussetzung für veränderndes Handeln kommt dabei im Aussprechen des Gesehenen bereits einer widerständigen Handlung gleich, indem es entnormalisierend wirkt und eine neue Perspektive jenseits tradierter Sichtweisen ermöglicht.

4 Theorie als textuelle und theatrale Praxis

Das Verhältnis von Theorie und dem Alltag als andauernde Selbstbefragung bei Pollesch lässt sich in Bezug zur feministischen Theoriebildung der letzten Jahrzehnte verstehen. Das zentrale Anliegen der feministischen Theorie liegt in der Veränderung von Alltagswelt *durch* die Produktion von Theorie, die auf die in alltäglichen Phänomenen zum Vorschein kommenden hegemonialen Diskurse dekonstruierend und somit denaturalisierend wirken kann. Dabei wird Wissen gerade durch die Reflexion der Prozesse von Wissensherstellung hervorgebracht – die Reflexion der Positionierung fremder und eigener Diskurse ist der feministischen Theorie also immer schon inhärent. Ziel ist die Veränderung von Wissen *und* Alltag. Feministische Theorie steht in einem engen Verhältnis zu feministischer Praxis, die mithilfe des veränderten Wissens die hegemonialen Diskurse und Machtstrukturen durchbrechen will. Der Alltag wird als Ausdruck von Hegemonie begriffen und an ihm wird zur Veränderung angesetzt. Besonders deutlich wird das in dem 1987 erschienenen Buch *The Everyday World As Problematic. A Feminist Sociology* von Dorothy Smith, in dem sie die Notwendigkeit einer feministischen Theoriebildung formuliert:

> The very forms of our repression require a deliberate remaking of our relations of others and of these the relations of our knowledge must be key, for the dimensions of our oppression are only fully revealed in discoveries that go beyond what direct experience will teach us. (Smith 1987, S. 107)

Die Konstellation der alltäglichen Problematik, in der sich hegemoniale Machtbeziehungen ausdrücken, die mit der „Sehhilfe" der Theorie denaturalisierend bearbeitet werden sollen, findet sich also sowohl in der feministischen Theoriebildung als auch in *Die Welt zu Gast bei reichen Eltern* und in *Sex*. Den (vermeintlich)

privaten Raum und die Familie als zentralen Ort alltäglicher Handlungen sowie das
Bordell als ambivalenten Ort zwischen privatem Raum und Öffentlichkeit dabei
als Ausgangspunkt der Befragung von Machtdimensionen im Alltag anzusetzen erscheint als logische Konsequenz. Pollesch selbst sagt im Interview: „Ich glaube [. . .]
an die Theoriefähigkeit meines Alltags, dass der Alltag mit Theorie zu bearbeiten
ist." (Raddatz 2007, S. 200) – wobei der Alltag im Text weniger ein individuelles
Erfahren als vielmehr die Reflexion alltäglicher, überindividueller Diskurse ist, da
es sich gerade um die künstlerisch-künstliche Herstellung alltäglicher Konstellationen auf der Bühne handelt und die Theorietexte sich eben *nicht* direkt auf die
realen Performer_innen beziehen, auch wenn sie durchaus ihre eigenen Subjektpo-
sitionen reflektieren. Nathalie Bloch beschreibt die Nutzung von Theorie als direkte
Übertragung auf die Performer_innen selbst: „Die Darsteller/innen versuchen, diese Theoreme auf ihre eigene Situation zu übertragen und sich mit ihnen in ihrem
Leben zu orientieren." (Bloch 2004, S. 168). Dieser These möchte ich widerspre-
chen und vielmehr die performative Dimension der Theorieaneignung betonen.
Diese wird gerade in performativen Widersprüchen wie den oben geschilderten,
in denen etwa F bzw. der Darsteller Felix Knopp sich selbst als Frau bezeichnet,
deutlich. Keinesfalls lässt sich eine direkte Übertragung von Theorie auf den Alltag
der Perform_innen als authentische, individuelle Personen selbst feststellen, vielmehr wird die sich aus der Theorie speisende feministische Praxis als Prozess auf
der Bühne performativ hergestellt. Die den Protagonisten im Text und auch den
Performer_innen unvermeidliche Vorgängigkeit der Diskurse (im zweiten Fall im
Sinne eines ganz konkreten, auswendig zu lernenden Textes) wird in der theatralen
Performanz sichtbar (vgl. dazu auch Diederichsen 2002, S. 59). Zu fragen wäre
dabei nach dem Status eines Subjektes im Text bzw. in der Aufführung, das diese
Diskurse kritisch hinterfragt und bündelt. Einerseits scheint dieses Subjekt durchaus vorhanden zu sein, wenn es eine kritische politische Perspektive auf die Umwelt
und sich selbst einnimmt, andererseits ist es bereits stets von den es umgebenden
Diskursen vorgeformt und somit nicht-authentisch. Achim Geisenhanslücke entwirft die These eines nicht-identischen Subjekts bei Pollesch: „Sich von sich selbst
zu befreien, scheint daher eine der Aufgaben zu sein, die die Gegenwart dem Subjekt
stellt. Nicht mehr mit sich identisch sein, sondern nicht mit sich identisch sein, ist
das Credo der Zeit." (Geisenhanslücke 2006, S. 267 f.) Weder die Protagonist_innen
im Text noch die Performer_innen auf der Bühne sind dabei als unabhängige Subjekte zu begreifen, aber auch nicht als vollkommen handlungsunfähige Objekte.
Sichtbar wird vielmehr die Ambivalenz zwischen Determiniertheit und Autonomie
der Protagonist_innen, wie es auch Norbert Eke beschreibt:

> Als Ort der Begegnung von Theorie und Theater sind Polleschs Inszenierungen Feld subjektiver Verschiebungen und Verformungen von Wirklichkeit *und* Spielplatz objektiver Dekonstruktionen zugleich: der politischen Rede, die Pollesch in Szene setzt *und* ironisiert; des politischen Subjekts, das er zugleich auf der Bühne zitiert *und* in seiner diskursiven Verfasstheit vorführt; der Verabredungen und Konstruktionen von Normalität, die er erspielt *und* demontiert. (Eke 2009, S. 177)

Das ambivalente politische (Nicht-)Subjekt, das versucht, mit der ‚Sehhilfe' der Theorie seinen Alltag zu bearbeiten, wird als gleichzeitig existierendes und immer schon scheiterndes im Text und auf der Bühne performativ hergestellt. Die Reflexion der eigenen Position mithilfe von Konzepten aus der feministischen Theorie wie der geschlechtlichen Codierung von Räumen, dem Konstruktionscharakter von Geschlecht und dem *situierten Wissen* wird als unablässige Arbeit gezeigt. Pollesch stellt diese Arbeit aber nicht nur *dar*, er stellt die Theorie als eine Alltagspraxis performativ *her*, womit er sich innerhalb der feministischen Tradition befindet, die die Verbindung von Theorie und Alltag in der Praxis anstrebt. Insofern leistet er eine Verbindung nicht nur von Theorie und Alltagspraxis, sondern auch von Theorie und theatraler Praxis (vgl. Eke 2009, S. 180) – zur Theorie *als* theatraler Praxis.

Literatur

Bergmann, Franziska. 2009. Die Dialektik der Postmoderne in Theatertexten von René Pollesch. Zur Verschränkung von Neoliberalismus und Gender. In *Ökonomie im Theater der Gegenwart. Ästhetik, Produktion, Institution*, Hrsg. F. Schößler und C. Bähr, 193–208. Bielefeld: transcript.

Bloch, Nathalie. 2004. Popästhetische Verfahren in Theatertexten von René Pollesch und Martin Heckmanns. *Der Deutschunterricht* 2:57–70.

Butler, Judith. 1991. *Das Unbehagen der Geschlechter*. Frankfurt a. M.: Suhrkamp.

Diederichsen, Diedrich. 2002. Denn sie wissen, was sie nicht leben wollen. *Theater heute* 3:56–63.

Dreysse, Miriam. 2011. Heterosexualität und Repräsentation. Markierung der Geschlechterverhältnisse bei René Pollesch. In *GeschlechterSpielRäume. Dramatik, Theater, Performance und Gender. Amsterdamer Beiträge zur neueren Germanistik 78*, Hrsg. G. Pailer und F. Schößler, 357–370. Amsterdam: Rodopi.

Eke, Norbert Otto. 2009. Störsignale. René Pollesch im ‚Prater'. In *Ökonomie im Theater der Gegenwart. Ästhetik, Produktion, Institution*, Hrsg. F. Schößler und C. Bähr, 175–192. Bielefeld: transcript.

Geisenhanslücke, Achim. 2006. Schreie und Flüstern. René Pollesch und das politische Theater der Postmoderne. In *Politisches Theater nach 1968. Regie, Dramatik und Organisation*, Hrsg. I. Gilcher-Holtey, 254–268, Frankfurt a. M.: Campus-Verlag.

Haraway, Donna. 1995. Situiertes Wissen. Die Wissenschaftsfrage im Feminismus und das Privileg einer partialen Perspektive. In *Die Neuerfindung der Natur. Primaten, Cyborgs*

und Frauen. Dies, Hrsg. Carmen Hammer und Immanuel Stiess, 73–97. Frankfurt a. M.:
   Campus-Verlag.
Hausen, Karin. 1974. Die Polarisierung der „Geschlechtscharaktere" – Eine Spiegelung
   der Dissoziation von Erwebs- und Familienleben. In *Sozialgeschichte der Familie in der
   Neuzeit Europas: neue Forschungen*, Hrsg. W. Conze, 363–393. Stuttgart: Ernst Klett.
Lehmann, Hans-Thies. 1999. *Postdramatisches Theater*. Frankfurt a. M: Verlag der Autoren.
Raddatz, Frank M. 2007. Penis und Vagina, Penis und Vagina, Penis und Vagina. René
   Pollesch über Geschlechterzuschreibungen, das Normale als Konstruktion und die Theo-
   riefähigkeit des Alltags. In *Brecht frisst Brecht. Neues Episches Theater im 21. Jahrhundert*,
   Hrsg. F. M. Raddatz, 195–213. Leipzig: Henschel.
Pollesch, René. 2002. Sex. Nach Mae West. *Theater heute* 3:64–69.
Pollesch, René. 2007. *Die Welt zu Gast bei reichen Eltern*. Unveröffentlicht. Copyright ©René
   Pollesch. Aufführungsrechte: Rowohlt Theater Verlag, Reinbek bei Hamburg.
Poschmann, Gerda. 1997. *Der nicht mehr dramatische Theatertext. Aktuelle Bühnenstücke
   und ihre dramaturgische Analyse*. Tübingen: Niemeyer.
Smith, Dorothy. 1987. *The everyday world as problematic. A feminist sociology*. Boston:
   Northeastern.

(Post-)Feminismus als Theater? Überlegungen zu Frauenbewegung und feministischer Theorie in Inszenierungen von She She Pop, Fräulein Wunder AG und Katarina Schröter

Gesche Gerdes

> *Wie käme ich dazu, meine ganz individuelle Veranlagung zum Maßstab der ganzen Frauenwelt zu machen? Damit verfiele ich ja in den Fehler der Frauen, die mit sich alle anderen Frauen identifiziert. Nein, die Frauen in ihrer Gesamtheit lassen sich nicht unter einen Hut bringen.*
> *(Hedwig Dohm: „Reaktion in der Frauenbewegung")*

Werden die Begriffe ‚Feminismus' und ‚Theater' in Medien oder Forschungsliteratur zusammen gebracht, geht es in den meisten Fällen immer noch um die Karriere von Frauen am Theater oder um die Interpretation einer Inszenierung als feministisch oder nicht. Dieser Aufsatz möchte das Verhältnis von ‚Feminismus' und ‚Theater' in eine andere Richtung denken, weg von Einzelinterviews mit weiblichen Theaterschaffenden und einer Gleichsetzung von Autorintention und Textaussage.[1] Der zu machende Unterschied liegt in der Reihenfolge von Apposition und Bezugswort: Anstatt eine Inszenierung *als Feminismus* zu betrachten,

---

[1] Eine Trennung von Autorintention und Textintention wird in der Literaturwissenschaft spätestens seit Roland Barthes These vom Tod des Autors praktiziert (vgl. Barthes 1967/1968). Das bedeutet nicht, dass die Literaturwissenschaft von da an die Autorintention außer Betracht ließe, vielmehr wird diese als Kategorie der Textanalyse reflektiert und nicht (mehr) automatisch mit der Textintention gleichgesetzt. Zu Autorschaft und Autorfunktion vgl. Carlos Spoerhase *Autorschaft und Interpretation. Methodische Grundlagen einer philologischen Hermeneutik*. Berlin, New York: de Gruyter 2007.

G. Gerdes (✉)
Münster, Deutschland
E-Mail: g.gerdes@uni-muenster.de

A. Hackel, M. Vollhardt (Hrsg.), *Theorie und Theater,*
Kulturelle Figurationen: Artefakte, Praktiken, Fiktionen,
DOI 10.1007/978-3-658-04102-1_6, © Springer Fachmedien Wiesbaden 2014

möchte ich wissen, wie Feminismus *als Inszenierung* bzw. wie Feminismus im Theater aufgeführt wird. Das heißt auch, dass meine Untersuchungsperspektive nicht generell die Geschlechterkonstruktion oder andere Komposita wie Geschlechterrollen oder das Geschlechterverhältnis in bestimmten Inszenierungen in den Blick nimmt. Stattdessen möchte ich fragen, welche Feminismen bzw. welche Erzählungen von der Frauenbewegung auf die Bühne gebracht werden und mit welchen künstlerischen Mitteln diese umgesetzt sind. Dahinter steht die Annahme, dass die künstlerische Auseinandersetzung mit Feminismus Auskunft über ein Bild von diesem gibt, je nachdem welche Ideologien, Ziele und Aktionsformen auf der Bühne als ‚Feminismus' verhandelt werden.

Unter ‚Feminismus' verstehe ich einen Sammelbegriff für alle Theorien, die Erklärungsmöglichkeiten für eine Ungleichbehandlung aufgrund von Geschlecht bieten und Strategien für deren Beseitigung suchen (vgl. Schnabel 2003, S. 42). Im Zuge des Prozesses gegen Olympe de Gouges sowie in den Schriften von Charles Fournier (1772–1834) wurde ‚Feminismus' erstmalig gebraucht (vgl. Thiessen 2010, S. 37; Gerhard 2009, S. 8). Hundert Jahre später sprachen die französischen Suffragetten von ‚Feminismus', wenn sie gegen den Maskulinismus der Dritten Republik argumentierten. Bis zur sogenannten Zweiten Welle[2] der Frauenbewegung in den 1960er und 70er Jahren blieb ‚Feminismus' jedoch häufig ein Begriff der Gegner_innen frauenrechtlicher Bestrebungen, bis zu diesem Zeitpunkt sprachen auch die Aktivistinnen selbst von ‚(Frauen-)Emanzipation' (vgl. Thiessen 2010, S. 37). Wie Notz betont, waren in der frühen Frauenbewegung um 1900 die Spaltungen zwischen den verschiedenen Gruppierungen, besonders zwischen den bürgerlichen und proletarischen Frauen, zu groß für eine gemeinsame Akklamation von ‚Feminismus', so dass der Begriff erst im Zuge der neuen Frauenbewegungen populär geworden sei (vgl. Notz 2011, S. 11). Möglicherweise ist es auch dem Boom sozialer und kultureller -Ismen geschuldet, dass sich in den 1960ern und 70ern

---

In der Theaterwissenschaft scheint diese Unterscheidung seltener angewandt zu werden. So spricht Helga Kraft in ihren Analysen von Dramen weiblicher Autoren seit dem 18. Jh. von einem „anderen Theater" und fällt das pauschale Urteil, „Dramen von Frauen wiesen schon immer eine gewisse Unterminierung der normativen Geschlechteridentitäten auf" (vgl. Kraft 1996, S. 107).

[2] Die Wellenmetapher wurde in der Frauenbewegung und Geschlechterforschung viel diskutiert. Besonders die Vorstellung einer historischen Geschlossenheit der Forderungen, die wie eine Welle ihren Höhe- und Wendepunkt hat, wurde dabei kritisiert. Gerhardts Modell der „langen Wellen", das sie in Anlehnung an das Konzept der ‚longue durée' aus der Geschichtswissenschaft entwickelt hat, überzeugt mich dennoch (vgl. Gerhardt 1995). Beginn, Ende und Wirkdauer einer Welle werden hier zwar kontinuierlich, aber nicht punktuell gedacht, und lassen eine Vielfalt der Positionen zur gleichen Zeit zu.

eine Begriffsaneignung des ‚Feminismus‘ vollzog, die für die Frauenbewegung eine konstitutive Identitätsfunktion hatte.[3] Ich möchte dennoch zwischen beiden Bezeichnungen eine grobe Trennung vornehmen, indem ich mit ‚Feminismus‘ die Theorie und mit ‚Frauenbewegung‘ die Praxis meine.[4] Obwohl diese Unterscheidung an Schärfe entbehrt, soll sie den Blick auf den zentralen Konfliktpunkt feministischer/frauenbewegter Geschichte lenken: Während für die Frauenbewegungen ein kollektives soziales Handeln im Mittelpunkt steht, versucht Feminismus als Erkenntnismodell die Bedingungen von und für Kollektivität zu erklären – und häufig auch aufzulösen.

Wenn hier weder die feministische Lebenseinstellung von Theaterschaffenden noch pauschal Inszenierungen aus der Feder weiblicher Autoren analysiert werden, sondern die Aufführung von ‚Feminismus‘ und ‚Frauenbewegung‘ als Gegenstand und Inszenierungspraxis, so richtet sich der Blick schnell auf die Zeit nach 1980. Hier kann davon ausgegangen werden, dass Feminismus und Frauenbewegung (in Deutschland) so viel mediale Aufmerksamkeit erhalten haben, dass sie nicht länger als gesellschaftliches Nischenphänomen betrachtet werden können. Dies zeigt die mediale Debatte um einen ‚neuen‘ Feminismus, die seit 2006 nach dem Erscheinen von Büchern wie *Wir Alphamädchen. Warum Feminismus das Leben schöner macht* oder *Das F- Wort. Feminismus ist sexy* zu beobachten ist. Nach einem kursorischen Überblick über die Zeit der Zweiten Frauenbewegung werden daher Inszenierungen der Gegenwart in den Blick genommen.

Die ersten Künstlerinnen, die in der studentenbewegten Zeit der 1960er und 70er auf der Bühne ihre Rolle als Frauen sowie feministische Theorien verarbeiteten, sind im deutschsprachigen Raum Valie Export und Marina Abramovic; rezipiert wurden auch Inszenierungen von Yoko Ono, Carolee Schneeman oder Martha Rosler. Während ihre Performances häufig den weiblichen Körper als Opfer männlicher Gewalt darstellen, frauenunterdrückende Vorstellungen im Zusammenhang mit

---

[3] Texte von Aktivistinnen der (deutschen) Frauenbewegung dokumentieren die Gleichsetzung von ‚Frauenbewegung‘ und ‚Feminismus‘ (vgl. exemplarisch Schwarzer 1975, S. 230 oder Wiggershaus 1979).

[4] Vgl. Gerhard 2009, S. 6 und Schnabel 2003, S. 39. Diese Unterscheidung erklärt auch, warum Villa zwischen Frauenbewegung und Feminismus unterscheidet, wenn sie schreibt: „Durch die Auseinandersetzung mit den [. . .] ‚beharrlichen Strukturen‘ bin ich Feministin geworden, nicht durch die Zugehörigkeit zu einer Frauenbewegung" (Villa 2003, S. 279). Zu einer anderen Definition gelangt Mascha Vollhardt in diesem Band, die am Beispiel von René Pollesch überzeugend darlegt, wie feministische Theorie zu theatraler Praxis werden kann. Die Trennung zwischen Theorie und Praxis wird bei ihr somit aufgehoben. Da die Autorin jedoch keine Abgrenzung zum Begriff der Frauenbewegung einführt, kann diese Betrachtung hier nicht aufgenommen werden.

Heterosexualität thematisieren und auf die Normierungen weiblichen Aussehens hinweisen,[5] bleiben sie theoretisch stets im Rahmen eines Differenzdenkens. Das meint hier, dass zwischen Frauen und Männern ein Unterschied angenommen wird, der auf der Bühne reproduziert wird. Darin besteht eine Parallele zu der in dieser Zeit entstehenden Frauenforschung an den Universitäten, die ebenfalls von biologischen und/oder sozialen Unterschieden zwischen den zwei Geschlechtern ausging (vgl. Becker-Schmidt und Knapp 2007, S. 31). Exports und Abramovics Performances bestätigen zwar nicht die herrschende Meinung vorangehender Jahrhunderte, die besagt, dass der Geschlechtsunterschied angeboren und damit unhintergehbar sei, ihre Stücke tragen vielmehr die zeitgenössischen Spuren der Debatten um die Rollentheorie: Die von Talcott Parsons entwickelte Annahme, dass Rollen und Normen für alle Mitglieder der Gesellschaft dem Zweck der Arbeitsteilung dienten, wurde von Frauenforscher_innen aufgrund der damit verbundenen Einschränkungen für Frauen stark kritisiert (vgl. Becker-Schmid und Knapp 2007, S. 33). Alle genannten Künstlerinnen setzten sich mit den Auswirkungen der Rollenverteilung auf die Geschlechter und den Möglichkeiten der Selbstbestimmung von Frauen in einer männerdominierten (Kunst-)Welt auseinander. Wenn sich Valie Export in Glasscherben wälzt, Marina Abramovic ihre Haare unzählige Male bürstet und Yoko Ono sich vom Publikum die Kleidung vom Leib schneiden lässt, werden ihr Schmerz und die erfahrenen Aggressionen auf die Bühne gebracht. Mithilfe des weiblichen Körpers als Instrument und Material rufen die Performerinnen die jahrhundertelangen Verletzungen und Unterdrückungen von Frauen den Zuschauer_innen ins Bewusstsein – während zeitgleich an den Universitäten nach verborgenen oder vergessenen Frauen gesucht und die Geschichte der Frauendiskriminierung erforscht wird. In der Außerparlamentarischen Opposition bekämpften die Frauen im Sozialistischen Deutschen Studentenbund (SDS) das machistische Verhalten ihrer Genossen und Partner, der Tomatenwurf von Sigrid Rüger auf der 23. Delegiertenkonferenz des SDS in Frankfurt am Main 1968 ging so in das kollektive Gedächtnis der Frauenbewegung ein.

Auf allen drei Ebenen – den Inszenierungen am Theater, den feministischen Forschungsbemühungen und den frauenbewegten Aktionen – ging es in dieser Zeit des Aufbruchs jeweils um das Aufdecken patriarchaler Strukturen, um das explizite Hinweisen auf die aktuellen Erfahrungen und die lange Geschichte der Frauenunterdrückung. ,Geschlecht' wurde hier nicht dekonstruiert oder als überwindbare Kategorie postuliert, sondern als ,Strukturkategorie' freigelegt, wie es Ursula Beer

---

[5] So z. B. in *Art must be beautiful, Artist must be beautiful* von Marina Abramovic, in *Remote... Remote* von Valie Export, in *Fuses* von Carolee Schneeman oder den *Cut Pieces* von Yoko Ono.

in ihrem Buch *Theorien geschlechtlicher Arbeitsteilung* von 1984 beschrieben hat. Da das Geschlecht die gesellschaftliche Arbeitsteilung von Produktion und Reproduktion begründet, strukturiert es auch den Alltag (von Männern und Frauen) und beeinflusst deren soziale Positionen.

Besonders seit sich nach der Jahrtausendwende eine neue Generation junger Frauen wieder selbstbewusst als Feministinnen bezeichnet, zahlreiche (Sach-) Bücher zur Aktualisierung von ‚Feminismus' und ‚Frauenbewegung' erschienen sind, sowie in neu gegründeten Zeitschriften und Blogs darüber diskutiert wird, muss ein Blick auf die aktuellen Feminismus-Inszenierungen geworfen werden. Zu fragen ist hier nach dem künstlerischen Umgang mit dem neu erstarkenden und von den Medien gern rezipierten Feminismus. Wie lässt sich dieser Diskurs auf die Bühne bringen?

In Publikationen wie *Wir Alphamädchen. Warum Feminismus das Leben schöner macht* (2008), der Zeitschrift *Missy Magazine* oder auf dem Blog *www.maedchenmannschaft.net* (beide seit 2008) wird notwendigerweise die eigene Verortung in Feminismus und/oder Frauenbewegung durch eine Auseinandersetzung mit der frauenbewegten Geschichte, den vielfältigen Vorgängerinnen sowie ihren Aktionsformen und Theorien vorgenommen. In den letzten Jahren erschienen auch auf der Bühne Reflexionen über den Stand der Bewegung und ihre aktuellen Ausdrucksformen. Dazu gehören zum Beispiel die Inszenierungen *7 Schwestern. Ein Gruppenporträt frei nach Tschechow* von She She Pop (Premiere 2010 im HAU, Berlin), *Power of Pussy. Eine unendliche Geschichte des Feminismus* der Fräulein Wunder AG (Premiere 2009 im LOFFT, Leipzig) oder *Frauenbewegung ja, aber rhythmisch* von Katarina Schröter (Premiere 2012 im Neumarkttheater, Zürich). Diesen Inszenierungen ist gemein, dass junge Dramatikerinnen, Regisseurinnen und Schauspielerinnen die Geschichte befragen – und diese Fragen durch einen Vergleich mit der eigenen individuellen und aktuellen Situation formuliert werden. Bereits die Beschreibung von *7 Schwestern* auf der Homepage von She She Pop verdeutlicht dieses Verfahren:

7 Schwestern ist ein Portrait von Frauen (und Männern) einer Generation von NichtstuerInnen. Es sind die Töchter (und Söhne) der Frauenbewegung. [...] Jetzt bekommen sie Kinder: eine Flucht ins Private, ein Weiblichkeitswahn, ein narzisstischer Selbstverwirklichungstrip? Diese Frauen hatten niemals Interesse für die historische Dimension ihres Daseins und ihrer Freiheit. Sie hatten auch niemals Mitleid mit ihrer Müttergeneration, den Subjekten der zweiten Welle des Feminismus. Jetzt hat niemand Mitleid mit ihnen. Die Bewegung hat sich verloren, Emanzipation ist zur privaten Erfolgsstory verkommen. (www.shesheshepop.de/produktionen/7-schwestern.html)

Zwischen privat und öffentlich changiert das gesamte Stück in Inhalt und Gestaltung, womit der überlieferte Slogan *Das Private ist politisch* der Zweiten
Frauenbewegung immer wieder aufgerufen wird. Während die Performerinnen
jede für sich allein in einem Zimmer sitzen und fast nur über Kameras miteinander kommunizieren, begeben sie sich gleichzeitig, aber nicht immer zur gleichen
Zeit, auf die Suche nach einem zentralen gemeinsamen Raum (im Theatergebäude).
Hier wollen sie zusammen ihre individuellen Probleme als strukturelle und soziale
analysieren. Der Wunsch nach Dialog und Solidarität kommt auch durch die im
Titel angesprochene Schwesternschaft zum Ausdruck, die sich anders als in Tschechows Vorlage nicht durch verwandtschaftliche Beziehung konstituiert. Die sieben
Personen auf der Bühne sind Schwestern (und Brüder?) in ihrem Suchen nach
gemeinsamen Handlungsmöglichkeiten und Lösungen, mal laufen sie alleine, mal
in Gruppen durch das weit verzweigte Haus. Die Antworten, die sie (nicht) finden, bestehen einzig in den Fragen selber, in den Konflikten zwischen Mutterschaft
und Arbeitswelt, Kneipenbesuchen und Elternabenden, dem Älterwerden und Zu-
kunftsängsten. Anders als noch bei Virginia Woolf (1929) besteht ihre Forderung
nicht im Wunsch nach einem Zimmer für sich allein[6] – denn das haben sie bereits –
sondern nach einem gemeinsamen Ort der Begegnung und des Austauschs. ‚Feminismus' wird als Wunsch inszeniert, in der eigenen individuellen Frauenbiographie
gehört zu werden, dabei aber nicht zu vereinzeln. Hier zeigt sich die Verknüpfung
von feministischer Theorie und frauenbewegter Praxis deutlich.

Theoretisch lässt sich dies zudem an die Debatten rückbinden, die seit Anfang
der 80er Jahre zuerst in den USA und später auch in Europa geführt wurden,
und sich um „Achsen der Differenz"[7] drehen. Während im nordamerikanischen
Raum vor allem die Differenzen zwischen Frauen unterschiedlicher kultureller
bzw. ethnischer Herkunft eine große Rolle spielten, werden in der Performance
7 Schwestern stattdessen die verschiedenen Vorstellungen von Elternschaft, beruflichen Zielen oder Beziehungsformen zu Achsen der Differenz. Gleich bleibt die
„Frage nach Frauen als dem Kollektivsubjekt feministischer Politik, [...] die epistemologische Frage nach dem Erkenntnissubjekt feministischer Theorie und den
Geltungsansprüchen feministischer Kritik" (vgl. Becker-Schmidt und Knapp 2007,
S. 106 f.). Dass nicht nur Frauen, sondern auch ein männlicher Performer als die
sieben Schwestern auftreten, macht zudem den geschlechterübergreifenden und
konstruktivistischen Aspekt des Stückes aus.

---

[6] „[E]ine Frau muß Geld und ein eigenes Zimmer haben, um schreiben zu können; und das
läßt, wie Sie sehen werden, die große Frage nach der wahren Natur der Frau und der wahren
Natur der Literatur unbeantwortet." (Woolf 2003, S. 7).

[7] Diana Fuss spricht in ihrem Buch *Essentially Speaking. Feminism, Nature & Difference*
von den „axes of difference" (1989, S. 28), eine Bezeichnung, die Gudrun-Axeli Knapp und
Angelika Wetterer 2003 zum Titel ihres Sammelbandes machten.

Anders sieht es in *Power of Pussy. Eine unendliche Geschichte des Feminismus* von der Fräulein Wunder AG aus Hildesheim aus. Hier wird weniger das eigene (Frauen-)Leben als vielmehr eine konkrete Geschichte von Feminismus und Frauenbewegung nacherzählt. In Form von dokumentarischem Theater bringt die Gruppe historische Stationen und Personen auf die Bühne, in einer Zeitreise geht es von den Suffragetten zu den Kämpferinnen für das Frauenwahlrecht bis zu Judith Butler und Lady Bitch Ray. Mithilfe von Videoaufnahmen, die sowohl die Inszenierung selber filmen als auch eine Befragung von Passant_innen auf der Straße zeigen, werden die Performer_innen zu Protagonist_innen und reflektieren zugleich ihre Doppelrolle. Die Interviews mit zufällig vorbeikommenden Menschen allen Alters und Geschlecht fungiert hier als Alltagsbezug, der als unverfälschte Meinung ‚normaler' Bürger_innen daherkommt, aber durch die Verwendung in einem Kunstprojekt niemals auch ein solcher ist.

Etappe für Etappe wird die feministische und frauenbewegte Geschichte nachgespielt: Ein Spruchband à la Carolee Schneemanns Performance *Interior Scroll* (1975) wird aus einer Vagina gezogen, zwei Performer_innen gehen mit einem Tapp- und Tastkino durch die Reihen (Valie Export 1968) und das SCUM-Manifest (Valerie Solanas 1971) wird verlesen. Zwischen diesen Szenen reflektieren die Performer_innen ihre aktuelle und individuelle Lebenssituation im Hinblick auf Gleichberechtigung und Diskriminierung. Deutliche Übergänge zwischen diesen Ebenen lassen die Performer_innen auf der Bühne in die Geschichte ‚eintauchen' und wieder daraus heraussteigen.

Das Publikum kann mitmachen: Strickzeug liegt für alle griffbereit und der einzige männliche Performer darf von den Zuschauer_innen als Stellvertreter für das Patriachat mit Tomaten beworfen werden. Eigene neue Antworten auf die Frage, wie weit die Tomate seit 1968 flog bzw. wie man gegenwärtig gegen Rollenzwang und Geschlechtergrenzen Widerstand leisten kann, gibt die Inszenierung nicht. Das Neue ist hier mehr eine Präsentation des Alten, aber in einer Vielfalt, die für viele Zeitgenoss_innen nicht zum Bild von Feminismus und Frauenbewegung gehört. Die Präsentation vorangegangener Kämpfe und Forderungen hält selbstverständlich die Erinnerung an sie wach, ich sehe diese Inszenierung daher als rückblickendes Kaleidoskop, das durch eine fiktionale Erzählweise gerahmt wird, so dass das utopische Potential von Frauenbewegung und Feminismus betont wird. Hierzu gehört auch der visuelle und akustische Einsatz von Scheinwerferspielen und Sirenen im Zusammenhang mit einer nachgebauten Space-Kapsel, die die Zeitreise des Stücks symbolisiert. Dargestellt wird eine Reise durch die Zeit, erzähltechnisch unterbrochen durch die (scheinbar) authentischen und selbstreflexiven Gespräche der Performer_innen. Sowohl Feminismus als Theorie als auch die Frauenbewegung als Praxis werden von der Fräulein Wunder AG nachgespielt oder verlesen, so dass sie als Handlungsformen nicht mehr zu unterscheiden sind.

Durch ihre nicht-wertende Darstellung, aber mithilfe einer zeitlichen und ironischen Distanz wird die Vergangenheit dem Publikum präsentiert, das sich eine eigene Meinung bilden kann, weil keine auktoriale Erzählinstanz eine Sichtweise nahelegt. Ob man sich als Zuschauer_in also eher Valerie Solanas *SCUM Manifesto*, Alice Schwarzers PorNo-Kampagne oder Statistiken über geschlechtsspezifische Karrieren zu Herzen nimmt, bleibt jedem selbst überlassen. Feminismus und Frauenbewegung werden damit wiederbelebt, ihre Wichtigkeit für die Gegenwart betont und das Publikum wird nach der Geschichtsschau mit der Frage konfrontiert, wie eine Fortsetzung aussehen könnte. Denn dass die Performer_innen und auch ‚die Menschen auf der Straße' nicht mit dem gegenwärtigem Geschlechterverhältnis einverstanden sind, macht deutlich, dass Feminismus nicht überholt ist. Feministische Theorie steht hier in ihrer Pluralität auf der Bühne; die Performancegruppe Fräulein Wunder AG entwickelt weder eine eigene Theorie noch präferiert sie ein bestimmtes Theoriemodell, ihr Zugang ist die Methode des Patchworking als Aneignungsform von Theorie.[8]

Die dritte Produktion *Frauenbewegung ja, aber rhythmisch* hat genau wie die beiden vorangegangenen einen Zugang zur Gegenwart über die Geschichte. Mit multimedialen Einblendungen wird auch hier die Vergangenheit von Feminismus und Frauenbewegung eingespielt, sei es durch Musik oder Filmsequenzen. Der dokumentarische Charakter ist weniger stark als in *Power of Pussy*, stattdessen werden Fragmente frauenpolitischer Forderungen oder Zitate in Mono- und Dialoge der Performer_innen eingebaut. In diesen (Selbst-)Gesprächen erkunden die drei Frauen und ein Mann ihr eigenes Verhältnis oder Bild von der Frauenbewegung. Über feministische Theorie selbst wird weniger reflektiert. Die eigene Familie und Liebesbeziehungen werden zur Rollenverteilung und geschlechtsspezifischem Verhalten befragt, vor allem beziehen sich die Künstler_innen immer wieder auf ihre eigenen, individuellen Erfahrungen. Eine ironische Auseinandersetzung mit dem Verhältnis von sozialem und biologischem Geschlecht zeigt beispielsweise ein auf Video eingespieltes Gespräch zwischen der Regisseurin Katarina Schröter, ihrer Mutter und ihrem Bruder. Allein durch das Vertauschen der Redebeiträge –

---

[8] Im Unterschied zur Bricolage, wie sie Lévi-Strauss in seinen Schriften formuliert, wird hier nicht nur altes Material zu Neuem umfunktioniert, sondern sowohl altes (feministisches) Material mit eigenem neuen Material (Videos, Gespräche der Performer_innen untereinander auf der Bühne) kombiniert. Die alten Materialien behalten dabei ihre Bedeutung: das feministische Ziel der Gesellschaftstransformation wird aktualisiert, lediglich die Form dieser Forderung wird historisiert.

Schröters Bruder spricht den Text seiner Mutter und andersherum – spielt die Inszenierung mit Geschlechtstypischem und alltäglichen Ungleichheiten, das Lachen des Publikums belegt diesen Bruch des Konventionellen und Gewöhnten.

Betrachtet man alle drei erwähnten Inszenierungen der 2000er Jahre im Vergleich mit den Performances aus den 1970ern, wird deutlich, wie sehr sich der künstlerische Umgang mit Feminismus und Frauenbewegung auf der Bühne verändert hat. Auch wenn in beiden Zeiträumen das inszenierte Verhältnis von Vergangenheit und Gegenwart ähnlich ist, also in allen Fällen die aktuelle Situation von Frauen durch ihre Geschichten verständlich gemacht wird, so liegt der thematische Fokus anders: Während in den Performances von Valie Export oder Marina Abramovic die lange Geschichte der Frau*unterdrückung* auf die Bühne gebracht wurde, dominiert in den aktuellen Stücken die Geschichte der Frauen*befreiung* und Emanzipation. Auch in formaler Hinsicht zeigen sich Unterschiede, da die drei Gegenwartsinszenierungen mit Rückblicken arbeiten, die ihre Vorgeschichte nachspielen – verbunden durch Szenen individueller Selbstbefragung oder Publikumsansprache. Die Performer_innen treten metareflexiv aus ihrer Rolle heraus, während in allen erwähnten Performances der 70er die Rolle unverändert bleibt.

Im Hinblick auf die aufgeführte feministische Theorie lassen sich ebenfalls Unterschiede ausmachen: Wie bereits gezeigt, sind die erwähnten Produktionen der 70er geprägt von einem Differenzdenken, das im Theater reproduziert wird. In den aktuellen Produktionen ist stattdessen ein Dekonstruktivismus auszumachen, der sich bereits darin äußert, dass sowohl männliche als auch weibliche Performer_innen Frauenfiguren sprechen oder auch in der Inszenierung zwischen den Geschlechterrollen wechseln. Judith Butlers Ansatz einer Konstruktion von (biologischem und sozialem) Geschlecht lässt sich so in allen drei Fällen nachvollziehen.[9] Zudem wird durch die Gleichzeitigkeit von Statistiken und wissenschaftlichen Studien gemeinsam mit den Biographien der Künstler_innen Donna Haraways prominente Theorie vom situierten Wissen (1995) verarbeitet. Als Kritik an vermeintlicher Objektivität plädiert Haraway für den Einbezug der eigenen Subjektposition in die Forschung bzw. in generiertes ‚Wissen', als das die Inszenierungen verstanden werden können. Die Ergänzung, Überschneidung und Kontrastierung von Zahlenmaterial, historischen Daten und Figuren mit der eigenen Biographie ermöglicht letztlich eine Reflektion der Wissensproduktion – und damit der Inszenierung selbst.

Dennoch bleibt festzuhalten, dass sich keine der aktuellen Inszenierungen konsequent einer feministischen Theorie oder Erzählung von der Frauenbewegung verschreibt, sondern vielmehr collageartig aus Fragmenten unterschiedlichster

---

[9] Vgl. Butler 1991, S. 23 f.

Ereignisse und/oder Deutungen beider besteht. Aus diesem Grund lässt sich
ein Bezug zum Diskurs um den sogenannten ‚Postfeminismus' herstellen,[10] der
so weitreichend ist, dass der Titel eigentlich von *Feminismus im Theater* in
Postfeminismus im Theater umbenannt werden müsste. Meine These ist, dass
die drei aktuellen Produktionen sämtliche Deutungsmuster von ‚Postfeminismus'
verarbeiten, so dass nicht mehr von *einer* feministischen Theorie und Geschichte
der Frauenbewegung im Theater gesprochen werden kann. Als ‚Postfeminismus'
gelten verschiedenste Zeitdiagnosen und innerfeministische Ideologiekonflikte, die
in ihrer Summe keine Theorie ergeben, sich aber genau wie die Theaterversionen
in einem zeitlichen Danach verorten, so wie es sein Präfix post- ausdrückt. Welches
post- in der jeweiligen Inszenierung gemeint ist, soll die folgende Systematisierung
der Postfeminismen zeigen.

Seit das *New York Times Magazine* 1982 eine Umfrage unter jungen Frauen
zu ihrer Haltung zum Feminismus durchführte, wird der Begriff ‚Postfeminismus'
sowohl von pro- als auch von anti-feministischer Seite inflationär gebraucht. Im
deutschsprachigen Raum wird spätestens seit der 2010 veröffentlichten Übersetzung von Angela McRobbies Buch *Top Girls. Feminismus und der Aufstieg des
neoliberalen Geschlechterregimes* konkret über ‚Postfeminismus' diskutiert, obwohl
bereits vor zehn Jahren Aufsätze und Essays dazu erschienen sind (vgl. exemplarisch Hermann 2003). Die meisten Veröffentlichungen stammen jedoch aus den
USA und Großbritannien.

Zunächst sei die wertneutrale Begriffsverwendung beschrieben: Ann Braithwaite
(2002), Elisabeth Joyce (2006) oder Carlota Larrea (2010) verwenden ‚Postfeminismus' als Bezeichnung für die Zeit nach der Zweiten Frauenbewegung, die in einer
historischen Kontinuität dazu steht. Es handele sich dabei um eine typische Transformation sozialer Bewegungen, die an die gegenwärtigen Bedingungen angepasst
werden müsse, aber dadurch ihre Vergangenheit nicht aus dem Blick verlöre: „Postfeminism cannot be dismissed precisely because it *is* feminism today [. . .]. It is not
against feminism, but about feminism today" (Braithwaite 2002, S. 341, Hervorhebung im Original). In anderen Worten wird der aktuelle Feminismus hier allgemein
als Postfeminismus bezeichnet.

Ein Jahrzehnt vorher war ein weiteres Deutungsmuster vor allem in populär-
wissenschaftlichen Büchern dominant: Naomi Wolf (1990, 1993), Katie Roiphe
(1993), Rene Denfeld (1996) und Natasha Walter (1998) erklärten Feminismus
und Frauenbewegung für überwunden, da ihre Ziele bereits erreicht seien. Sie sprachen von einer Zeit des ‚Postfeminismus', in der Feminismus nicht mehr nötig –
und gar nicht zeitgemäß sei, schließlich hätten die Feministinnen der Zweiten

---

[10] Vgl. Gerdes 2012.

Frauenbewegung zu viele Fehler begangen: „Feminism has over-determined our private lives and interpreted too many aspects of cultural life as evidence of a simplistic battle, patriarchy versus women" (Walter 1998, S. 6). Die Autorinnen lehnen den Kollektivgedanken ab und fordern individuelle Entscheidungsfreiheit und Selbstverantwortung von Frauen. Diese Sichtweise wurde von prominenten feministischen Intellektuellen wie Angela McRobbie (1991), Susan Faludi (1991), Tania Modleski (1991) oder Imelda Whelehan (1995) stark kritisiert. Sie verstehen unter ,Postfeminismus' eine unzureichende Homogenisierung der Zweiten Frauenbewegung, die auf medialen Stereotypen wie dem der männerhassenden und spaßfeindlichen Feministin beruhe. Gewarnt wird vor einem Individualismus à la Wolf und Walter, der die strukturelle Benachteiligung von Frauen ausblende:

> [I]f young women are internalizing the postfeminist ideal and the assumption that feminist politics are therefore redundant, then 'consciousness raising' is again one of the most vital feminist activities – a consciousness raising that appeals to all women, whatever their background, but which avoids the pitfalls of divisive individualism. (Whelehan 1995, S. 241)

Eine dritte, aber deutlich seltener vertretene Deutungsweise von ,Postfeminismus' kommt durch den Einbezug konstruktivistischer Geschlechtertheorien zustande. Während der ,Feminismus' ebenso wie die Zweite Frauenbewegung auf einem Kollektivsubjekt ,Frau' aufbaue, sei dessen vermeintliche Homogenität spätestens seit Butlers *Gender Trouble* (1990) überwunden (vgl. Haas 2006). Im ,Postfeminismus' könne daher keine Identitätspolitik mehr verfolgt werden, diese sei durch *Queer Politics* zu ersetzen und berücksichtige damit die aktuelle theoretische Auflösung von Geschlecht.

Und schließlich dient der Begriff als grundsätzliche Bezeichnung für innerfeministische Debatten, die zum Teil wegen generationeller Konflikte, aber zu einem anderen Teil einfach aufgrund ideologischer Unterschiede geführt würden. Als solche Meta-Reflektionen über die oppositionelle Rhetorik im feministischen Dialog fungieren die Bücher bzw. Texte von Stéphanie Genz und Benjamin A. Brabon (2009), Jane Kalbfleisch (1997) oder Misha Kavka (2002).

Was haben nun all diese unterschiedlichen Deutungsmuster von ,Postfeminismus' mit den drei Inszenierungen von She She Pop, Fräulein Wunder AG und von Katarina Schröter zu tun? Zunächst betonen alle Produktionen die historische Kontinuität zwischen der Zweiten Frauenbewegung und ihrer aktuellen Situation, dies geschieht durch die Verbindung der eigenen Biographie mit Rückblicken auf Feminismus und Frauenbewegung. Der Gestus ist stets der gleiche: Die Vergangenheit wird reinszeniert und dabei auf ihre Aktualität befragt – worüber letztlich allerdings nicht die Performer_innen selbst, sondern das Publikum entscheiden kann. Eine ironische Distanz zu Aktionen und Akteur_innen des 20. Jahrhunderts gehört in allen Fällen zum Modus der Darstellung, trivialisiert werden die feministischen Forderungen aber nicht. Das wertneutrale Deutungsmuster von ‚Postfeminismus' ist also in allen drei Produktionen vertreten, der aktuelle Feminismus kann so durch Traditionsbewusstsein und historische Verwurzelung beschrieben werden. Gleichzeitig zeigt sich bei She She Pop, der Fräulein Wunder AG und der Inszenierung von Katarina Schröter eine kritische Distanz zur vergangenen Frauenbewegung und einem Fortbestehen des Feminismus. Diese drückt sich im Fehlen expliziter eigener Forderungen sowie in der (teilweise) ironischen Nacherzählung von heute skurril anmutenden feministischen Aktionen aus. Dass einige oder viele Forderungen der Zweiten Frauenbewegungen heute zudem bereits erreicht sind, macht *7 Schwestern* beispielsweise durch die räumliche Aufteilung der Bühne klar: Alle, die wollen, haben ein eigenes Zimmer und können sich nach eigenem Gutdünken hinein- oder hinausbewegen, genau wie es Virginia Woolf symbolisch und praktisch für Frauen gefordert hatte. Anders als zu Tschechows Zeiten sind für Frauen im 21. Jahrhunderte unterschiedlichste Lebensmodelle denkbar, weibliche Lebensentwürfe sind inzwischen nicht mehr an einen Ehemann und Kinder gebunden. In diesem Sinne zeigt She She Pop die heutige Situation von Frauen, die zwischen Beruf (oder hier: dem Künstlerinnen-Sein) und Kneipe, zwischen Broterwerb und Idealismus, zwischen Familie und Freundschaft ihren eigenen Weg aushandeln. Darin sind Anteile des Postfeminismus-Begriffs enthalten, wie ihn Walter oder Wolf gebrauchen und Faludi oder McRobbie kritisieren: Positiv gesagt geht es um einen Blick auf die individuelle Entscheidungsfreiheit und das Ablehnen einer pauschalisierenden Kritik an ‚dem Patriarchat' oder an struktureller Frauendiskriminierung. So suchen auch die Performer_innen in *7 Schwestern* jeweils eigene Wege, deren Verlauf sie selbst bestimmen möchten. In *Frauenbewegung ja, aber rhythmisch* stehen die Selbstbefragung und Auseinandersetzung mit den eigenen Geschlechtervorstellungen deutlich stärker im Mittelpunkt als politische Forderungen nach allgemeiner gesellschaftlicher Gleichberechtigung. Lediglich *Power of Pussy* hält sich mit der Individualisierung frauenbezogener Themen zurück und stellt stattdessen empirisches Datenmaterial zur Situation von Frauen im Deutschland des 21. Jahrhunderts vor.

Auch das dritte Deutungsmuster von ‚Postfeminismus', das die feministische Theorieentwicklung in Richtung Konstruktivismus für die aktuellste Form von Feminismus erachtet, wird in den drei Inszenierungen sichtbar. Wie bereits erwähnt ist in *7 Schwestern* das biologische Geschlecht nicht ausschlaggebend für die Besetzung einer Frauenrolle oder die Zugehörigkeit zu einer Schwesternschaft. Weiblich konnotierte Kleidungsstücke wie Röcke oder Kleider werden von allen Performer_innen übergezogen, abgestreift und dabei immer als Teil einer Verkleidung getragen. Dies ruft den Aufsatz *Weiblichkeit als Maskerade* von Joan Rivière in Erinnerung, der bereits 60 Jahre vor Judith Butler auf die Performativität von

Geschlecht hinweist, das als solches immer wieder neu aufgeführt werden muss, um erkannt zu werden. Queeres Theater im Sinne einer Veruneindeutigung von Geschlecht findet dabei sicher in keiner der drei Inszenierungen statt, eine Reflexion der Künstlichkeit und Variabilität von Geschlecht ist jedoch stets Teil der künstlerischen Umsetzung.

Zum Schluss bleibt noch eine vierte Begriffsauslegung von ‚Postfeminismus' auf ihren Einbezug in *7 Schwestern*, *Power of Pussy* und *Frauenbewegung ja, aber rhythmisch* zu überprüfen. Diese versteht sich als Begriff für innerfeministische Debatten, also quasi als meta-theoretische Situationsbeschreibung. Als solche sind sämtliche erwähnte Produktionen zu sehen, wenn sie im historischen Rückblick die kontrastreiche Geschichte der Frauenbewegung im 20. Jahrhundert aufgreifen. Gleichzeitig treten die jungen Performer_innen in einen Dialog mit den Feministinnen aus der Vergangenheit, wodurch die Frage nach generationellen Unterschieden im Erleben von Un-/Gleichberechtigung in den Raum gestellt wird. So wird in *Power of Pussy* und *Frauenbewegung ja, aber rhythmisch* immer wieder Alice Schwarzer zitiert, deren Kampagne PorNo von den Performer_innen in ihrer Absolutheit abgelehnt wird. Auf der Bühne werden (fiktive) Dialoge zwischen historischen und aktuellen Vertreter_innen von Feminismus und Frauenbewegung sowie mit ihren Kritiker_innen inszeniert, die eine eindeutige Bewertung des Gegenstandes verhindern.

Abschließend lässt sich festhalten, dass in den drei aktuellen Bühnenproduktionen die Vielfalt und auch Widersprüchlichkeit feministischer und frauenbewegter Geschichte inszeniert wird, ohne dass sie eindeutig einer bestimmten feministischen Theorie folgen. Als Beitrag zu einem aktuellen Feminismus lassen sie sich dennoch lesen, da die Inszenierungen nicht nur Theorie und Vorgeschichte rezipieren, sondern durch deren wortwörtliche ‚Vorführung' in Kombination mit biographischer Selbstbefragung der Performer_innen eine eigene Position markieren. Eine Position, die historisch informiert und zukunftsgerichtet reflektierend zugleich ist. Die eigene Positionsbestimmung und das Verhältnis zwischen eigener Biographie und der langen Geschichte von Frauenunterdrückung und -befreiung gehören hier zum Kern aktuellen feministischen Denkens (und Handelns).

Literatur

Becker-Schmidt, Regina, und Gudrun-Axeli Knapp. 2007. *Feministische Theorien zur Einführung*. 4. Aufl. Hamburg: Junius.
Beer, Ursula. 1984. *Theorien geschlechtlicher Arbeitsteilung*. Frankfurt a. M.: Campus.
Braithwaite, Ann. 2002. The personal, the political, third-wave and postfeminism. *Feminist Theory* 3 (3): 335–344.

Butler, Judith. 1991. *Das Unbehagen der Geschlechter*. Frankfurt a. M.: Suhrkamp.

Denfeld, Rene. 1996. *The new victorians: A young woman's challenge to the old feminist order*. New York: Warner Books.

Dohm, Hedwig 2006. Reaktion in der Frauenbewegung (1899). In *Hedwig Dohm – Ausgewählte Texte*, Hrsg. N. Müller und I. Rohner, 136–150. Berlin: trafo.

Faludi, Susan. 1991. *Backlash. The undeclared war against American women*. New York: Anchor.

Genz, Stéphanie, und Benjamin A. Brabon, Hrsg. 2009. *Postfeminism. Cultural texts and theories*. Edinburgh: Edinburgh University Press.

Gerdes, Gesche. 2012. Der Postfeminismus-Vorwurf. Beobachtungen zum feministischen Selbstkonzept junger Theaterkünstlerinnen und Journalistinnen am Beispiel des ,Missy Magazine'. *Gender. Zeitschrift für Geschlecht, Kultur, Gesellschaft* 1: 9–23.

Gerhard, Ute. 1995. Die ,langen Wellen' der Frauenbewegung – Traditionslinien und erledigte Anliegen. In *Das Geschlechterverhältnis als Gegenstand der Sozialwissenschaften*, Hrsg. R. Becker-Schmidt und G.-A. Knapp, 247–278. Frankfurt a. M: Campus.

Gerhard, Ute. 2009. *Frauenbewegung und Feminismus. Eine Geschichte seit 1789*. München: Beck.

Haas, Birgit (Hrsg.) 2006. Der postfeministische Diskurs. Würzburg: Königshausen & Neumann.

Haraway, Donna J. 1995. Situiertes Wissen. In *Die Neuerfindung der Natur. Primaten, Cyborgs und Frauen*, Hrsg. C. Hammer und I. Stieß, 73–97. Frankfurt a. M.: Campus.

Hermann, Britta. 2003. Postfeminismus. Plädoyer für einen de-ödipalisierten Feminismus. In *Zeitenwende – Die Germanistik auf dem Weg vom 20. ins 21. Jahrhundert. Akten des X. Germanistenkongresses Wien 2000*, Hrsg. P. Wiesinger, 153–159. Bern: Peter Lang.

Joyce, Elisabeth. 2006. Postfeminism as Recombinant Fragment. In *Der postfeministische Diskurs*. Hrsg. B. Haas, 105-125. Würzburg: Königshausen & Neumann.

Kalbfleisch, Jane. 1997. When feminism meets postfeminism. The rhetorik of a relationship. In *Generations. Academic feminists in dialogue*, Hrsg. D. Looser und A. E. Kaplan. Minneapolis, London: University of Minnesota Press.

Kavka, Misha. 2002. Feminism, ethics, and history, or what is the ,Post' in postfeminism?. *Tulsa Studies in Women's Literature* 21 (1): 29–44.

Knapp, Gudrun-Axeli, und Wetterer, Angelika. 2003. *Achsen der Differenz. Gesellschaftstheorie und feministische Kritik 2*. Münster: Westfälisches Dampfboot.

Larrea, Carlota. 2010. Consciousness-raising for the twenty-first century. Feminist websites and postfeminism online. In *Transcultural Encounters amongst Women: Redrawing boundaries in hispanic and lusophone art, literature and film*, Hrsg. P. O'Byrne, et. al., 35–50. Cambridge: Cambridge Scholars Publishing.

McRobbie, Angela. 1991. *Feminism and youth culture*. Basingstoke: Macmillan.

McRobbie, Angela. 2010. *Top Girls. Feminismus und der Aufstieg des neoliberalen Geschlechterregimes* (Hrsg. S. Hark und P.-I. Villa. Englische Erstausgabe 2008). Wiesbaden: VS Verlag.

Modleski, Tania. 1991. *Feminism without women. Culture and criticism in a ,postfeminist' age*. New York: Routledge.

Notz, Gisela. 2011. *Feminismus*. Köln: PapyRossa.

Roiphe, Katie. 1993. *The morning after: Fear, sex and feminism*. Boston: Little.

Schnabel, Annette. 2003. *Die Rationalität der Emotionen. Die neue deutsche Frauenbewegung als soziale Bewegung im Blickfeld der Theorie rationaler Wahl.* Wiesbaden: Westdeutscher.

Schwarzer, Alice. 1975. *Der kleine Unterschied und seine großen Folgen.* Frankfurt a. M.: S. Fischer.

Solanas, Valerie. 1971. *SCUM manifesto.* London: Olympia Press.

Thiessen, Barbara. 2010. Feminismus. Differenzen und Kontroversen. In *Handbuch Frauen- und Geschlechterforschung. Theorie, Methode, Empirie.* (3, erweiterte und durchgesehene Auflage), Hrsg. R. Becker und B. Kortendiek, 37–44, Wiesbaden: VS Verlag.

Villa, Paula-Irene. 2003. Woran erkennen wir eine Feministin? Polemische und programmatische Überlegungen zur Politisierung von Erfahrungen. In *Achsen der Differenz. Gesellschaftstheorie und feministische Kritik II*, Hrsg. G.-A. Knapp und A. Wetterer, 266–285. Münster: Westfälisches Dampfboot.

Walter, Natasha. 1998. *The new feminism.* London: Virago.

Whelehan, Imelda. 1995. *Modern feminist thought. From the second wave to ‚post-feminism'.* New York: New York University Press.

Wiggershaus, Renate. 1979. *Geschichte der Frauen und der Frauenbewegung in der BRD und DDR nach 1945.* Wuppertal: Hammer.

Wolf, Naomi. 1990. *The beauty myth. How images of beauty are used against women.* London: Chatto & Windus.

Wolf, Naomi. 1993. *Fire with fire. The new female power and how it will change the 21st century.* New York: Random House.

Woolf, Virginia. 2003. *Ein eigenes Zimmer,* (Hrsg. und kommentiert von K. Reichert. Deutsch von H. Zerning. 3. Aufl. Englische Erstausgabe 1929). Frankfurt a. M.: Fischer Taschenbuch.

Theoriebezüge und -diskurse in der Queer Performance. Fünf Gespräche mit Berliner Performer_innen

Jenny Schrödl

Fragen nach dem Verhältnis von Theorie und Praxis haben in jüngster Zeit erhöhte Konjunktur. Auch die Theaterwissenschaft interessiert sich gerade in den letzten zehn Jahren verstärkt für das Thema, auch wenn eine systematische Erforschung der Verbindung von Theatertheorie und Theaterpraxis bislang ausblieb:[1] so wird etwa die Integration von Praxisanteilen in der universitären Ausbildung verstärkt diskutiert, entwickeln Theatermacher_innen konkrete Theoriebezüge für ihre Arbeiten oder rücken Diskursformen in den Vordergrund, die sich streng genommen zwischen Theorie und Praxis, zwischen Reflexion und Aufführungspraxis bewegen, wie etwa die Theaterkritik, die Praktiker_innenrede oder die Lecture-Performance (vgl. Kurzenberger und Matzke 2004, S. 11). Dass es sich bei dem Verhältnis von Theorie und Praxis um kein einfaches Verhältnis handelt, dass zudem Theorie nicht gleich Praxis ist, sie aber dennoch wesentlich voneinander abhängen, zumindest darüber besteht in den kontroversen Debatten Einigkeit. In diesem Sinne formuliert Gabriele Klein in ihren Überlegungen zum Tanz in der Wissensgesellschaft: „Aber: Wissenschaft ist nicht Kunst und umgekehrt. [. . .] Kunst und Wissenschaft sind aber aufeinander verwiesen. Sie brauchen einander und können sich ohne einander nicht gesellschaftlich legitimieren. Ebenso wie eine Tanzwissenschaft ohne Rekurs auf Tanz sinnlos wäre, ist Tanz gesellschaftlich bedeutungslos, wenn man sich nicht über ihn verständigt, ihn in einen Sinnzusammenhang stellt und ihm dort eine machtvolle Position als Wissenskultur sichert." (Klein 2007, S. 33 f.)

---

[1] Vgl. dazu den Bericht der Arbeitsgruppe „Theorie und Praxis des Theaters" der Gesellschaft für Theaterwissenschaft: Gronau und Matzke 2011.

J. Schrödl (✉)
Berlin, Deutschland
E-Mail: jendl@zedat.fu-berlin.de

A. Hackel, M. Vollhardt (Hrsg.), *Theorie und Theater*,
Kulturelle Figurationen: Artefakte, Praktiken, Fiktionen,
DOI 10.1007/978-3-658-04102-1_7, © Springer Fachmedien Wiesbaden 2014

Im Mittelpunkt meines Beitrags stehen nun ganz besondere theatrale Praktiken, nämlich Queer Performances, die auf ihre Theoriebezüge und -diskurse hin
befragt werden sollen. Die Fokussierung auf Queer Performance hat folgenden
Hintergrund: Zum einen spielt Queer Performance, vor allem in Form von Drag,
Travestie und Cross-Dressing, eine entscheidende Rolle in den Theoriebildungen
der Gender, Queer und Trans* Studies seit den 1990er Jahren. Umgekehrt ist allerdings – gerade im deutschsprachigen Raum – nur wenig bekannt darüber, was
Queer Performer_innen eigentlich selbst über das Verhältnis von Theorie und Praxis denken, inwiefern sie sich auf theoretische Diskurse beziehen und wenn ja,
welche theoretischen Entwürfe für ihre Performances und Shows mitbestimmend
sind. Zum anderen ist das Verhältnis von Theorie und Praxis eines der wesentlichen Dimensionen feministischer sowie queerer Bewegungen, welches immer
wieder zur Diskussion steht und Kontroversen produziert. In diesem Sinne stellt
Franziska Schößler dar, dass beispielsweise der

> Konflikt zwischen politischer Partizipation und Poststrukturalismus [. . .] zuweilen
> durch die explizite Trennung von Theorie und Praxis gelöst [wird]. Bedarf die politi-
> sche Aktion einer gewissen Geschlossenheit der Interessengruppe, um Forderungen
> durchsetzen zu können, so lassen sich im theoretischen Feld gleichwohl die poststruk-
> turalistischen Konsequenzen für das Subjekt und für die binäre Geschlechterordnung
> jenseits praktischer Fragen überdenken. (Schößler 2008, S. 14)

Queer Performance als Terminus zu umreißen oder zu definieren fällt schwer, ja
scheint sogar fast unmöglich, da sich die künstlerischen Auseinandersetzungen *per
definitionem* einer eindeutigen und einheitlichen Kategorisierung entziehen. Bereits der Begriff *queer*, wie er Anfang der 1990er Jahre durch Teresa de Lauretis
eingeführt und durch viele andere Theoretiker_innen weiter gedacht wurde, zeichnet sich durch eine definitorische Offenheit aus bzw. ist nach Annamarie Jagose
dem Begriff „gerade die Unbestimmtheit, die Elastizität [. . .] wesentlich" (Jagose
2001, S. 13). Für queere Bewegungen und Theorien ist zentral, dass sie Sabine Hark
zufolge „Identitätskategorien [. . .] in ihrer (vermeintlichen) Kohärenz in Frage stellen" (Hark 1993, S. 104) und Kritik an impliziten und verdeckten Ausschluss- sowie
Machtdynamiken üben.

Dennoch weisen *queer/Queerness* sowie *Queer Performance* distinkte Merk-
male auf, die sie von anderen Bewegungen, Begriffen sowie Kunstformen
unterscheiden lassen. Ein wesentlicher Akzent der Queer Performance liegt
auf Geschlechterinszenierungen, die von konventionellen Darstellungen von
Weiblichkeit/Männlichkeit, von Regeln der Zweigeschlechtlichkeit und/oder von
Hetero- bzw. Homonormativität abweichen. Die Auseinandersetzungen reichen
von Aneignungsdynamiken männlich konnotierter Umgangsformen und Macht-

positionen, über spielerisch-kritische Umgangsweisen mit Geschlechter- und Sexualitätsvorstellungen, über provozierende Einsätze und technologische Veränderungen des (Geschlechts-)Körpers bis hin zur Verwischung der Grenzen zwischen männlich/weiblich, hetero/homo, queer/straight, menschlich/technisch, tierisch/menschlich usw. Queer Performances umfassen unterschiedliche theatrale Techniken und ästhetisch-soziale Stile geschlechtlich-sexueller Inszenierung, welche von der Geschlechterparodie über Camp, Cross-Dressing, Drag und Maskerade bis hin zu Tier-Mensch-Hybriden oder Mensch-Maschinen-Hybriden reichen. Queer Performance ist bislang kein etablierter Terminus im deutschsprachigen Raum – taucht inzwischen aber über die Feministische Performance und Gender Performance hinaus vermehrt als Beschreibungskategorie auf. Ein enger Zusammenhang mit lesbischschwulen und trans*en Szenen ist für viele Queer Performances von zentraler Bedeutung; sie finden dementsprechend in unterschiedlichen Rahmungen statt, sei es im Kontext künstlerischer Festivals oder theatraler Institutionen, sei es in subkulturellen Zusammenhängen, etwa bei lesbischen, schwulen, transgender oder -sexuellen Partys, Stadtfesten oder Demonstrationen. In diesem Sinne werden Queer Performances zum Teil als Entertainment rezipiert und damit dem Bereich der Populärkultur zugeordnet, zum Teil aber auch als Kunst verstanden und manchmal jenseits binärer Kategorien von E- und U-Kultur definiert.

Queer Performances – hier vor allem Praktiken des Geschlechterwechsels in der Travestie oder dem Drag – haben im Kontext der Gender und Queer Studies eine starke Theoretisierung erfahren, ja sie scheinen mit Judith Butlers *Gender Trouble* und in den anschließenden geschlechterwissenschaftlichen Debatten geradezu als paradigmatische Beispiele für eine performativ verfasste Geschlechtlichkeit sowie für eine subversiv-kritische Form der Unterminierung und Verschiebung hegemonialer Normen von Zweigeschlechtlichkeit und Heterosexualität. Praktiken des Cross-Dressing, des Drag oder der Travestie fungieren in dem Zusammenhang als Beispiele für variierende Wiederholungspraktiken, welche hegemoniale Geschlechterpräsentationen und -funktionsweisen zu subvertieren vermögen. Der Cross-Dresser stellt nach Butler die Imitationsstruktur als solche aus und hinterfragt die Idee eines Originals. Die kritische Funktion besteht in der Ausstellung des Zitationsverfahrens sowie der Konstruiertheit von Geschlechtlichkeit, also der Offenlegung dessen, was in westlichen Kulturen verdeckt und verschleiert wird. In Butlers Worten: „Die parodistische Vervielfältigung der Identitäten nimmt der hegemonialen Kultur und ihren Kritiken den Anspruch auf naturalisierte oder wesenhaft geschlechtlich bestimmte Identitäten." (Butler 1991, S. 203)

Im Anschluss an Butlers (u. a.) Überlegungen wurden aber ebenfalls kritische Stimmen an solchen Theoretisierungen laut, wobei eine dieser Kritiken aus den

Transgender Studies und Trans*_Aktivismus beinhaltet, dass Drag bzw. Queer Performances auf diese Weise allein als Parodie verstanden würden und letztlich ausschließlich die Kritik an hegemonialer Zweigeschlechtlichkeit und Heteronormativität zum Gegenstand der Reflexionen werde. Die eigentliche Aufführung des Drag sowie die Lebenswirklichkeit von *transgendered people* – mit ihren je speziellen geschlechtlichen Inszenierungen, Begehrensweisen, sinnlichen wie affektiven Erscheinungsformen und Wirksamkeiten – würde so aber aus dem Blick geraten, ebenso wie Dimensionen der Affirmation und der produktiven Gestaltung andersartiger Geschlechtlichkeiten in den Hintergrund rücken würden.[2] Mit anderen Worten: Es wird eine Kritik an einer bestimmten Art der Theoretisierung und der Abstrahierung von queeren Performances innerhalb akademischer Debatten laut und damit auch ein anderer Umgang und eine andere Art des Ernstnehmens von queeren Praktiken eingefordert.

In meinen folgenden Ausführungen soll es aber nicht weiter um eine theoretische Kritik an bestimmten Theoriebildungen von Queer Performances gehen, sondern mein Ansatz ist es, die Praxis selbst nach dem Umgang mit Theorie und nach ihrem Verständnis des Verhältnisses von Theorie und Praxis zu befragen. Dafür habe ich mich mit verschiedenen Künstler_innen und Performer_innen in Berlin getroffen und sie interviewt: mit Bridge Markland, Moritz G., Antonia Baehr_Werner Hirsch, mit vier Performer_innen der Performancesgruppe Dragzhaufen sowie mit zwei Performer_innen der Performancegruppen Sissy Boyz und Ärzte ohne Ängste.[3] Zumeist handelt es sich um in Berlin ansässige und arbeitende Performer_innen. Die Auswahl ist nun weder objektiv, noch repräsentativ, sondern vielmehr subjektiv und begrenzt – so habe ich mich mit deutschsprachigen, weißen Personen unterschiedlichen Alters, sozialer Herkunft und (nicht-)künstlerischer Hintergründe getroffen, wobei mir die Unterschiedlichkeit der Performancearbeiten, ob als Gruppe oder Solo, sowie der bearbeiteten Themen besonders wichtig waren. Im Mittelpunkt meiner Gespräche mit den Performer_innen standen folgende Fragen: „Welche Rolle spielen wissenschaftliche Abhandlungen und Theorien insbesondere aus den Bereichen der Gender/Queer Studies für Eure Arbeiten und Performances? Inwiefern bezieht ihr Euch ganz bewusst auf Theorien und wenn ja, welche sind das und auf welcher Ebene der Produktion werden sie für die Performances mitbestimmend? Wie geht Ihr generell mit akademischen Theoriediskursen und -debatten um, also auch mit Kritik und Analysen eurer eigenen Shows und Perfor-

---

[2] Vgl. die Zusammenfassung der Debatte aus den Transgender Studies: Schirmer 2010, S. 37 ff.

[3] Allen interviewten Personen sei an dieser Stelle sehr herzlich gedankt für die Gespräche und Nachbearbeitungen der Texte.

mances? Wie seht Ihr das Verhältnis von queerer Performancepraxis und -theorie? Welche (neuen) Diskurse spielen in derzeitigen queeren Bewegungen und Kunst eine wichtige Rolle?"

Das Interview bietet sich im Kontext einer Debatte um Theorie und Praxis meines Erachtens besonders an, da diese (Text-)Form es ermöglicht, dass der Gegenstand des Textes (in diesem Fall: Queer Performer_innen und Performances) selbst an dem Text teilhat und dessen Produktion sowie Gestalt mitbestimmt, manchmal in einem für mich als Autorin gänzlich unerwartetem Sinne. Diese Ereignishaftigkeit der Textform, die formal ja erst einmal recht geschlossen scheint, zeigt sich bereits in der Eigendynamik der Gespräche, die mich oftmals von meinen vorgefertigten Fragen, ja meinem vorgefertigten Skript abkommen ließ. Etwas Ähnliches beschreibt Stefanie Diekmann in ihren Überlegungen zum Verhältnis von Interview und inszenierter Rede am Beispiel René Polleschs:

> Gewöhnlich ‚stehen' die Fragen, bevor man sich zu unterhalten beginnt, oder jedenfalls ‚stehen' sie mehr oder weniger, in loser Formation, den Gesprächsverlauf antizipierend, den sie zugleich festzulegen suchen. Ein kybernetisches Experiment, so könnte man das Interview nennen, jedes einzelne auch ein Ratespiel zu Fragen des Verlaufs und der Verkettung. Mit der ersten unvorhergesehenen Bewegung im Spiel der Fragen und Antworten verändert sich das Skript, unter Umständen sogar auf Dauer. (Diekmann 2002, S. 175 f.)

Im Zusammenhang des Themas des vorliegenden Sammelbandes war es mir besonders wichtig, den Stimmen aus der Praxis ebenfalls Raum zu geben und nicht einseitig auf die Produkte, auf die Performances analytisch, reflexiv und diskursiv abzuheben. Das Interview erschien mir dabei als *die* geeignete Form, auch wenn ich die geführten Interviews nicht im üblichen Frage-Antwort-Schema wiedergebe, sondern aus den Gesprächen fünf kurze Portraits der Performer_innen und Performancegruppen geschrieben habe, die ich hier chronologisch nach den Zeitpunkten der geführten Gespräche wiedergebe. Ein solcher Einbezug der Praxis – gerade in der geistes- bzw. theaterwissenschaftlichen Abhandlung – findet im deutschsprachigen Raum noch viel zu selten statt, ja gilt vielleicht sogar als unwissenschaftlich, ebenso wie Gender und Queer Performances generell nach wie vor eine erstaunlich marginale Rolle in der deutschsprachigen Theaterwissenschaft spielen, auch im Vergleich zu benachbarten Disziplinen wie der Literatur-, Musik- oder Filmwissenschaft. Aber dies ist ein anderer Diskurs – widmen wir uns nun hingegen dem erwähnten Thema und den erwähnten Gesprächspartner_innen.

1 „Theorien von Butler praktisch auf die Bühne bringen" (Bridge Markland)

Bridge Markland ist gerade in Berliner Kreisen eine der wesentlichen Gender-Performance-Ikonen. Mit ihren Performances, insbesondere mit *Die schönste Frau der Welt* (Uraufführung: 1995), thematisiert sie die Veränderungsmöglichkeit von geschlechtlicher Identität. Hierbei nimmt sie unterschiedliche Identitäten an: Zeigt Markland sich zunächst als Frau, verwandelt sie sich hernach in ein androgynes Wesen, dann in einen Mann.[4] Hervorstechend ist der Aspekt der Verwandlung, der in verschiedenen Arbeiten der Künstlerin zentral ist. Markland spielt nicht nur mit geschlechtlicher Identität im Sinne eines Cross-Dressing, sondern macht den Prozess der geschlechtlichen Inszenierung durch die Verwandlung offensichtlich. Somit denaturalisiert sie Geschlechtlichkeit, stellt deren Inszenierungscharakter ganz bewusst zur Schau. Dies geschieht auch in ihren neuen Performances, in denen sie deutsche Klassiker (z. B. Goethes *Faust* oder Schillers *Räuber*) in Kurzform auf die Bühne bringt und alle Figuren (männlichen wie weiblichen Geschlechts) selbst spielt. So beschreibt eine Kritikerin:

> Angenehm kurz-(weilig) gestaltet sich Bridge Marklands Fassung von Friedrich Schillers Vierstundendrama *Die Räuber*. [...] Die Aufführung lebt vom stetigen Rollenwechsel – wenn Bridge Markland die Puppen beiseitelegt und mittels Mütze oder Langhaarperücke von der Frauen- in die Männerrolle und wieder zurück schlüpft, gibt es Momente großer Intensität. Ihr Körper fungiert dabei als Leinwand, auf den die verschiedenen Geschlechter projiziert werden, ohne selbst einer Geschlechterkategorie zugeordnet zu sein, das verblüfft. (Koepping 2012)

In diesem Sinne ist es kaum verwunderlich, dass Markland von Seiten der Kritik wiederholt zugeschrieben wurde und wird, sie würde die Theorien Butlers praktisch auf die Bühne bringen.

Marklands eigener Zugang zur Theorie, insbesondere zu Gender und Queer Theorien, ist hingegen eher marginal, erzählt sie mir in unserem Gespräch.[5] Erst in den frühen 2000er Jahren beschäftigt sie sich explizit mit Gender Theorien, insbesondere über ein Seminar, welches sie gemeinsam mit Antje Lann Hornscheidt an der HU Berlin angeboten hat.[6] Theorie selbst spiele aber in ihren eigenen künstlerischen Arbeiten und der Erarbeitung ihrer Performances so gut wie keine Rolle. Meine Frage, woher ihre Auseinandersetzung mit Geschlechtlichkeit herrühre und

---

[4] Vgl. http://www.bridge-markland.de/DEPROFIL/schoenste_DE.htm.

[5] Das Gespräch mit Bridge Markland fand am 19. Juli 2013 statt.

[6] Das Seminar trug den Titel „Gender Performativität/ Nonverbale Gender Kommunikation", Humboldt-Universität zu Berlin, Wintersemester 2002/03.

wie sie sich die Zuschreibung, Butler auf die Bühne zu bringen, erkläre, beantwortet sie vor allem über einen biographischen Zugang. Markland bezieht sich besonders auf ihren Vater, der für sie am engsten mit Identitätswechseln und Verwandlungen im Zusammenhang steht: Marklands Großmutter väterlicherseits war jüdischer Herkunft und ihr Vater musste diese Identität in der Nazi-Zeit verstecken und verleugnen; er wurde selbst eingezogen und geriet in britische Kriegsgefangenschaft, änderte dort, um weniger aufzufallen, seinen Namen von *Markgraf* zu *Markland* und kam dann in den späten 1950er Jahren als Britischer Alliierter Soldat nach Deutschland zurück. Für Bridge Markland selbst ist das Thema der Verwandlung in Form des Faschings und Karnevals seit der frühen Kindheit nicht nur vertraut, sondern ein gewichtiges Thema, welches sie seither begleitet. Was sie insbesondere interessiert, ist kein *passing*, also das Durchgehen im anderen Geschlecht, sondern vielmehr eine Androgynität, womit sie die ambivalente, geschlechtlich uneindeutige Erscheinung meint. Sie selbst verkörpert diese am meisten über ihre Glatze, mit der sie nicht nur auf der Bühne, sondern permanent im Alltag für geschlechtliche Verwirrung sorgt.

2 Parallelwelten (Moritz G./Kingz of Berlin)

Ich treffe mich mit Moritz G., einem der sieben Mitglieder der Drag King Performancegruppe Kingz of Berlin,[7] welche sich 2000 gründete und seit Ende des Jahrzehnts nicht mehr aktiv ist. Die Kingz of Berlin waren bei ihrer Gründung Deutschlands erste und Europas größte Drag King Performancegruppe.[8] Bis 2009 traten sie in verschiedenen Städten Europas bei diversen queeren Festivals, Clubs und Partys auf. Im Mittelpunkt ihrer Shows stand die Inszenierung von Männlichkeiten, zumeist von Personen aufgeführt, die körperlich als weiblich klassifiziert werden. Ihre Shows umfassten eine Vielfalt an männlichen – und z. T. auch weiblichen – Charakteren und speziellen Männlichkeitstypen (Boygroup, Gentlemen, Macho, schwuler Frisör, Glamour-Queen, lesbische Tunte u.ä.), eine Vielzahl an Darstellungsformen (Live-Gesang, Tanz, Theatersketche, Playback u. a.), eine Fülle an ästhetischen Stilmitteln und theatralen Techniken geschlechtlicher Inszenierung (Camp, Cross-Dressing, Maskerade u. a.) und nicht zuletzt diverse Formen des Komischen, des Lustigen und des Spaßes.

---

[7] Das Interview führte ich am 23. Juli 2013.

[8] Vgl. http://www.kingzofberlin.de/p_pres_a.html.

Gleich zu Beginn verrät mir Moritz, der weiterhin als Performer und Moderator auftritt und z. B. mit der Performancekünstlerin Diane Torr zusammenarbeitet, dass das Thema von Theorie und Praxis in Bezug auf die Performances der Kingz eher ein großes Fragezeichen darstellen würde. Ein Theoriebezug oder eine Umsetzung von Theorie auf der Bühne habe für ihre Performances keine direkte Rolle gespielt. Wichtig sei vor allem der subkulturelle Kontext gewesen, die Vermittlung der eigenen Erfahrung mit Geschlechtlichkeit in einem geschützten Raum, wobei es vor allem um eine positive Besetzung von und einen spielerischen Umgang mit anderer Geschlechtlichkeit, männlicher Identität sowie dem Übertreten von Geschlechterrollen gegangen sei. Für ihn, der sich selbst sehr gut in Gender und Queer Theorien auskennt und Gender Studies studiert, seien es immer parallele Bereiche gewesen, die schon irgendwie miteinander zu tun, aber sich dennoch kaum überkreuzt hätten. Ob gewisse Theorien in der Bearbeitung der Charaktere oder der Shows eine Rolle gespielt hätten, sei heute nicht mehr genau nachvollziehbar, da es stets ein kollektiver Erarbeitungsprozess gewesen ist, in denen einzelne Einflüsse kaum mehr herauszufinden sind. Im Wesentlichen habe die Gruppe ihre Inspiration für die Shows aus der Populärkultur gezogen, insbesondere Popmusik und Boygroups seien wesentliche Bezugspunkte gewesen.

In Bezug auf Theorie und Theoretisierungen von Queer Performances nimmt Moritz prinzipiell eine kritische Position ein. Er kritisiert, dass in Theorien generell so wie bei der theoretischen Einordnung ihrer Performances immer die Frage der Subversion und/oder Affirmation im Vordergrund gestanden hätte, also Fragen der politischen Wirksamkeit, viel zu selten aber Fragen der persönlichen Hintergründe, des *Empowerments* der Beteiligten eine Rolle gespielt hätten. Hier schließt Moritz also an die eingangs erwähnte Kritik aus den Transgender Studies/Aktivismus an. Ohnehin ist sein Blick auf die Gender Theorie in dieser Hinsicht skeptisch: künstlerische oder subkulturelle Praktiken des *gender-bendings* würden in der Theorie immer wieder nur als Beispiele genutzt, aber weder werde besonders auf die konkreten Subjekte und ihre Anliegen geschaut, noch bezögen sich die analysierenden Subjekte selbst mit ein. Moritz nutzt hier das Bild des Vampirs für den_die Wissenschaftler_in, welche_r bestimmte Praktiken für die eignen Theorien nutzbar macht, ja aussaugt und die Subjekte aber nicht ernst genug nimmt.

Prinzipiell plädiert Moritz für eine Sichtweise auf queere Subjektivität, die nicht immer auf die scheinbar anderen, problematischen Subjekte blickt, sondern die sich selbst und die Kontexte perspektiviert, die bestimmen, was ,richtige' und was ,falsche' Geschlechtlichkeit heißt. Schließlich stellt sich in dem Zusammenhang die Frage nach dem Umgang mit dem Fremden und dem Anderen – der, so scheint es, in der Theorie oftmals als Dynamik der Aneignung (und Verwerfung) stattfindet. Hier wäre also ein selbstkritischer Diskurs innerhalb kunst- und kulturwissenschaftlicher Disziplinen vonnöten, der danach fragt, wie wir Gender überhaupt analysieren und ob dies wirklich immer losgelöst von den einzelnen Menschen, Produktionsprozessen und Biografien stattfinden sollte (nicht zuletzt die der Analysierenden selbst).

3 Im Dazwischen (Antonia Baehr_Werner Hirsch)

Mein nächstes Interview führe ich mit Antonia Baehr oder besser gesagt: mit Werner Hirsch.[9] Antonia Baehr ist Choreografin und Filmemacherin, sie hat in Berlin an der Hochschule der Künste bei VALIE EXPORT studiert und lebt und arbeitet seit 2000 in Berlin. Zu ihren Werken gehören u. a. *Merci* (2006), *Rire/Laugh/Lachen* (2008), *My Dog is My Piano* (2012), *Abecedarium Bestiarium* (2013). Werner Hirsch ist Performer, Drag King, Pferdeflüsterer, Filmemacher und Tänzer,[10] der unter anderem für Marion Strunks Buch *Gender Game* geschrieben und Portraits gemacht hat sowie in verschiedenen Filmen und Installationen von Pauline Boudry und Renate Lorenz aufgetreten ist.[11] Man könnte nun den Eindruck gewinnen, dass ich mich mit zwei Personen verabredet habe und in gewisser Weise habe ich dies auch, allerdings teilen sich beide den gleichen biologischen Körper als Basis. Es gibt weitere Personen, die dieser Körper umfasst, z. B. Henri Fleur, Henry Wilt, Agnes B. Dies sind aber keine Figuren im Sinne einer dramatischen Figur, deren Rolle nur für eine Bühnensituation angenommen wird, sondern eigenständige Persönlichkeiten mit individuellen Lebensläufen, die unter dem jeweiligen Namen auch eigene Projekte hervorbringen.

Mit anderen Worten: Es scheint nicht nur darum zu gehen, verschiedene Rollen (und damit ebenfalls Geschlechterrollen) für eine gewisse Zeit darzustellen, aber dennoch zu einer wahren, echten Identität zurückzukommen; sondern es geht vielmehr um eine radikale Verwirrung der Kategorie einer echten, wahren (Geschlechts-)Identität selbst: Antonia Baehr ist Werner Hirsch ist Henri Fleur. . . – ohne noch genau feststellen zu können, wer den Ursprung darstellt. Ebenso verrät mir Baehr_Hirsch, dass auch sie_er sich nicht ganz sicher sei, wie viele Personen eigentlich dazu gehören würden, es eben offen sei. Das heißt, dass weder ihre_seine Identität einen wahren Kern hat, noch die Identität in sich geschlossen ist. Es nimmt

---

[9] Das Interview fand am 07. Oktober 2013 statt.

[10] http://www.make-up-productions.net/pages/people/werner-hirsch.php.

[11] So z. B. in *Normal Work* (2007), *N.O.Body* (2008), *Charming for the Revolution* (2009). Vgl.: http://www.boudry-lorenz.de/.

von daher nicht wunder, dass auch ich mich bei dem Gespräch manchmal frage, mit wem ich nun ‚eigentlich' spreche, um zu dem Schluss zu kommen, dass ich es mit mindestens zwei Persönlichkeiten zu tun habe: mit Antonia Baehr und Werner Hirsch. Deshalb wiederhole ich die doppelte Selbstbezeichnung, die sich mein Gegenüber gegeben hat, wenn nicht eine Eindeutigkeit der Zuweisung erkennbar ist (und mit dem Unterstrich_der Lücke versuche ich all die zu integrieren, die noch mit anwesend waren, sich aber einer präzisen Benennung entziehen).

Der letzte Satz meines Gesprächs mit Baehr_Hirsch bringt ihre_seine Sichtweise auf die Thematik präzise auf den Punkt: Theorie und Praxis ließen sich nicht einfach voneinander trennen. In ihren_seinen Arbeiten spielen verschiedene theoretische und historische Ansätze eine entscheidende Rolle; wenn sich für ein Thema entschieden wird, dann werden alle möglichen wissenschaftliche Studien, Literatur und andere Materialien dazu rezipiert. Gleichzeitig betont Baehr_Hirsch einen völlig anderen Umgang mit Theorie in künstlerischen Prozessen: Würde in der Wissenschaft alles haargenau zitiert und analysiert werden müssen, so könne sie_er sich als Künstler_in den Texten unbefangener nähern, diese umsetzen und gebrauchen, ohne die Quelle angeben zu müssen oder die Theorie vollständig erfasst zu haben. In ihren_seinen Worten: „Ich kann es einfach machen." Eines der Beispiele, welches sie_er in dem Zusammenhang nennt, ist eine Metapher Donna Haraways, wo es heißt, dass Mensch und Hund tanzen würden, die sie_er fast schon wörtlich umsetzte.

Haraways Gedanken hatten vor allem bei Baehrs *My Dog is My Piano* einen enormen Einfluss. Ja, sie beschreibt selbst, dass das Lesen von Haraway ihr eigenes Denken insbesondere über das Mensch-Tier-Verhältnis grundlegend verändert hätte. Eine Performance wie *Merci*, in dem der Hund als Untertan vorkommt, wäre im Anschluss an Haraways Vorstellungen nicht mehr möglich. In *My Dog is My Piano* gehe es gerade darum, Mensch und Hund in ganz anderer Weise zu denken, also so, dass der Hund sich den Menschen ausgesucht habe (und nicht umgekehrt), um sich in besonderer Weise weiter zu entwickeln. Die Performance ist zudem ein hervorragendes Beispiel für einen engen Zusammenhang von Theorie und Praxis: *My Dog is My Piano* entstand als Auftragsarbeit für eine Konferenz über Affinität, im Kontext der Ausstellung *Infinite Affinities*, im MoMa/ P.S.1, NY. „Die Auftragsarbeit verlief so", beschreibt Baehr selbst, „dass der Auftraggeber mir zunächst die Bücher zum Thema der anderen Konferenzteilnehmer_innen zuschickte, ich sie lesen und dazu eine künstlerische Arbeit entwickeln sollte. Haraway war auch eingeladen, konnte aber nicht kommen. Sie reist nicht mehr so gerne. Also ein sehr präziser Vorgang, was den Zusammenhang von Theorie und künstlerischer Praxis anbelangt."

Die Qualität von Theorien (oder vielleicht von Sprache und Schrift), durch einen Satz oder Gedanken eine ganze Welt zu erschließen und zu öffnen, hat Baehr_Hirsch immer wieder erlebt und bildet einen roten Faden durch ihre_seine Werke und Biographie. So hat etwa Butlers Performativitätstheorie von Geschlecht, der Gedanke der Konstruktion des Geschlechts sowie der Essenzlosigkeit, eine Befreiung bei Baehr_Hirsch hervorgerufen sowie ihre_seine eigenen Erfahrungen auf den Punkt gebracht, obgleich sie_er Butler eher über andere Leute vermittelt bekommen als selbst gelesen hat. Stärker auseinandergesetzt hat sie_er sich mit Michel Foucault und insbesondere mit der Trilogie *Sexualität und Wahrheit*. Foucaults Selbst-Begriff, den Baehr_Hirsch in der Quintessenz so versteht, dass man sich nicht nur mit sich selbst beschäftigen müsse, hat gerade auf konzeptioneller Ebene ihre_seine künstlerischen Arbeiten stark beeinflusst.

Wie schon erwähnt, spielt die Frage der (geschlechtlichen) Identität und ihrer Konstruiertheit eine entscheidende Rolle für Baehrs künstlerisches Schaffen. Auffällig dabei ist, dass sie diese Konstruiertheit nicht allein durch Mittel des Drag, der Geschlechterparodie und -verwirrung herstellt, sondern konzeptuell anlegt. Viele ihrer Arbeiten werden durch Äußeres ganz wesentlich bestimmt: So bat sie beispielsweise für die Performance *Lachen* verschiedene Freund_innen und Familienmitglieder um Lach-Partituren, die sie dann umsetzte. Beim *Abcedarium Bestarium* ging es darum, dass Freund_innen sich ein ausgestorbenes Tier aussuchen sollten, welches die Freundschaft zu ihr bezeichnen könne. Dass Identität, Freundschaft und Gefühle sich nicht einfach von Innen, aus einer Essenz her natürlich ergeben, sondern äußerlich hergestellt sind, wird durch dieses Verfahren nochmals auf den Punkt gebracht.

Nicht zuletzt bleibt Baehrs_Hirschs Haltung zum Verhältnis von Theorie und Praxis auch irgendwie undeutlich, ja im Dazwischen. Genauso wie es für sie_ihn keine echte, natürliche, wahre Identität gibt, sondern das Selbst verschiedene Identitäten und Namen annimmt, ebenso wie ihre_seine künstlerischen Arbeiten sich der eindeutigen Kategorisierung und Genre- sowie Kunstformzuweisung entziehen – genauso scheint es um das Verhältnis von Theorie und Praxis bestellt zu sein: weder gibt es eine gezwungene Kausalität, noch eine völlige Unabhängigkeit der Kategorien, wie sie aber im Einzelnen zusammenspielen, das lässt sich nicht für alle Zeiten festlegen, sondern erweist sich immer wieder und erneut als Herausforderung.

4 Theoriebeladene Praxis – praktisch wirkende Theorie (Dragzhaufen)

Im Anschluss an das Gespräch mit Antonia Baehr_Werner Hirsch, am darauf folgenden Abend treffe ich mich mit Mitgliedern der Performancegruppe Dragzhaufen: Juliette Biscuit, LCavaliero, Viola und Malte. Die Performancegruppe ist eine lose Verbindung von ca. 20 Personen, die sich aus verschiedenen Gruppen, u. a. der Drag Gruppe Spicy Tigers on Speed, zusammensetzt. Ihren ersten Auftritt als Dragzhaufen hatten sie beim 100° Festival am HAU (2009) – seither sind sie sechs weitere Male zusammen aufgetreten, meist bei Partys oder Festen im queeren subkulturellen Kontext. Im Vordergrund steht weder ein ästhetisch-künstlerischer, noch ein pädagogischer Ansatz – sie machen ihre Auftritte vorwiegend für ein queeres Publikum, innerhalb einer queeren Szene.

Wichtig war und ist vielen von ihnen eine andere Art von Drag zur Schau zu stellen; keine klassische Travestie und perfekte Darstellung von Männlichkeit oder Weiblichkeit steht im Vordergrund, sondern vielmehr das Spiel mit verschiedenen Männlichkeits- und Weiblichkeitsklischees, aber auch die Lust und der Spaß der Aneignung und Wiederholung geschlechtsspezifischer Bilder. Diese besondere Art des Drag zeigt sich in ihrer Performance im HAU – es geht nicht vordergründig darum, dass eine körperlich als männlich klassifizierte Person möglichst perfekt eine Frau verkörpert (oder umgekehrt), sondern um das Zusammenspiel männlicher und weiblicher Attribute in einer Person und die damit verbundene Irritation durch die Uneindeutigkeit. Im Vordergrund der Performances stehe aber nicht, wie Viola betont, das politische Ziel einer generellen Subversion von binären Geschlechterrollen und Vorstellungen von Zweigeschlechtlichkeit, sondern zunächst einmal die Lust, etwas zu machen. Und außerdem der Wunsch, ergänzt Malte, etwas anders zu erzählen als es bereits erzählt wird, jenseits heteronormativer Vorstellungen.

In Bezug auf die Frage nach dem Verhältnis von Theorie und Praxis fallen die Meinungen auseinander: So fällt zum einen das Stichwort der „theoriebeladenen Praxis" – ihre Auftritte würden immer wieder als solche bezeichnet. Zum anderen betont Juliette Biscuit, dass Theorie ebenfalls spezielle Praktiken hervorbringen könne. Theorie sei dafür da, um bestimmte Fragen überhaupt erst zu stellen und damit auch etwas verändern zu können. Sie plädiert also für ein bestimmtes Verständnis von Theorie, welches Praxis immer schon mit einschließt, im Sinne einer praktisch wirkenden Theorie. Wiederum anders sieht es LCavaliero, für den persönlich die Gender Theorie à la Butler erst durch eine Performance der Gruppe Kingz of Berlin erfahrbar wurde. Die Theorie allein, so LCavaliero, habe es nicht geschafft, den Blick zu erweitern und vorstellbar zu machen, was es heißen könnte, Geschlecht anders zu realisieren.

An diese Bemerkungen anschließend entwickelt sich eine Diskussion darüber, welche Unterschiede zwischen Theorie und Praxis, zwischen Schrift/Sprache und körperlicher Aufführung bestehen. Das Verstehen eines Textes oder einer Theorie, so die übereinstimmende Meinung, reiche nicht aus; die Vorstellungen über eine andere Art der Geschlechtlichkeit müssten gleichfalls eingeübt und praktiziert werden, um eine Wirksamkeit und Realität zu erreichen. Andererseits betont Viola, dass es manchmal Kontexte und Themen gibt, die nur theoretisch erfasst werden könnten. Bestimmte Fragen seien nicht zum Performen geeignet, dabei bedarf es der Abstraktion und Argumentation.

Schließlich sprechen wir darüber, was zur Inspiration ihrer Shows führt; oft ist es ein bestimmtes Motto, z. B. der Titel oder das Thema einer Veranstaltung, zu der sie eingeladen werden. Diese äußeren Quellen werden dann mit eigenen, inneren Vorstellungen verknüpft und neu bzw. anders zusammengeführt. Auseinandersetzungen mit Weißsein, Bürgerlichkeit, Neoliberalismus und anderes mehr seien ebenfalls Themen und Aspekte ihrer Shows. Gender/Sex sind allerdings die Hauptthemen der Gruppe, wobei die Theorie nicht aktiv für die Shows herangezogen wird bzw. werden muss. Denn die meisten der Gruppe haben die Theorie derart verinnerlicht, dass diese als inkorporiertes Wissen immer mit in die Performances einfließt, ohne dass diese noch bewusst verhandelt werden müssten. Wie Malte es ausdrückt, ist es „gelebte Theorie quasi".

5 Verschränkungen (Sissy Boyz/Ärzte ohne Ängste)

Als letztes treffe ich mich mit Sandra Ortmann und Tomka Weiss,[12] zwei Mitgliedern der queeren Boyband Sissy Boyz und der Performancegruppe Ärzte ohne Ängste. Gleich zu Beginn erzählen mir die beiden, dass die Sissy Boyz schon lange nicht mehr als Boyband aufgetreten sind, zuletzt haben sie gemeinsam ihren Katalog *Sissy Boyz. Queer Performance* herausgegeben. Auf ihrer Webseite beschreiben sie sich eher als Zusammenhang: „Ebenso wie wir uns als Band verstehen, agieren wir auch als Aktivist_innen, Künstler_innen, als Kollektiv, Theoriezirkel und gegenseitige Inspirationsquelle, aus der heraus wir als Einzelpersonen und mit anderen zusammen Performances, Filme, Zeitschriften, Partys, Fotoprojekte, Theaterstücke und Bands realisieren."[13] Auftritte hätten sie, mit einer zusätzlichen Person, in der

---

[12] Das Treffen fand am 16. Oktober 2013 statt.

[13] http://www.sissyboyz.de/sites/projects.html.

letzten Zeit vorwiegend als Ärzte ohne Ängste absolviert und dies nicht unbedingt auf der Bühne, sondern eher in Ausstellungen oder im öffentlichen Raum.[14]

Wie Sandra herausstellt, ist das, was sie mit Ärzte ohne Ängste machen, eher zwischen Theorie und Praxis angesiedelt, es ist eine Form künstlerischer Forschung. Die Performancegruppe tritt nicht im klassischen Sinne auf der Bühne auf, sie verwenden eine abstrakte, an wissenschaftliche Diskurse angelehnte Sprache und beziehen sich auf medizinische, psychologische u. a. Konzepte, Rhetoriken und Umgangsformen. Professor Doktor Schnuppinger, eine der Figuren von Ärzte ohne Ängste, bringt die Ausrichtung der Gruppe folgendermaßen auf den Punkt: „Kompetenzteam Ärzte ohne Ängste pathologisiert, diagnostiziert, macht Sie krank, wenn Sie noch nicht krank waren, forscht, vor allen Dingen auf dem Gebiet der Homosexualität und überhaupt Geschlecht. Wobei wir viele Tabus brechen, aber uns nicht richtig an die Tabus herantrauen."[15]

In einer ihrer Performances im Schwulen Museum (*Eine psycho-kritische Begehung der Ausstellung trans*_homo*, 2012) treten sie beispielsweise als ‚medizinische Experten' wie bei einem medizinischen Kongress auf. Sie ermuntern das Publikum zu Leibesübungen, begutachten und diagnostizieren Fälle auf Homo- und/oder Heterosexualität, besprechen und bewerten Bilder der Kunstausstellung nach psycho-pathologischen Gesichtspunkten statt nach künstlerischen oder ästhetischen. Anstelle einer kunsthistorischen gibt die Performancegruppe folglich eine medizinische Führung durch die Ausstellung – es geht nach Ortmann und Weiss darum, auf ironische, gebrochene Weise medizinisch zu diagnostizieren und zu pathologisieren und diese Mechanismen und Verfahrensweisen kritisch und humorvoll auszustellen.

Ich frage beide nach ihren eigenen Hintergründen, Bezügen sowie Vorstellungen von Theorie. Tomka Weiss ist Installationskünstler, er hat an der Hochschule Bremen Kunst studiert. Sein Bezug zur Theorie, insbesondere zu Gender und Queer Theorie, ist vor allem ein sekundärer Zugang: Er arbeitet häufig mit Wissenschaftler_innen zusammen oder mit Leuten, die sich in der Theorie gut auskennen und entwickelt aus dem, was diese erzählen und davon wiedergeben, ein Verständnis der Theorien, die dann wiederum in seine künstlerischen Arbeiten einfließen. Als Beispiel nennt Tomka die Zusammenarbeit mit Gin Müller für den Workshop *Queer Performance und Aktivismus im öffentlichen Raum*[16] – hier übernimmt Gin die Theorieinputs und Tomka die praktischen Teile. Eine Koope-

---

[14] Portraits von den Sissy Boyz sowie von Ärzte ohne Ängste finden sich in der erwähnten Publikation der Gruppe: Katz et al. 2011.

[15] http://tomka.tomec-weiss.de/performance-aerzte.php.

[16] http://tomka.tomec-weiss.de/tomkaw-workshops.php.

ration mit dem Wissenschaftler Josch Hoenes für *Die Schichten der geschlechtlichen Kleidung* (Bremen 2013), der Texte zu den Zeichnungen von Weiss beisteuerte,[17] unterstreicht noch einmal diesen besonderen Zugang von Weiss zur Theorie und wissenschaftlichen Kontexten.

Sandra Ortmann hat Kunst und Psychologie studiert und leitete von 2008–2012 die Vermittlungsabteilung der Kunsthalle Fridericianum, war im Team der Vermittlung der documenta 12 und 13, sowie der 5. berlin biennale. Im Kontext der documenta 13 konzipierte sie *Vielleicht Vermittlung* mit; dies waren zweistündige Rundgänge durch die Ausstellungsorte, die von verschiedenen Kasseler Bürger_innen mit unterschiedlichen beruflichen Hintergründen und aller Altersgruppen durchgeführt wurden. „Das ‚Vielleicht‘ war dabei ein zentraler Bezugspunkt für das Sprechen über Kunst, autorisiertes Wissen sollte in Frage gestellt und neue Leseweisen der Kunst stark gemacht werden. Die interdisziplinären Hintergründe der Begleiter/innen sollten neue Begegnungen mit Besucher/innen und künstlerischen Arbeiten ermöglichen."[18] Ortmann bewegt sich also auch beruflich an der Schnittstelle von Theorie und Praxis, ihr ist, wie sie mir erzählt, gerade die Frage einer kritischen Kunstvermittlung besonders wichtig.

Darüber hinaus geht Sandra grundsätzlich von einer genuinen Verschränkung von Theorie und Praxis aus. Sie betont nicht nur eine wechselseitige Bedingtheit – „Praxis lernt von Theorie, Theorie lernt von Praxis" –, sondern komplexe Verschachtelungen. Diskurse würden stets in Szenen in einer Verschränkung und einem Austausch von Theorektiker_innen, Praktiker_innen und Aktivist_innen entstehen. Theorie und Praxis verkörpere sich dabei oftmals in einer Person, wie beispielsweise bei Judith Butler, die nicht nur eine zentrale Gender- und Queer-Theoretikerin darstellt, sondern auch queere Aktivistin ist, wenn sie etwa beim Berlin CSD 2010 den Zivilcouragepreis ablehnt.

Bei meiner Frage nach aktuellen, neuen Tendenzen und Diskursen in der Queer Performance sind sich die beiden einig, dass *Drag* für sie persönlich inzwischen weniger interessant sei. Von Interesse seien hingegen vor allem Verschränkungen von Genderthematiken mit anderen Identitätskategorien wie Herkunft oder Klasse. Das kritische Hinterfragen bzw. unkritische Hinnehmen der Kontinuität rassistischer und kolonialer Strukturen sei derzeit ein zentrales Thema queerer Szenen und Kunst. Sandra geht es in ihrer künstlerischen Praxis zudem verstärkt um bestimmte Bilder von Weiblichkeit und Feminität. Und sonst, sagt Tomka, sei das Motto von Ärzte ohne Ängste ohnehin „queere Theorien zu verwursten". Oder anders ausgedrückt: „Theorie und Praxis nehmen, zu einem medizinischen Exempel verwursten und dann mit zwei Aspirin runterschlucken."

---

[17] http://tomka.tomec-weiss.de/art-schichten.php.

[18] http://www.hbk-bs.de/aktuell/veranstaltungen/details/17610/.

6 Theoriebezüge und -diskurse in der Queer Performance: Ein Fazit

Wie sich in den fünf verschiedenen Gesprächen zeigte und wie ich bis zu einem gewissen Grad erwartet hatte, gestalten sich die Theoriebezüge und Theoriediskurse in der Queer Performance dezidiert unterschiedlich. Die befragten Performer_innen nehmen verschiedene Bezüge zu Theorien auf bis dahin, dass gar keine Bezüge hergestellt werden, und rekurrieren auf diverse theoretische Inhalte und Wissen(schaft)sbereiche. Das Spektrum reicht von Theorien aus den Gender, Queer und Transgender Studies über medizinische und psychologische Konzepte bis hin zu populärkulturellen und -wissenschaftlichen Diskursen. Allen Gesprächspartner_innen gemeinsam ist eine Kenntnis etablierter Gender- und Queertheorien, die verbunden sind mit Namen wie Butler, Haraway oder Halberstam, wobei die Bezüge zu diesen Theorien aus ganz unterschiedlichen Wissenszusammenhängen resultieren – sei es als formales Studium an einer Universität oder Hochschule, als von außen angetragenes Theoriematerial oder als mündlich überlieferte Ansätze, die man nur sekundär von Freund_innen o. ä. kennt. Bei fast allen von mir befragten Performer_innen werden diese Theorien aber nicht als Texte oder Skripte in die Performances einbezogen, sondern sie sind, wenn überhaupt, als Material zur Vorbereitung der Produktionen wesentlich und äußern sich in den Performances vor allem indirekt als inkorporiertes Wissen oder als verkörperte Theorien.

Der Bezug zur Gender- und Queertheorie und zu akademischen Diskursen ist generell nur eine Art und Weise, ein bestimmtes Wissen vom Geschlecht/Sexualität zu erhalten und in Performances auszuhandeln bzw. zu verkörpern. Es gibt über ‚Theorien und Diskurse‘ hinaus weitere Wissensformen, mit denen ebenfalls geschlechts- und/oder sexualitätsspezifisches Wissen generiert wird – und dies wurde auch implizit in den Gesprächen offensichtlich. In ihrer soziologischen Untersuchung zum *richtigen Lieben und Leiden* unterscheiden Nina Degele und Stephanie Bethmann heuristisch vier Arten des Wissens:

> (1) *verkörpertes Wissen* (Körpererfahrungen, Können, Kompetenzen), (2) *Wissen vom Selbst* (Selbsterkenntnis, Selbstbeobachtungen, persönliche Erfahrungen), (3) *geteiltes Wissen* (Erfahrungen aus zweiter Hand, persönliche Vorbilder, professionalisierte Beratungen und (4) *generalisiertes Wissen* (Mediendiskurse, Ratgeber, (populär-)wissenschaftliche Diskurse). (Degele und Bethmann 2009, S. 87. Hervorhebungen im Original)

Vor diesem Hintergrund kann in Bezug auf die befragten Performer_innen davon ausgegangen werden, dass sie in ihren Queer Performances verschiedene Wissensformen generieren. So lässt sich beispielsweise von Bridge Markland sagen, dass sich ihre künstlerische Auseinandersetzung mit Geschlecht vor allem auf die erste und zweite Wissensform bezieht. Antonia Baehr_Werner Hirsch rekurriert hingegen auf alle vier Arten des Wissens. Will man also ein differenziertes und weiteres Bild erhalten, auf welches (Geschlechter-)Wissen sich Performer_innen beziehen, inwiefern und auf welche Weisen dieses Wissen in Queer Performances (re-)produziert und/oder unterlaufen wird, dann reicht es nicht aus, sich nur auf die letzte Form, auf das generalisierende Wissen zu stützen.

Das Verhältnis von Theorie und Praxis lässt sich im Anschluss an die Gespräche nur in einer Spannweite von Möglichkeiten denken; drei Modelle scheinen mir diesbezüglich von Relevanz: Zum einen kursiert die Vorstellung von Theorie und Praxis als Parallelen, das heißt als zwei autonome, sich so gut wie gar nicht überschneidende Sphären (z. B. bei Moritz G.). Zum anderen existiert die Vorstellung eines Wechselverhältnisses von Theorie und Praxis: Wie insbesondere Mitglieder der Performancegruppe Dragzhaufen hervorgehoben haben, geht es hierbei um eine Theorieproduktion der Praxis ebenso wie um eine in die Praxis oder als Praxis wirkende Theorie. Und schließlich wird eine dritte Vorstellung aufgeworfen, die Praxis und Theorie von Grund auf als ineinander verschränkt denkt. Demzufolge sind Praxis und Theorie nicht voneinander zu trennen und verkörpern sich oftmals in ein und derselben Person, in diesem Sinne stellte es besonders Sandra Ortmann von den Sissy Boyz/Ärzte ohne Ängste dar.

Fragt man nach neuen oder aktuellen Theoriediskursen, die in den Shows, Performances und künstlerischen Arbeiten relevant werden, so lässt sich über die verschiedenen Gespräche hinaus eine gemeinsame Tendenz feststellen zu geschlechtsübergreifenden Thematiken und Problematiken, also hin zu intersektionalen Fragestellungen. Interessanterweise konvergieren an diesem Punkt wiederum aktuelle Tendenzen der Gender/Queer Performancepraxis mit Gender- und Queertheorien – ohne sich notwendigerweise aufeinander zu beziehen, aber auch ohne notwendigerweise völlig unabhängig zu sein. Seit einiger Zeit verstärkt sich in Theorie wie Praxis die Tendenz, Geschlecht in Relation mit anderen Identitäts- bzw. Differenzkategorien (wie *race* oder *class*, Herkunft, Alter oder Religion) zu stellen und kritisch zu beleuchten.

Gleichzeitig verändert sich die Sichtweise auf Gender/Sex und Queer Performance selbst: War vor einigen Jahren *Drag* die bestimmende Größe bei unterschiedlichen Performer_innen und Performancegruppen, so tendieren aktuelle Auseinandersetzungen eher in andere Richtungen, beispielsweise zu verstärkten Beschäftigungen mit *trans** oder *burlesque*. Ob daraus wiederum neue und weitere Theoriediskurse erwachsen, oder sich diese bereits parallel etablieren, wird sich wohl erst in näherer Zukunft zeigen. Wesentlich erscheint aber, dass queere Performancepraxis und (Theater-)Wissenschaft viel stärker in einen Austausch treten sollten, als es bislang der Fall ist. Mit dem zu Beginn dieses Beitrags angeführten Zitat von Gabriele Klein in veränderter Form gesagt: Queer Performance/Theater und Queer Theorie/Wissenschaft sind aufeinander verwiesen und angewiesen. Sie brauchen einander und können sich ohne einander nicht gesellschaftlich legitimieren. Ebenso wie eine Theaterwissenschaft ohne Rekurs auf Theater/Performance sinnlos wäre, ist Theater/Performance gesellschaftlich bedeutungslos, wenn man sich nicht über sie verständigt, sie in einen Sinnzusammenhang stellt und ihnen dort eine machtvolle Position als Wissenskultur sichert.

Literatur

Butler, Judith. 1991. *Das Unbehagen der Geschlechter*. Frankfurt am Main: Suhrkamp.

Degele, Nina, und Stephanie Bethmann. 2009. Gewusst wie: Richtig Lieben und Leiden. In *Emotionen in Geschlechterverhältnissen. Affektregulierung und Gefühlsinszenierung im historischen Wandel*, Hrsg. S. Flick und A. Hornung, 83–103. Bielefeld: transcript Verlag.

Diekmann, Stefanie. 2002. Doing Statements Notizen zum Verhältnis von Interview und inszenierter Rede am Beispiel René Polleschs. In *TheorieTheaterPraxis*, Hrsg. H. Kurzenberger und A. Matzke, 175–182. Berlin: Theater der Zeit.

Gronau, Barbara und Annemarie Matzke. 2011. Gründung der Arbeitsgruppe Theorie und Praxis des Theaters. http://www.uni-hildesheim.de/media/forschung/herder_kolleg/Bericht_Arbeitskreis.pdf. Zugegriffen: 11. Oktober 2013.

Hark, Sabine. 1993. Queer Interventionen. *Feministische Studien* 2:103–109.

Jagose, Annamarie. 2001. *Queer Theory. Eine Einführung*. Berlin: Querverlag.

Katz, Jana, et al. (Hrsg.). 2011. *Sissy Boyz. Queer Performance*. Bremen: thealit.

Klein, Gabriele. 2007. Tanz in der Wissensgesellschaft. In *Wissen in Bewegung. Perspektiven der künstlerischen und wissenschaftlichen Forschung zum Tanz*, Hrsg. S. Gehm, P. Husemann und K. von Wilcke, 25–36. Bielefeld: transcript.

Koepping, Elke. 2012. http://www.bridge-markland.de/DE/medienecho.htm. Zugegriffen: 21. Okt. 2013.

Kurzenberger, Hajo, und Annemarie Matzke. 2004. Einleitung. In *TheorieTheaterPraxis*, Hrsg. H. Kurzenberger und A. Matzke, 9–16. Berlin: Theater der Zeit.

Schirmer, Uta. 2010. *Geschlecht anders gestalten. Drag Kinging, geschlechtliche Selbstverhältnisse und Wirklichkeiten*. Bielefeld: transcript.

Schößler, Franziska. 2008. *Einführung in die Gender Studies*. Berlin: Akademie Verlag.

Webseiten

http://www.boudry-lorenz.de/. Zugegriffen: 22. Oktober 2013.

http://www.hbk-bs.de/aktuell/veranstaltungen/details/17610/. Zugegriffen: 06. November 2013.

http://www.kingzofberlin.de/p_pres_a.html. Zugegriffen: 21. Oktober 2013.
http://www.bridge-markland.de/DEPROFIL/schoenste_DE.htm. Zugegriffen: 21. Oktober 2013.
http://www.make-up-productions.net/pages/people/werner-hirsch.php. Zugegriffen: 05. November 2013.
http://www.sissyboyz.de/sites/projects.html. Zugegriffen: 08. November 2013.
http://tomka.tomec-weiss.de/. Zugegriffen: 06. November 2013.

Eine Theorie theatraler Spracherfahrung bei Valère Novarina

Kerstin Beyerlein

1 Valère Novarina als postdramatischer, performativer Theoretiker

Valère Novarina ist ein französischer Theaterautor und Regisseur, der in Frankreich alles erreicht hat, was man in diesem Land als Theatermacher erreichen kann.[1] Auch in anderen Ländern ist er seit langem kein Geheimtipp mehr.[2] Nur in Deutschland ist sein Name den meisten Theaterwissenschaftler_innen sowie Theaterschaffenden

[1] In den letzten Jahren hat Novarina den vermeintlichen Höhepunkt seiner Theaterkarriere wiederholt übertroffen: So wurde ihm 2006 die seltene Ehre zuteil, zu Lebzeiten ins Repertoire der Comédie Française aufgenommen zu werden und er inszenierte sein Stück *L'Espace furieux* im traditionsreichen Saal Richelieu des Hauses. Im Jahr 2007 eröffnete seine Inszenierung *L'Acte inconnu* die Festspiele von Avignon im Ehrenhof des Papstpalastes und behauptete sich in diesem Rahmen abendlich vor rund 2000 Personen mit großem Erfolg. Im Jahr 2010–2011 war er an das nach langer Renovierungspause neueröffnete Théâtre de l'Odéon in Paris eingeladen und stand als Autor und Regisseur mit gleich zwei eigenen Inszenierungen, verschiedenen Solo-Performances sowie mehreren Lesungen und Diskussionsabenden während einer ganzen Saison im Mittelpunkt des Spielplans. Diese Schwerpunktsetzung geschah auch im Zusammenhang mit der Tatsache, dass er im gleichen Jahr auf dem Programm des französischen Zentralabiturs für das Wahlfach „Theater" stand. Vgl. hierzu eine Dokumentation des Ministère de l'éducation: Marion Ferry (Hrsg.). 2010. *Valère Novarina: L'Acte inconnu, Devant la parole*. Baccalauréat théâtre, Chasseneuil du Poitou: Scérén-CNDP/CRDP.

[2] Novarinas Texte sind in viele europäische und außereuropäische Sprachen übersetzt. Für einen vollständigen Überblick verweise ich auf seine regelmäßig aktualisierte Internetseite: http://www.novarina.com.

K. Beyerlein (✉)
Berlin, Deutschland
E-Mail: kerstin.beyerlein@gmx.de

A. Hackel, M. Vollhardt (Hrsg.), *Theorie und Theater*,
Kulturelle Figurationen: Artefakte, Praktiken, Fiktionen,
DOI 10.1007/978-3-658-04102-1_8, © Springer Fachmedien Wiesbaden 2014

nach wie vor kein Begriff. Seit er jedoch mit Matthes & Seitz einen deutschen Verlag gefunden hat, der sich kontinuierlich der Veröffentlichung seiner Werke widmet, stehen auch hier die Zeichen auf Wandel. Bezeichnenderweise handelte es sich bei dem ersten erschienenen Buch im Jahr 2011 nicht um einen der Theatertexte, mit deren Inszenierung Novarina seine Bekanntheit erlangt hat, sondern um den Aphorismenband *Lichter des Körpers* mit Überlegungen Novarinas zur Stellung von Text, Sprache und Literatur in seinem Theater und allgemein im Gegenwartstheater (2011). Es handelt sich um Überlegungen, die hierzulande auf Interesse gestoßen sind und zwar ausgerechnet an Orten, die emblematisch für die Ästhetik des postdramatischen Theaters stehen, wie die Volksbühne und das HAU in Berlin.[3] Das zeigt, dass Novarinas Ausführungen für diesen Kontext eine starke Anschlussfähigkeit besitzen, was darin begründet liegen mag, dass sie einerseits als äußerst vertraut und andererseits als durchaus ketzerisch in Erscheinung treten. So ruft er unumstößlich geglaubte postdramatische Postulate auf, um sie dann in Bezug auf Texte und Sprache zu konterkarieren, indem er mit Nachdruck für eine Vormachtstellung des Textes plädiert, die ihm nach dem gegenwärtigen Stand der postdramatischen Forschung eigentlich streng versagt bleibt. Die Aufgeschlossenheit, die Novarina von Seiten der einschlägigen Theaterpraxis dennoch entgegengebracht wird, zeigt, dass er damit jedoch einen Nerv der Zeit trifft und offenbar ein Umdenken in Bezug auf die Rolle von literarischen Texten in der Luft liegt. Es zeigt allerdings auch, dass es angebracht ist, sich intensiver mit diesen Theorietexten auseinanderzusetzen, die ihren genauen Gehalt nicht direkt preisgeben.

Valère Novarina hat sein Theaterschaffen von Beginn an konsequent theoretisch reflektiert. Über die Jahre ist somit nicht nur ein umfangreicher Korpus von Theatertexten, sondern in etwa gleichem Ausmaß ebenso von theoretischen Texten entstanden, die weit überwiegend in aphoristisch verdichteter Prosa gehalten sind (vgl. 1979, 1986, 2011). Ihre Besonderheit liegt also darin, keine lineare Entfaltung von Novarinas Gedanken zu liefern. Novarina bietet in ihnen keine Aufschlüsselung seiner Positionen, sondern konfrontiert uns stattdessen mit einer Fülle von Paradoxa, mit Kürze, Präzision, sprachlicher Pointierung seiner Ideen, ihrer Isolation untereinander, ihrem ständigen Wiederauftauchen in abgewandelter, oft stark metaphorisierter Form. Es handelt sich um Eigenschaften, die für die moderne Aphoristik prägend sind (vgl. Helmich 1991). Es sind also Theorietexte, die ebenfalls, genauso wie die Theatertexte Novarinas, eine sorgfältige Arbeit an, in und mit

---

[3] Anlässlich des Erscheinens von *Lichter des Körpers* im Januar 2011 organisierte die Volksbühne Berlin eine Lesung und in einer Podiumsdiskussion diskutierten unter anderem Vertreter der Volksbühne und des HAU mit Valère Novarina über die Stellung von Text, Literatur und Sprache im postdramatischen Theater.

der Sprache erkennen lassen und daher nicht weniger das Etikett des Literarischen verdienen. Vor allem aber handelt es sich um Texte, die ihrer Gattung entsprechend vom Rezipienten ein Weiterdenken einfordern, ohne welches sie in weiten Teilen hermetisch bleiben. Für ein solches Weiterdenken erweist sich der im deutschen Sprachraum bereits hinlänglich erschlossene postdramatische respektive performative Theoriekomplex als äußerst fruchtbar. Anders ausgedrückt: Novarina scheint auf seine besondere Art ein Vertreter dieser Theorie zu sein. Mehr noch: Als ernst zu nehmender Theoretiker betritt er, in der Art und Weise wie er die Theorie der Postdramatik und theatralen Performativität formt und inhaltlich erweitert, sowohl im französischen als auch im deutschen Sprachraum Neuland. In Frankreich ist dies nicht zuletzt deswegen der Fall, weil die von Hans-Thies Lehmann in seinem Buch *Postdramatisches Theater* (1999, 2005) dargelegten Leitlinien dieser Theorie hier zwar Eingang in den theaterwissenschaftlichen Diskurs gefunden haben, insgesamt aber nur eingeschränkt rezipiert und sehr kontrovers diskutiert wurden und werden (vgl. 2005).[4] Das auf diesem Gebiet ebenfalls wegweisende Buch *Ästhetik des Performativen* seiner Kollegin Erika Fischer-Lichte (2004) hat bislang gar keine Übersetzung ins Französische erfahren und ist entsprechend unbekannt in Frankreich. Der theoretische Referenzrahmen, der es erlaubt, die theatertheoretischen Aphorismen Novarinas zu beleuchten und ihre häufig mystisch-religiöse Rhetorik zu erden, ist in Frankreich also nur wenig bis gar nicht verbreitet, so dass eine einschlägige Kontextualisierung seiner Reflexionen bislang vollständig ausgeblieben ist. Aber auch aus deutscher Perspektive betritt Novarina als Theatertheoretiker Neuland und zwar indem er postdramatische, performative Ansätze konsequent mit theatraler Spracherfahrung zusammendenkt, das heißt mit einem Thema, das in diesem Kontext bislang kaum eine Rolle gespielt hat und nicht zuletzt von Lehmann selbst als wichtiges Desiderat ausgewiesen wurde (vgl. Lehmann 2001). Novarinas Äußerungen leisten auf diesem Gebiet also eine überfällige Ergänzung und Korrektur des bestehenden Theoriekomplexes. Die wichtigsten Eckpunkte seiner Theorie einer postdramatischen, performativen Spracherfahrung möchte ich im Folgenden skizzieren und dabei sowohl ihre spezifische Form zutage treten lassen als auch ihren innovativen Inhalt diskursiv aufarbeiten.

---

[4] Vgl. ferner die lückenhafte Übersetzung des Buches ins Französische: Hans-Thies Lehmann. 2002. *Le Théâtre postdramatique*. Paris: L'Arche. Zur kritischen Revision der Thesen Lehmanns in Frankreich vgl. insbesondere Jean-Pierre Sarrazac. 2007. La Reprise (réponse au postdramatique). In *La Réinvention du drame (sous l'influence de la scène)*, hrsg. J.-P. Sarrazac, C. Naugrette, 7–17, Louvain-la-Neuve: Centre d'Études théâtrales. Vgl. hierzu ebenfalls Christoph Bident. 2009. Et le théâtre devint postdramatique: histoire d'une illusion. In *Théâtre public*, 36 (194): 76–82.

2   Mit dreihundert Augen lesen: Die kollektive Rezeption des Theatertextes

Novarina denkt den adäquaten theatralen Rezeptionsmodus für seine Theatertexte als eine kollektiv vollzogene Lektüre. Dazu führt er in *Lichter des Körpers* in dem Aphorismus Nr. 177 mit der Überschrift „Wald von Sinnen" aus:

> Der Text schillert. Ein wechselndes Verständnis, eine schillernde Verständlichkeit des Textes scheint auf: Der Theatertext ist nur durch Hunderte von Augen zur Gänze lesbar; er erhellt sich nur darin, dass er von der Gesamtheit der Blicke vernommen wird [...]. Gemeinsam hören wir völlig anders. Stets ist der Text verschieden, identisch, wiederholt sich und erscheint zum ersten Mal; er verändert sich und wird in Allen und in Jedem und jeden Abend anders offenbar... Der Text im Theater ist ein Wald, der nie der gleiche ist und den man nie ins gleiche Licht getaucht aufsucht. Durch die geheimnisvolle Mischung der Zuschauer, durch das Babel, das Babylon des Publikums, durch die Vielzahl der Körper, das Durcheinander und Tohuwabohu der Gehirne und Sprachen sieht man den Text anders: Am Ursprung erfasst man ihn in seiner lebendigen Veränderung. Etwas anderes – und dasselbe – erscheint. Das Theater ist der Ort der *anderen Weise*, der Veränderung *(variation)*. Das Wort flicht sich in Hunderte hier gemeinsam im selben Raum anwesender Körper. Die Sprache ist eine flüchtige Fuge. (2011, S. 75–76, Hervorhebungen im Original)

Wenn Novarina für seine Theatertexte einen kollektiven Rezeptionsmodus einfordert, hat er dabei folglich nicht die Ereignishaftigkeit des Leseaktes im Sinn, die letztlich auch bei Wolfgang Iser schon zu finden ist (vgl. Iser 1994, S.175 ff.)[5] oder die von semiotischen Ansätzen theaterwissenschaftlicher Textanalysen, so von Helga Finter (1990) oder Gerda Poschmann (1997), stark gemacht wird. Vor allem letztere bieten zwar gute Anknüpfungspunkte für eine Auseinandersetzung mit Novarina, insofern sie sich auch mit Texten auseinandersetzen, die den Theatertexten Novarinas ähneln und die Symbolfunktion von Sprache unterminieren. Aber sie denken den theatralen Rezeptionsvorgang, der von solchen Texten ausgeht, vom einzelnen Subjekt her, das keine nennenswerte Beeinflussung durch seine Umgebung erfährt.[6] Das heißt, sie gehen von einem Modell aus, das letztlich auf den/die

---

[5] An dieser Stelle hebt Iser die Ereignishaftigkeit des Lesens hervor, indem er es u. a. als „Prozeß einer dynamischen Wechselwirkung von Text und Leser" beschreibt (Ebd., S. 176.).

[6] Gerda Poschmann baut in dieser Hinsicht wesentlich auf den Erkenntnissen von Helga Finter auf und übernimmt auch den in dieser Hinsicht ausschlaggebenden Begriff der Texttheatralität von ihr. In Finters Verständnis kommt Texttheatralität vor allem dort zum Tragen, wo linguistische Signifikanten aus einem eindeutigen Verweisungszusammenhang herausgelöst sind und in ihrer Materialität in Erscheinung treten. Diese Materialität versteht sie nicht zuletzt als schriftlich fixiertes Klangphänomen, das heißt als in die Texte eingeschriebene Stimmlichkeit, die es in Konfrontation mit einem/einer Leser_in vermag, an sein

alleingestellte_n Leser_in gemünzt bleibt. Genau in dieser Hinsicht vertritt Novarina einen anderen Ansatz. *Mit dreihundert Augen lesen* bedeutet bei ihm, dass er explizit die ko-präsentische Aufführungssituation berücksichtigt und das heißt auch die gemeinsame gleichzeitige Anwesenheit mehrerer hundert Menschen auf den Zuschauerrängen. Ihm geht es um ihr leibliches Miteinander, welches in seiner Auffassung wesentlichen Einfluss auf die theatrale Wahrnehmung seiner Texte bzw. seiner Sprache hat. Er misst also gerade den performativen Eigenschaften von Aufführungen hinsichtlich der Wahrnehmung seiner Texte maßgebliche Bedeutung zu.

Wie genau denkt Novarina aber den Einfluss der ko-präsentischen, kollektiven Aufführungssituation auf die Text- bzw. Sprachwahrnehmung? Für die Beantwortung dieser Frage ist es notwendig, sich sowohl sein Sprach- als auch sein Körperverständnis genauer anzuschauen.

3   Ein performatives, körperliches Sprachdenken

Novarinas Sprachverständnis ist zutiefst vom *linguistic turn* geprägt. Der im 20. Jahrhundert durch die moderne Linguistik und Semiotik ausgelöste Paradigmenwechsel in Geistes- und Kulturwissenschaften, der grob skizziert damit einherging, Sprache nicht mehr als transparentes Werkzeug der Kommunikation, sondern als autonom funktionierenden Mechanismus zu verstehen, der unser Denken und unsere Wahrnehmung bereits im Moment ihres Entstehens zutiefst prägt und gestaltet, zieht sich wie ein roter Faden durch die Texte von Novarina. Beispielhaft sei folgende Passage herausgegriffen:

> Die Linguistik beschreibt unseren *Boden* wie die Geologie. Die Sprache ist unsere Rede, unser Fleisch. Der Schauspieler trägt sie als den betörenden menschlichen Stoff vor sich her. Die Sprache ist menschlicher Stoff und Stoff der Dinge: ein Spiel von

affektiv-sinnliches Gedächtnis zu appellieren. In enger Anlehnung an die Texttheorie von Julia Kristeva begreift Finter textuelle Stimmlichkeit entsprechend als Einbruch des Heterogenen in den Phäno-Text, als poetische Klangqualität, die es vermag, auf Seiten der Rezeption ebenfalls die Sphäre des Verdrängten anzusprechen, es zu aktivieren und zu fixieren. Die Rezeption eines solchen Textes fußt damit letztlich auf der Bereitwilligkeit eines Subjekts, an sich selbst zu arbeiten. Dementsprechend erschöpft sich die theatrale Qualität der Texte in Finters Auffassung darin, dass sie die aktive Beteiligung des rezipierenden Subjekts erfordern, welches sich selbst (als ein *sujet en procès*) und den Text lesend erst hervorbringt (vgl. Finter 1990, Bd. 1, S. 6 f.). Die derart bestimmte theatrale Wirkung und Funktionsweise kann sich folglich auch bei einsamer (und stiller) Lektüre entfalten, ein Umstand, der für die Untersuchung der von ihr ausgewählten Theater*utopien*, die ihre theatrale Umsetzung nur literarisch antizipieren konnten, von grundlegender Bedeutung ist (vgl. dazu beispielhaft ebd., S. 44).

Energien. Keineswegs ein Werkzeug zu unseren Diensten. Ich glaube, alles ist aus
Sprache – so wie der Bäcker glaubt, alles sei aus Brot. ‚Nichts ist ohne Sprache.' Sie
ist das Theater aller Kräfte. In der Luft oder der Leere des ungreifbaren Orts des
Denkens, zeugt sie von der Gewalt der Erscheinung; sie erinnert an die Entstehung
von allem. (2011, S. 54 f., Hervorhebungen im Original)

Die Beschreibung der Sprache als unser Grund und Boden, als Materie und letztlich der Vergleich seiner selbst mit einem Bäcker und dessen Brot machen überaus
deutlich, dass die alles durchdringende Sprachlichkeit in Novarinas Augen auch
und gerade mit einer Aufwertung der materiellen und verkörperten Dimension von Sprache einhergeht. Er bringt damit auf den Punkt, dass er keinesfalls
ein intellektualistisches Sprachverständnis vertritt, wie es beispielsweise Ferdinand
de Saussure entwickelte, indem er zwischen einer idealen, virtuell existierenden
Sprache (*langue*) einerseits und ihrer prinzipiell sekundären Aktualisierung im individuellen Gebrauch (*parole*) andererseits unterschied. Dahingegen steht Novarina
mit beiden Beinen auf der Seite derjenigen Sprachdenker, die dieses „Zwei-Welten-
Modell" (Krämer 2001, S. 9) zugunsten eines „Performanz-Modells" (Ebd. S. 270)
eingetauscht haben und ihren Fokus auf die soziale Bedingtheit der Sprache, auf
die wirklichkeitskonstituierende Kraft, die Praxis und damit notwendig auch auf
die Körperlichkeit des Sprechens oder Schreibens legen.

Novarina denkt Sprache folglich als etwas Stoffliches, das sich, vom Schauspieler ausgesprochen, im Raum ausbreitet: „Das Wort wird in die Luft geworfen und
unterliegt den Gesetzen der Schwerkraft, der Ballistik, des Billards, der Mechanik
von Flüssigkeiten und Gasen, und nicht der ‚Kommunikation', des Warentauschs.
Der Sinn geht durch eine Öffnung und eine Zersetzung des Raums hindurch. Der
Sinn ist sogar nur das: Raum, der sich öffnet." (2011, S. 34) Aber Novarina bleibt
nicht dabei stehen, die Sprache als etwas Materielles zu denken, das erst durch den
Körper des Schauspielers, durch sein Sprechen, eine räumliche Dynamik verliehen
bekommt. Er geht stattdessen so weit, auch die Sprache selbst als einen Körper zu
begreifen, der losgelöst von den anderen anwesenden Körpern im Raum eine autonome Existenz führen kann: „Das Theater ist das Gehege der Logoskopie. Die Bühne
ist ein optischer Ort zur Überprüfung der übernatürlichen Physik, wo erstmals
unsere Sprache gegenüber flüchtig sichtbar wird: ein Außenkörper vor uns". (Novarina 2011, S. 98) Novarina konzipiert die Sprache folglich nicht nur als Materialität,
sondern explizit als einen Körper, der in dieser Eigenschaft eine gleichberechtigte
Interaktion mit den übrigen Körpern aufnehmen kann, denjenigen der Schauspie-
ler_innen und der Zuschauer_innen. Die genaue Beschaffenheit dieser Interaktion
liegt im Körperverständnis begründet, das Novarina sowohl für die wirklich existierenden Körper als auch für die metaphorischen Sprachkörper in Anspruch nimmt.

4   Entgrenzte Theater- und Sprachkörper

In seinen Theorietexten hebt Novarina auf unzählige verschiedene Weisen hervor, dass der Schauspieler seinen Körper nicht in den Dienst der Repräsentation eines Menschen stellen solle, sondern ganz im Gegenteil fortwährend darauf aus zu sein habe, der in der Wahrnehmung gern sich einstellenden Tendenz, ihn als ein ikonisches Zeichen für einen Menschen zu sehen, entgegenzuarbeiten: „Der Schauspieler höhlt den Menschen, macht seine Darstellung leer". (2011, S. 104) Mit großem Nachdruck beschreibt Novarina den theatralen Körper somit als einen nicht-semiotisierten, nicht-zeichenhaften Körper: „Der Schauspieler nimmt die menschliche Figur weg, setzt sie ab, bläst sie fort; das Theater ist zutiefst entstellend, *defigurativ*: es löst die Züge auf, löscht die Umrisse, missachtet die vertrauten Gänge [...]. Die menschliche Hütte ist hier verkehrt herum wiederaufgebaut. Der Schauspieler löst den Menschen auf: er ist der überschrittene Mensch; er hat unser Bildnis abgebaut und uns aufs Sorgfältigste zerlegt." (2011, S. 105, Hervorhebung im Original) Aus diesen Äußerungen geht hervor, dass Novarina sich den Schauspielerkörper, damit er auf der Bühne keinen Menschen mehr repräsentiere, als einen entgrenzten Körper vorstellt, das heißt als einen Körper, dessen Konturen sich auflösen und dessen Inneres, welches in seiner Vorstellung wiederum von Sprachlichkeit durchdrungen ist, sich unseren Blicken preisgibt: „Das Theater zeigt uns den Menschen *bei offener Anatomie*, Blick frei auf die inneren Wege und Kreisläufe der Sprache." (2011, S. 52, Hervorhebungen im Original) Diesem Topos eines entgrenzten Körpers begegnet man vielfach in den Texten Novarinas und zwar nicht nur in den Theorietexten, sondern vor allem auch in den genuinen Theatertexten, wo er eng an das Konzept des grotesken Körpers angelehnt ist. Die groteske Körperkonzeption, wie François Rabelais sie literarisch ausgestaltet hat (1994) und Michail Bachtin sie aus seinen Schriften herausdestilliert hat (2007), ist in den Theatertexten Novarinas in der Tat omnipräsent und zeigt sich darin in einer Vielzahl von Unterleibsmotiven, aber auch in anderen einschlägigen Aspekten, die vor allem die charakteristische Unabgeschlossenheit des grotesken Körpers betreffen. Entsprechend inszeniert Novarina seine Figuren als Körper im Werden und lässt sie ohne Unterlass von Geburt und Tod reden. Auch waltet bei Novarina die für den grotesken Körper typische Zerstückelung, die sich nicht nur in Szenen der expliziten Zerlegung von Körpern niederschlägt, sondern auch in der Aufzählung einzelner Körperteile oder vor allem innerer Organe (Ramat 2009; Bachtin 1995). Besonders deutlich wird dies in der vielfachen Verwendung der Vokabel *Loch*, mit der Novarina jede denk- und undenkbare Körperöffnung bezeichnet und dadurch die Aufmerksamkeit weg von anatomischen Einzelheiten und hin zu der ausschlaggebenden Tatsache lenkt, dass es sich um Ein- und Ausgänge aus dem Körper handelt. In den Theatertexten Novarinas sind die Körper seiner Figuren somit offen und porös, zersetzt von Löchern, durch die ohne Unterlass einverleibt, kopuliert, ausgeschieden und geboren wird. Entsprechend befinden sich die Figurenkörper in ständigem Austausch mit der sie umgebenden Welt bzw. mit anderen, sie umgebenden Körpern. Genau diese Eigenschaften der Auflösung von festen Körperkonturen und der Verschmelzung von Körpern untereinander, die sich in den Theatertexten Novarinas anhand des grotesken Körpers motivisch nachzeichnen lassen, sind es, die er darüber hinaus in den Theaterraum transportiert und dort als ein konkret-leibliches Phänomen in Rechnung stellt.

Wie ist das zu verstehen? Was bedeutet es, wenn Novarina die entgrenzte Körperkonzeption, die von der Literatur der Groteske paradigmatisch vorgezeichnet wurde, aus dem Bereich des Literarischen in denjenigen unserer Lebenswelt und in das Theater überträgt? Wenn er folglich für seine Theaterabende die Wirksamkeit einer Körperlichkeit postuliert, die sich auf den sie umgebenden Raum ausdehnt und mit ihm verschmilzt? Und was heißt das für die Beschaffenheit der Spracherfahrung, die den Zuschauern in seinen Aufführungen zuteil werden kann?

5 Eine Spracherfahrung diesseits rationaler Verstehensprozesse

Novarinas Kritik an einer möglichen Zeichenhaftigkeit des Schauspielerkörpers macht deutlich, dass es die Wahrnehmung von dessen eigener phänomenaler Leiblichkeit sein muss, die er zum Dreh- und Angelpunkt seines Körperdenkens und seiner theatralen Ambitionen erhebt. Dies deutet darauf hin, dass sein Theaterdenken und -arbeiten tatsächlich in den Konturen einer performativen Theaterästhetik aufgeht, die ebenfalls das Konzept einer körperlichen Entgrenzung voraussetzt und von der Annahme ausgeht, dass Körper in räumlicher Distanz Einfluss aufeinander ausüben können und zwar *direkt*, das heißt weitestgehend ohne Einmischung des Verstandes, also ohne erst als ein Zeichen für etwas interpretiert werden zu müssen. Seine theoretische Grundlage schöpft dieses Denken theatraler Performativität explizit aus der Philosophie von Maurice Merleau-Ponty, die maßgeblich um den wahrnehmenden und wahrgenommenen phänomenalen Leib kreist. Mit seiner Theorie stellt Merleau-Ponty Ansätze bereit, deren Eckpunkte ich hier kurz skizzieren möchte, insofern sie es erlauben die Offenheit phänomenaler Leiblichkeit und ihre Verschränkung mit der Welt zu denken.

In seinem Hauptwerk *Phénoménologie de la perception* vertritt Merleau-Ponty die These, dass unsere Subjektivität nicht allein in unserer Fähigkeit zu denken gründet, sondern ganz wesentlich in unserem Leib-Sein und dass dieses Leib-Sein uns zugleich untrennbar mit der Welt verbindet (1945). Unser Eigenleib verankert uns demnach von Beginn an in der Welt und zwingt uns, uns fortwährend mit ihr auseinanderzusetzen. Dieses leibliche Zur-Welt-Sein (*être au monde*) ist uns also immer schon gegeben und damit jedem Akt unseres Bewusstseins vorgelagert. Die Vorgängigkeit des eigenen Leib-Seins geht Merleau-Ponty zufolge einher mit der Tatsache, dass ich meinen Leib nicht wie ein Objekt oder ein Instrument besitzen und manipulieren kann. Sie ist folglich verantwortlich dafür, dass ich ihn nie endgültig erfasse und ich mir selbst nie vollständig transparent bin. Der eigenen leiblichen Existenz eignet somit immer auch etwas Anonymes, etwas, das sich meinem Bewusstsein nachhaltig entzieht. Diesem Sachverhalt entspricht in der Auffassung von Merleau-Ponty eine generelle Ambiguität des Leibes, die darin gründet, dass unser Leib nicht nur wahrnimmt, nicht nur Subjekt der Wahrnehmung ist, sondern auch gleichberechtigt Teil hat an den Dingen der Welt, das heißt auch Objekt bzw. Ding unter Dingen ist. In seiner Eigenschaft als Ding unter Dingen ist der Leib jedoch in der Lage, sich Teile der Welt anzueignen oder in sie überzugehen, so dass die Trennlinie zwischen Leib und Welt zu verschwimmen beginnt. Merleau-Ponty erläutert diesen Vorgang anhand einer Analyse körperlicher Bewegungsabläufe und einer an sie gekoppelten Dimension der Gewöhnung. Denn in der Art und Weise, wie wir mit bestimmten Gegenständen umgehen und uns an sie gewöhnen (an einen übergroßen Hut, an die Dimensionen eines neuen Autos oder an einen Blindenstock) zeichne sich demnach die Fähigkeit unseres Leibes ab, sich auf die Welt hin auszudehnen. Gleiches gilt für unser Verhältnis zu anderen Menschen. So ist es Merleau-Ponty zufolge ebenfalls die anonyme Dimension des Leib-Seins, welche sich mit derjenigen eines fremden Körpers treffen und zwischen zwei Subjekten eine genuine Verbindung stiften kann, die sich dem Zugriff unserer Ratio entzieht. In seinem Fragment gebliebenen Spätwerk *Le Visible et l'invisible* hebt Merleau-Ponty diese Gedanken auf eine ontologische Ebene und ersetzt den Leibbegriff durch den des Fleisches (*chair*), welches nicht mehr primär für menschliche Attribute steht, sondern für ein allgemeines Seinsprinzip (1964). Mit dem Begriff des Fleisches benennt Merleau-Ponty somit eine Zwischensphäre, die sich der Leib und die Dinge der Welt teilen. Er verweist damit auf ihre originäre Verwandtschaft, auf ihre identische Stofflichkeit. Im Begriff des Fleisches verdichtet sich Merleau-Pontys Denken somit endgültig zur Annahme einer diffundierenden und mit der Welt verschmelzenden Leiblichkeit.

Vor dem Hintergrund von Merleau-Pontys Philosophie wird ersichtlich, warum die gemeinsame Anwesenheit mehrerer hundert Menschen in einem Raum deren Wahrnehmung nachhaltig beeinflussen muss. Sein Konzept einer Leiblichkeit, die sich auf die Welt und andere Subjekte hin ausdehnt bzw. eines diffundierenden, anonymen Seinsprinzips, welches dafür verantwortlich ist, dass wir autonom von rationalen Verstehensprozessen in eine Wahrnehmungstätigkeit eingebunden sind, die *immer* wirksam ist und unsere Erfahrungsdimension, auch und gerade unbewusst, *wesentlich* mitbestimmt, macht also ersichtlich, warum die Prämisse der Ko-Präsenz im Denken theatraler Performativität darauf hinausläuft, grundsätzlich Austauschprozesse zwischen allen Anwesenden vorauszusetzen. Es handelt sich folglich um Prozesse, die nicht nur auf der Theatron-Achse zwischen Darsteller_innen und Zuschauer_innen eine Rolle spielen, sondern die auch und vor allem zwischen den dicht beieinander sitzenden Zuschauer_innen auf den Rängen wirksam sind und zwar auch, wenn diese nicht von außen sichtbar miteinander interagieren. Genau diese kollektive, diffundierende Leiblichkeit aller Anwesenden ist es, die Novarina gezielt ins Auge fasst, wenn er davon spricht, dass ein Theatertext nur mit dreihundert Augen lesbar sei und wir gemeinsam anders hörten als allein. Auch Novarina stellt die Körper aller Anwesenden folglich in ihrem Vermögen in Rechnung, *direkt*, das heißt ohne Umweg über eine rationale Verstandesleistung, aufeinander einwirken zu können. Das bedeutet, dass er für sein Theater die Wirksamkeit einer phänomenalen Leiblichkeit veranschlagt, wie ich sie voranstehend unter Rekurs auf Merleau-Ponty erläutert habe. In dieser Hinsicht geht seine Arbeit mithin vollends in den Konturen einer performativen Theaterästhetik auf. Jedoch sticht er gleichzeitig aus dem Pool der ansonsten hauptsächlich darin verorteten Theaterformen heraus, insofern er die körperliche Entgrenzung und daran gekoppelte phänomenale Leiblichkeit konsequent zusammendenkt mit der theatralen Erfahrung von Sprache.

6 Sprache leiblich erspüren

Die Engführung eines entgrenzten, phänomenologischen Körperkonzeptes mit theatraler Spracherfahrung funktioniert bei Novarina wie angedeutet dadurch, dass er die Sprache ebenfalls mit der Metapher des Körpers belegt und dabei der Vorstellung anhängt, es handele sich um einen Körper, der den gleichen Gesetzen gehorcht wie alle anderen Körper, also um einen Körper, der sich ebenfalls diffundierend im Raum ausbreitet. Wie aus den bereits angeführten Zitaten hervorgeht, heben die Umschreibungen, die Novarina für die Körperlichkeit der Sprache in ihrem theatralen Erscheinen wählt, dabei konstant auf ihre Beweglichkeit ab. Entsprechend beschreibt er einen Sprachkörper, der nicht in festen Umrissen gefangen ist, sondern sich wie ein Kraftfeld vor uns ausbreitet: „Das Gefühl, es mit Atomen zu tun zu haben, mit Molekülen in Bewegung, wirklich physikalischen Dingen – und ihren Kräften ausgesetzt zu sein. Man arbeitet im polaren Feld zwischen Raum und Sprache." (Novarina 2011, S. 28) Novarina entwirft somit die Vorstellung eines Sprachkörpers, der eine eigenständige Stofflichkeit annimmt und in seinem Wirkungsradius dennoch nachhaltig entgrenzt ist, so dass er mit seiner Umwelt und anderen darin anwesenden Körpern vorübergehend verschmelzen kann. Die Anwendung seines Körperdenkens auf die Sprache erlaubt es ihm auf diese Weise eine gleichberechtigte Interaktion zwischen den verschiedenen Körpern zu denken und führt ihn dadurch schließlich zu der Annahme, dass es möglich sei, die Sprache zu erfassen, ohne sie in konventioneller Weise zu ‚verstehen', anders ausgedrückt, auch die Sprache geradezu leiblich zu erspüren. Die anwesenden Zuschauer_innen sind demnach nicht nur untereinander leiblich verbunden, sondern ebenso offen für eine Verschränkung mit dem ihnen begegnenden Sprachkörper, für den sie somit eine neuartige Wahrnehmung entwickeln können:

> Der Zuschauer ist die wirkliche Bühne – der *Zuschauer*, nicht das Publikum! –, in ihm flicht sich, spielt sich in der Ferne und löst sich *der Akt* der Sprache: weit weg und auf der Kehrseite des Dramas ist der Zuschauer der Blinde und der Seher. Auf der Kehrseite der Bühne ist sein Leib der Fluchtpunkt, wo alle Pfeile der Perspektive sich treffen: *hier*, im Leib des Einzelnen, in einer *Person*. Im leeren und gelichteten Theater der Person. Von diesem im fleischlichen Fleisch verankerten Fluchtpunkt aus und sich in der Ferne sehend, ist der Zuschauer gekreuzt mit der Sprache: er kann blitzartig erfassen, was unbegreiflich ist – oder begreifen, umarmen, was unfassbar ist: allem lauschen, gleichzeitig *alles, was gesagt wird*, und die Rückseite von allem, was gesagt wird, hören. (2011, S. 98 f., Hervorhebungen im Original)

Novarina hat es mit seiner Theaterarbeit also auf eine Verschiebung in der Beschaffenheit der Spracherfahrung abgesehen, die wegführt von einem konventionellen Verhältnis zur Sprache und dem hermeneutischen Bestreben, den semantischen Gehalt des Gesagten ‚richtig' verstehen zu wollen, und hinführt zu einer Spracherfahrung, die mehr Raum lässt für... ja, wofür? Was bedeutet es, wenn Novarina die Möglichkeit eines Erspürens von Sprache in Aussicht stellt? Es bedeutet, dass er damit beispielsweise eine Sensibilisierung im Blick hat für das, was die ausgesprochenen Worte nur andeuten und was zwischen den Zeilen mitschwingt, für unser individuelles Sprachempfinden, für unsere eigene Gefühlswelt, usw.. Kurz: für einen Zugang zur Sprache, der sinnlich-affektiven Parametern einen größeren Stellenwert einräumt als es das dekodierende, auf eine reibungslose Kommunikation ausgerichtete Sinnverstehen gemeinhin tut, welches unser Alltagsleben nachhaltig prägt. Deswegen wird das uns wohlvertraute Bestreben, Gehörtes auf seine Bedeutung hin zu befragen, natürlich nicht aufgehoben. Die Aufwertung leiblicher, sinnlicher und affektiver Aspekte im Zusammenhang mit der Erfahrung von Sprache lassen den Vorgang der Sinngenese also nicht automatisch in den Hintergrund treten. Vielmehr können sie ihn beeinflussen und gar befeuern. Beide Ebenen gehen in der Arbeit von Novarina eine komplexe Wechselbeziehung ein.

Novarina nimmt alternative Erfahrungsdimensionen von Sprache bereits schreibend ins Visier. Das heißt, er konzipiert seine Theatertexte absichtlich so, dass sie bei ihrer Verlautbarung in einer kollektiven, ko-präsentischen Aufführungssituation dazu angetan sind, leibliche, sinnliche und affektive Reaktionen hervorzurufen. Dies gelingt ihm durch eine starke Auffächerung gängiger Verweisungszusammenhänge, indem er bislang unbekannte adhoc-Wortschöpfungen imaginiert. Einen besonderen Stellenwert nehmen dabei Kofferwörter ein, in denen mehrere Wortstämme miteinander verschmelzen und dadurch ungewöhnliche semantische Kontaminationen entstehen.[7] Als Rezipientin dieser Texte bin ich folglich darauf angewiesen, auf mein eigenes Sprachempfinden zurückzugreifen, um das Gehörte in mögliche Repräsentationen aufzulösen. Denn der Sinn rückt hier ins Ungefähre. Er wird für mich nahezu vollständig kontingent. Insofern ich damit konfrontiert bin, dass etwas dies oder das oder ganz etwas anderes bedeuten kann, muss ich ein neues Verhältnis zum Sinn eingehen, welches nicht mehr geleitet ist von einem Wissen über die Sprache, das verlässlich abzurufen wäre, sondern stattdessen angewiesen ist auf ein zutiefst individuelles Sprachgefühl.

Aber was heißt in diesem Zusammenhang Sprach*gefühl*? Mit dem Begriff des Sprachgefühls meine ich hier nicht in erster Linie, wie dies gängigerweise der Fall ist, unser Gefühl dafür, wie eine Satzstruktur in Übereinstimmung mit den internalisierten grammatischen Regeln einer Sprache ‚richtig' zu lauten habe, sondern vielmehr die Aufwertung einer Sphäre, in der die Hervorbringung von Bedeutungen von unserer momentanen Gestimmtheit beeinflusst ist. Ausschlaggebend für

---

[7] Bei Kofferwörtern handelt es sich folglich um Phantasiewörter, die in ihrer spezifischen Zusammensetzung eigentlich keinen Sinn ergeben, aber dennoch irgendwie sinnfällig erscheinen. Als Beispiel lässt sich das Wort „automoubeuglantes" anführen. (2003, S. 14) Es ist für französische Verhältnisse sehr lang und eigentümlich semantisch aufgeladen. Neben dem Hinweis auf „das Automobil" enthält es das Adjektiv „mou" („weich"), welches als Substantiv auch „Weichling" („un mou") oder in anderem Kontext „Tierlunge" (z. B. „le mou d'un bœuf") bedeuten kann. Hinzu kommt das Verb „beugler" („brüllen"), womit normalerweise die Äußerungsart einer Kuh oder eines Stiers benannt ist, allerdings kann es auch das Dröhnen eines Radios bezeichnen oder eine Person, die laut herumbrüllt. Das Wort „automoubeuglantes" bildet somit eine lexikalische Fundgrube, aus der ich als Rezipientin verschiedenes heraushören kann: Ich kann an laut brüllende Weichlinge denken oder daran, wie selbige sich aufgrund ihrer schwachen Lungen eines Autos bedienen, um dennoch laut brüllen zu können. Genauso kommen laut röhrende Autos in Betracht, die etwas Tierisch-Eigenständiges an sich haben. Entsprechend gibt es in den Texten bzw. Aufführungen Novarinas viele Wörter, die aufhorchen lassen und die Zuhörenden dazu bringen, selber aktiv Bedeutungsgenese zu betreiben.

diese Art von Sprachgefühl sind nicht mehr die Denotationen von Wörtern oder Aussagen, sondern vielmehr ihre variablen und letztlich subjektiv empfundenen Konnotationen. Es handelt sich folglich um den Vorgang des Assoziierens, den Novarinas Texte auf Seiten der Rezipient_innen verstärkt aktivieren. Entscheidend für diesbezügliche Überlegungen ist die Tatsache, dass Assoziationen nicht nur semantische Vorstellungsinhalte (Bedeutungen) betreffen, sondern ebenso sinnliche Wahrnehmungen und Gefühle umfassen und in unterschiedlichsten Konstellationen miteinander koppeln können. Auf literarischer Ebene hat Marcel Proust in *À la recherche du temps perdu* das wohl prominenteste Beispiel für diese Art der assoziativen Kopplung geliefert (1987–1989). In der berühmten Madeleine-Episode vollzieht er detailliert nach, wie der Geschmack einer in Tee getauchten Madeleine im Ich-Erzähler des Romans ein großes Glücksgefühl auslöst, dessen Grund ihm zunächst verschlossen bleibt und sich ihm schließlich als eine Kindheitserinnerung zu erkennen gibt, die seinem Gedächtnis zuvor nicht mehr zugänglich war. Der Genuss des Tees mit der Madeleine weckt in ihm die Erinnerung an ein analoges Erlebnis, nämlich an Momente, in denen er in den Osterferien von seiner Tante Leonie eine in Lindenblütentee getunkte Madeleine probieren durfte und führt dazu, dass ihm die ganze sinnliche Fülle dieser Kindheitstage wieder präsent wird und, wie Proust es formuliert, direkt aus der Tasse Tee aufsteigt (1987, Bd. 1, S. 47). Er erinnert sich folglich nicht nur an bestimmte architektonische und landschaftliche Einzelheiten des Ortes Combray und seiner Umgebung, wo er die Ferien verbrachte, oder an bestimmte Begebenheiten, die sich dort abspielten, sondern auch an die charakteristischen Gerüche, denen er dort begegnete und an die Gefühle, die ihn bewegten. In dieser Passage seines Werkes zeichnet Proust folglich nach, wie ein spezifischer Geschmack Assoziationsketten auslösen kann, an deren Spitze eine starke Gefühlsaufwallung steht und daran anschließend eine Reihung von bildlichen Vorstellungsinhalten, Sinneseindrücken und subtilen affektiven Regungen. Derartige Assoziationsketten sind folglich gemeint, wenn Novarina der Journalistin und Theaterkritikerin Odile Quirot gegenüber zustimmt, dass seiner Sprache in der Tat eine ähnliche Funktion zuzusprechen sei, wie sie die Madeleine bei Proust erfülle, nämlich die Fähigkeit, unter anderem Sinneseindrücke und Gefühle auszulösen, genauer: *des sensations*,[8] was im Französischen beides heißen kann (2007).

Indem Novarina immer ins Zwischen zielt und unsere Aufmerksamkeit immer aufs Zwischen lenkt – zwischen zwei Sätze, zwischen uns bekannte Wörter, zwischen zwei oder drei mögliche Bedeutungen einer Aussage – schafft er Si-

---

[8] Zum Bedeutungshorizont des französischen Wortes „sensation" vgl. Paul Imbs (Hrsg.). 1992. *Trésor de la langue française: dictionnaire de la langue du XIXe et du XXe siècle.* Bd. 15. Paris: Éditions du CNRS, S. 325 f.

tuationen, in denen wir als Rezipient_innen assoziativ reagieren müssen. Und insofern Assoziationen dem oben aufgezeigten Verständnis nach Brücken bauen zwischen symbolischen Strukturen (Bedeutungen) einerseits und Sinneseindrücken und Gefühlen andererseits springen wir, seinen Texten zuhörend, zwischen beiden Ordnungen hin und her. Wichtig ist es, diesen Vorgang nicht als Nivellierung des Unterschieds zwischen beiden Ordnungen misszuverstehen, sondern vielmehr als Möglichkeit, unsere Spracherfahrung für eine leibliche, sinnliche, affektive Dimension zu öffnen, die sich schließlich in einem theatralen, performativen Rezeptionsrahmen besonders wirkungsvoll realisieren kann.

7 Schlussbetrachtungen

Die Möglichkeit eines Erspürens von Sprache ist bei Novarina folglich an die Einsicht geknüpft, dass auch sprachlicher Sinn nicht gegeben ist, sondern performativ hervorgebracht werden muss. Wie meine Gefühle und sinnlichen Eindrücke erfahre ich ihn als emergent, das heißt als ein Ereignis, welches einerseits abhängig von meiner eigenen Wahrnehmung ist und mir in letzter Instanz zugleich unverfügbar bleibt. In Novarinas Worten liest sich dies wie folgt: „Sprachbahnen im Raum: Sprünge, Schächte, perspektivische Schneisen im Wald der Bedeutungen, sich plötzlich öffnende Stollen, Vordringen durch verschüttete Pfade, Abkürzungen, Beugung, Vorwegnahme und blitzschnelle Echos" (2011, S. 125). Und an anderer Stelle führt er weiter aus:

> Jedem Ding muss man sich in seiner Bewegung annähern; jedes Ding nähert sich nur in seiner Veränderung; jedwede Wirklichkeit, auch und vor allem die Wörter. Sie werden nur in ihrer philologischen Verbrennung verständlich. Das ist es, was bisweilen in einem Theatersaal passiert, wo wir die Sprache sehen als eine Welle, die sich ausbreitet, aus einem Mund kommt, an einem Ort handelt, von der Wand oder einem Satz abprallt, der noch nicht da ist, sich auf ein vor hundertvierundsechzig Minuten gesprochenes Wort reimt, mit dem Phantom des folgenden Satzes spielt. Denn die Sprache wirkt nach allen Richtungen und besonders durch die Wörter, die sie nicht sagt, durch das, was sie nicht ausdrückt, durch das *Phantomwort*, das unsichtbar ist, gerade weil es der Schlussstein des geatmeten Satzgebäudes ist. Im Theater wirkt der Satz sichtlich auch durch den Weg, den er nicht einschlägt, durch die Wendung, die er meidet. (2011, S. 55, Hervorhebungen im Original)

Novarina spielt mit dieser Beschreibung darauf an, dass unser Verhältnis zur Sprache letztlich zutiefst unwägbar und vor allem radikal subjektiv ist. Entsprechend durchkreuzt er in seinen Aufführungen unsere mitgebrachten sprachlichen Erwartungshaltungen und zwingt uns, selber aktiv zu werden und neue Wege der

Sinngenese zu erproben. Für die daraus resultierende Spracherfahrung benennt er vor allem zwei Aspekte als ausschlaggebend: Zum einen erwähnt er die zeitliche Dynamik, der wir im Theater ausgesetzt sind, wenn er sagt, man müsse sich jedem Ding in seiner Bewegung annähern. So sind wir im Theater in der Tat außer Lage, die Zuhörgeschwindigkeit zu beeinflussen, können nicht anhalten, zurückblättern und uns länger als den Bruchteil einer Sekunde bei dem Gehörten aufhalten, um ihm nachzusinnen. Zum anderen spielt er auf die Bedeutung der individuellen Konnotationen an, die wir den Wörtern und Sätzen zuweisen, indem er betont, dass gerade das nicht explizit Ausgesprochene eine maßgebliche Tragweite besitze. Novarina legt seinen Fokus folglich auf das, worauf das Gehörte für uns anspielt, was es in uns jeweils wachruft und was wir beim Hören hinzudenken. Es handelt sich um Dinge, Erinnerungen, Empfindungen, Bedeutungen, die er natürlich im Schreiben nicht antizipieren kann und die er dennoch als zentral erachtet.

Bleibt abschließend festzuhalten, dass Novarinas Ausführungen immer wieder um die Erfahrungen des Zuschauers kreisen. Indem er die Wahrnehmung des/der Zuschauer_in zum Gegenstand seiner Überlegungen macht, nimmt er die Haltung eines Phänomenologen ein, das heißt eine Perspektive, die sich als wegweisend für die analytische Aufarbeitung des postdramatischen, performativen Gegenwartstheaters erwiesen hat und in dieser Qualität vor allem von Erika Fischer-Lichte aufgearbeitet wurde.[9] Damit geht Novarina als theaterwissenschaftlicher Theoretiker seinen Landsleuten voran, die dieses methodische Feld, obwohl es explizit auf den Grundlagen der französischen Phänomenologie aufbaut, bislang nicht für sich entdeckt haben.

---

[9] Erika Fischer-Lichte, die zu Beginn ihrer Karriere die Theatersemiotik wegweisend entwickelt hat, hat sehr früh auch die Tatsache erkannt, dass semiotische Ansätze an ihre Grenzen stoßen, wenn es nicht mehr darum geht, eine Inszenierung hermeneutisch zu deuten, sondern die ganz individuelle Wirkung zu erklären, die bestimmte Aufführungen, insbesondere die des Performance-Theaters der Gegenwart, auf die Zuschauer ausüben können. Infolgedessen wandte sie sich vermehrt phänomenologischen Analysemethoden zu, die anstelle semiotischer Formalisierungen die subjektive Beobachterposition in ihr Recht setzen, um so den leiblichen, sinnlichen, affektiven Dimensionen einer Aufführung habhaft zu werden. Vgl. hierzu Erika Fischer-Lichte. 1983. Vorwort. In *Das Drama und seine Inszenierung*, hrsg. E. Fischer-Lichte, VII-XII, Frankfurt am Main: Max Niemeyer. Zum Übergang der theoretischen Schwerpunktlegung vom Semiotischen zum Performativen vgl. ferner Erika Fischer-Lichte. 2001. *Ästhetische Erfahrung. Das Semiotische und das Performative*, Tübingen/Basel: Francke. Zur theaterwissenschaftlichen Phänomenologie vgl. grundlegend Jens Roselt. 2008. *Phänomenologie des Theaters*, Paderborn: Wilhelm Fink.

Literatur

Bachtin, Michail M. 1995. *Rabelais und seine Welt. Volkskultur als Gegenkultur*. Frankfurt a. M.: Suhrkamp.

Bident, Christoph. 2009. Et le théâtre devint postdramatique: histoire d'une illusion. *Théâtre public* 36 (194): 76–82.

Ferry, Marion, Hrsg. 2010. *Valère Novarina: L'Acte inconnu, Devant la parole*. Baccalauréat théâtre. Chasseneuil du Poitou: Scérén-CNDP/CRDP.

Finter, Helga. 1990. *Der subjektive Raum*, Bd. 1: *Die Theaterutopien Stéphane Mallarmés, Alfred Jarrys und Raymond Roussels: Sprachräume des Imaginären*, Bd. 2: „. . . der Ort, wo das Denken seinen Körper finden soll": Antonin Artaud und die Utopie des Theaters. Tübingen: Narr.

Fischer-Lichte, Erika. 1983. Vorwort. In *Das Drama und seine Inszenierung*, Hrsg. E. Fischer-Lichte, VII-XII, Frankfurt a. M.: Max Niemeyer.

Fischer-Lichte, Erika. 2001. *Ästhetische Erfahrung. Das Semiotische und das Performative*. Tübingen: Francke.

Fischer-Lichte, Erika. 2004. *Ästhetik des Performativen*. Frankfurt a. M.: Suhrkamp.

Helmich, Werner. 1991. *Der moderne französische Aphorismus. Innovation und Gattungsreflexion*. Tübingen: Max Niemeyer.

Imbs, Paul, Hrsg. 1992. *Trésor de la langue française: dictionnaire de la langue du XIXe et du XXe siècle*, Bd. 15. Paris: Éditions du CNRS.

Iser, Wolfgang. 1994. *Der Akt des Lesens: Theorie ästhetischer Wirkung*. München: Wilhelm Fink.

Krämer, Sybille. 2001. *Sprache, Sprechakt, Kommunikation: sprachtheoretische Positionen des 20. Jahrhunderts*. Frankfurt a. M.: Suhrkamp.

Lehmann, Hans-Thies. 2001. Just a word on the page and there is the drama. Anmerkungen zum Text im postdramatischen Theater. In *Theater fürs 21. Jahrhundert*, Hrsg. H. L. Arnold, 26–33. München: Text + Kritik.

Lehmann, Hans-Thies. 2002. *Le Théâtre postdramatique*. Paris: L'Arche.

Lehmann, Hans-Thies. 2005 [1999]. *Postdramatisches Theater*. Berlin: Theater der Zeit.

Merleau-Ponty, Maurice. 1945. *Phénoménologie de la perception*. Paris: Gallimard.

Merleau-Ponty, Maurice. 1964. *Le Visible et l'invisible*. Paris: Gallimard.

Novarina, Valère. 1979. *Lettre aux acteurs*. Paris: L'Énergumène

Novarina, Valère. 1986. *Pour Louis de Funès précédé de Lettre aux acteurs*. Paris: Actes Sud.

Novarina, Valère. 1991. *Pendant la matière*. Paris: P.O.L.

Novarina, Valère. 2003. *La Scène*. Paris: P.O.L.

Novarina, Valère. 2006. *Lumières du corps*. Paris: P.O.L.

Novarina, Valère. 2007 [1989]. *Le Théâtre des paroles (Lettre aux acteurs, Le Drame dans la langue française, Le Théâtre des oreilles, Carnets, Impératifs, Pour Louis de Funès, Chaos, Notre parole, Ce dont on ne peut parler, c'est cela qu'il faut dire)*. Paris: P.O.L.

Novarina, Valère. 2009. *L'Envers de l'esprit*. Paris: P.O.L.

Novarina, Valère. 2010 [1999]. *Devant la parole*, réédition en poche. Paris: P.O.L.

Novarina, Valère. 2011. *Lichter des Körpers*, übers. v. Leopold von Verschuer. Berlin: Matthes & Seitz.

Novarina, Valère. 2012. *La Quatrième personne du singulier*. Paris: P.O.L.

Poschmann, Gerda. 1997. *Der nicht mehr dramatische Theatertext. Aktuelle Bühnenstücke und ihre dramaturgische Analyse.* Tübingen: Max Niemeyer.

Proust, Marcel. 1987–1989. *À la recherche du temps perdu*, Bd. 4. Paris: Gallimard.

Quirot, Odile. 2007. A voix nue. Cinq entretiens avec Odile Quirot, Radio France, France Culture, Ursendungen: 25.–29. Juni 2007.

Rabelais, François. 1994. *Œuvres complètes* (Hrsg. v. M. Huchon). Paris: Gallimard.

Ramat, Christine. 2009. *La comédie du verbe: le comique et le sacré dans l'œuvre de Valère Novarina.* Paris: L'Harmattan.

Roselt, Jens. 2008. *Phänomenologie des Theaters.* Paderborn: Wilhelm Fink.

Sarrazac, Jean-Pierre. 2007. La Reprise (réponse au postdramatique). In *La Réinvention du drame (sous l'influence de la scène)*, Hrsg. J.-P. Sarrazac und C. Naugrette, 7–17. Louvain-la-Neuve: Centre d'Études théâtrales.

Theorie und Theater: Eine melancholische Beziehung. Am Beispiel von Performances der Gruppe Nova Melancholia

Natascha Siouzouli

Ich hatte schon vor mehreren Jahren bemerkt, wie viel Falsches ich in meiner Jugend für wahr gehalten hatte, und wie zweifelhaft Alles war, was ich darauf erbaut hatte. Ich meinte deshalb, dass im Leben einmal Alles bis auf den Grund umgestoßen und von den ersten Fundamenten ab neu begonnen werden müsste, wenn ich irgendetwas Festes und Bleibendes in den Wissenschaften aufstellen wollte. Es schien dies jedoch ein ungeheures Unternehmen, und ich wartete das Alter ab, was so reif sein würde, dass ihm ein geschickteres zur Erwerbung der Wissenschaften nicht mehr nachkommen könne. In Folge dessen habe ich so lange gezögert, dass ich zuletzt die Schuld trüge, wenn ich die zum Handeln noch übrige Zeit im Zaudern verbringen wollte. Zur passenden Zeit habe ich deshalb heute meine Seele von allen Sorgen losgemacht, mir eine ungestörte Müsse (sic) bereitet und ich trete in die Einsamkeit, um endlich ernst und frei zu dieser allgemeinen Ausrottung meiner bisherigen Meinungen zu schreiten. (Descartes 1870)

1 Nicht verstehen

Nova Melancholia[1] präsentierte 2011 in Athen die Performance *Erste Meditation – Über das, was in Zweifel gezogen werden kann*, beruhend auf dem Text von Descartes, dessen Beginn ich hier zitiert habe. Descartes performt in diesem Text – nach langem Zögern, wie er sagt – in der Tat die „Ausrottung [s]einer bisherigen Meinungen", indem er sie radikal in Zweifel zieht. Diese erste Meditation, indem sie das

[1] http://www.novamelancholia.gr/en/. Zugegriffen: 19. Oktober 2013.

N. Siouzouli (✉)
Berlin, Deutschland
E-Mail: natascha.siouzouli@fu-berlin.de

A. Hackel, M. Vollhardt (Hrsg.), *Theorie und Theater*,
Kulturelle Figurationen: Artefakte, Praktiken, Fiktionen,
DOI 10.1007/978-3-658-04102-1_9, © Springer Fachmedien Wiesbaden 2014

Abb. 1 ERSTE MEDITATION ©Evi Fylaktou, Nova Melancholia

Zweifeln performt und auf Gewissheiten verzichtet, stellt sich in gewissem Sinne als eine Verlängerung des Zauderns dar, als der „entscheidende Punkt, der am Anfang der Tat steht." (Vogl 2008, S. 33). Nova Melancholia performt nun in ihrer Aufführung diese Performanz bzw. Performance des grundlegenden Zweifelns, indem sie Strategien des radikalen Zauderns einsetzt und erschöpft. Im Folgenden möchte ich diese Strategien, die ein zentrales Gestaltungsprinzip der Inszenierungen der Gruppe darstellen, aufspüren, beschreiben und auf ihre spezifischen Qualitäten hin untersuchen. Außer der schon erwähnten Inszenierung von 2011 stütze ich mich auf zwei Inszenierungen der Jahre 2009 und 2010, nämlich die der *Geschichtsphilosophischen Thesen* von Walter Benjamin und die von Sigmund Freuds Essay *Trauer und Melancholie*. Ehe ich in die Analyse einsteige, möchte ich kurz die Gruppe vorstellen, um die es gehen wird: Nova Melancholia ist ein Performancekollektiv, das seit 2007 in Griechenland aktiv ist. Kern des Kollektivs sind zwei, wie ich meine, wichtige Künstler: Vassilis Noulas, Regisseur, bildender Künstler und Poet, und Manolis Tsipos, Choreograph, Performer und Autor. Die beiden entwickeln die Arbeiten von Nova Melancholia meist zusammen und kooperieren jedes Mal mit verschiedenen Schauspieler_innen, Bühnenbildner_innen etc. Die Gruppe zeigt Theater und Performances in ganz verschiedenen Zusammenhängen und benutzt oft als Grundlage für deren Produktionen literarische – Novellen, Gedichte etc. – oder philosophische bzw. theoretische Texte. Ich setze mich nun mit drei Aufführungen auseinander, die theoretische Texte inszenieren, und frage nach der Interaktion zwischen dem spezifischen Text und seiner Inszenierung.

Ginge es darum, diesen Aufführungen eine gemeinsame, titelartige Charakterisierung zu geben, so würde ich sie als ‚Plädoyers für das Nicht-Verstehen' bezeichnen. Absicht der Aufführungen ist keineswegs einen Text zu vermitteln oder gar mit Bühnenmitteln zu erklären und zu illustrieren. Vielmehr würde ich die Aufführungen als Strategien der Ver- bzw. Entfremdung von Texten und Wahrnehmungsweisen verstehen. Die Inszenierungen stellen sich als Räume der Kollision zwischen einem ganz spezifischen Text, der als solcher – nämlich als theoretisch-philosophischer, der bestimmte Thesen äußert und konkrete Themen verhandelt – verstanden werden möchte, und szenischen Handlungen, welche diesem Verstehen widerstehen bzw. es unmöglich machen. Wenn also das, was durch diese Texte erreicht werden soll – das Verstehen dieser Texte – als deren Ziel bezeichnet werden kann, so stellen die Aufführungen Labyrinthe dar, welche das Erreichen dieses Ziels erschweren oder gar verhindern.

> Kann man mit Walter Benjamin das Labyrinth die „Heimat des Zögernden" nennen, so dokumentiert das Labyrinthische selbst eine zauderhafte Struktur. Ein wesentliches Problem moderner Poetik besteht offenbar darin, mehrere divergente Geschichten gleichzeitig zu erzählen und ein System zu erzeugen, das auf Systeme von Systemen verweist; und diese sind eben von Figuren bevölkert, die sich aufs Verirren spezialisieren. (Vogl 2008, S. 76)
> Wenn Kafka einmal davon gesprochen hat, dass es vielleicht ein „Ziel", aber „keinen Weg" gebe – „was wir Weg nennen, ist Zögern" –, so enthält das eine elementare Definition der labyrinthischen Struktur. Demnach ist das Labyrinth eine Reihe von Intervallen oder Spatien, oder genauer: Es ergibt sich durch infinitesimale Teilungen, die Abschnitte in kleinere und diese in wiederum kleinere aufteilt. Das Labyrinth ist ein unendlicher Interpolationsprozess, eine beliebig fortsetzbare Intervallierung des Kontinuums. (ebd., S. 89)

Tatsächlich inszeniert Nova Melancholia labyrinthische Räume, in denen sich Worte, Figuren, Objekte, Bilder, Musik verirren. Ein fundamentales Zaudern durchzieht das szenische Geschehen und zögert stets das Telos – hier zunächst eine Textschilderung – hinaus. Die Aufführungen lassen sich als „disjunktive Synthesen" verstehen, die „ein angehaltenes Dazwischen [strukturieren] und sich auf ein Verirrungs- oder Verwirrungspotential [beziehen]" (ebd., S. 76 f.). Der Raum des Geschehens ist also dieses „angehaltene[] Dazwischen", das freilich das ‚Ziel' stets in die Ferne rückt. Die Weigerung der Exegese von Seiten der Aufführung und das Insistieren auf das Verweilen im „endlose[n] Schwellen- oder Übergangsraum" (ebd., S. 83) passiert im Zuge eines melancholischen Gestus, den ich explizit mit der Attitüde des Zauderns in Verbindung bringe.[2] Im Folgenden möchte ich nun diese Relation ausführlicher und speziell im Rahmen der Inszenierung der spezifischen Texte untersuchen. Was mich vordergründig interessiert, sind die Taktiken und Strategien, die sich in der

---

[2] Zur Affinität zwischen Zaudern und Melancholie vgl. Vogl 2008, S. 108 f.

Aufführung manifestieren und die in der konkret eingesetzten Weise den zugrunde gelegten Text und seine Inszenierung auf eine ganz spezielle Art gestalten und transformieren.

2   Von Monstern und Labyrinthen

Das erste, was bei den Aufführungen – vor allem in den *Geschichtsphilosophischen Thesen* und bei *Trauer und Melancholie* – auffällt, ist dass sie einen Raum instrumentalisieren, der ausgesprochen polytopisch ist. Immer ereignen sich auf den verschiedenen Ebenen der Bühne mehrere Sachen, die nicht nur die Performer_innen, sondern auch anderes Aufführungsmaterial involvieren. So läuft zum Beispiel ein Akteur über die Bühne und lässt dabei eine riesige albanische Flagge hinter sich her flattern, während zwei Performerinnen diverse Utensilien links vorne, vor einer Konstruktion aus Pappe, versammeln, während eine Figur hinten links, von oben bis unten komplett durch ein burkaähnliches Gewand verschleiert, langsam voranschreitet, während hinten rechts Dias projiziert werden, während ein bekanntes griechisches Guerrillalied spielt... (*Thesen*, Abb. 2). Was hinzukommt – und durchaus für alle drei Aufführungen charakteristisch ist – ist der Eindruck eines *horroris vacui*, einer Intoleranz gegenüber Leerstellen, einer Schwemme an Ereignissen und Materialien. Die Tatsache, dass die gesamte Bühne stets bespielt wird, bzw. das Gefühl einer exzessiven Präsenz hat zur Folge, dass die ‚Handlung' oder die ‚Aktion' keineswegs gesammelt und gezielt sind, sondern zerstreut und unkonzentriert. Es entstehen zwar immer wieder kleinere Handlungssequenzen oder imposante Bilder, allerdings verschwinden sie genauso schnell wieder, ohne einen bleibenden Eindruck mit Blick auf die Bühnensituation zu hinterlassen. Damit meine ich, dass offenbar keine Geschichte erzählt wird oder keine Narration zustande kommt: Kausale Beziehungen existieren nicht, das nächste entsteht nicht – logischerweise – aus dem vorherigen und kein Ziel – was ja die Aktion als Praxis, Handlung qualifizieren könnte – wird anvisiert. Die Aktion stellt sich in dem Sinne als ein zielloser, eher chaotischer Umtrieb dar, der die Handlung anstatt sie herbeizuführen immer weiter hinausschiebt. Es ist in der Tat ein Nicht-Festlegen-Wollen oder, wie Vogl sagt, ein „endloses Fragen" (ebd., S. 58). Was die Aufführung hier veranstaltet – jede Aktion, die hier auf der Bühne stattfindet, geschieht regelrecht „im Vorhof des Handelns, in dem ein Sich-Entscheiden und das Anbrechen der Tat selbst infrage stehen." (ebd., S. 33)

In ähnlicher Richtung würde ich sagen wollen, dass die Aufführung sich weigert, endgültig über den Text zu entscheiden und sich festzulegen. Der Umgang

Abb. 2 GESCHICHTSPHILOSOPHISCHE THESEN © Nova Melancholia

der Inszenierung mit dem Text ist ein dezidiertes Meiden von Entscheidung, eine ständige Offenlegung von Alternativen, ein Negieren der Interpretationshoheit. Die Aufführung will den Text nicht so oder anders verstehen und vermitteln, sondern verweilt und flaniert im Vorhof der Entscheidung, ein resolutes Zaudern praktizierend. Indem sie der Linearität die Disparität vorzieht, suggeriert sie die Absenz *einer* Bedeutung bzw. *einer* gültigen Narration und bringt die Pluralität der Aktion als immerwährende Weigerung einer Finalität hervor. Diese Tatsache wird durch die Art und Weise unterstrichen, wie der Text auf der Bühne gesprochen wird: Die Stimmen der Performer_innen, welche die Texte sprechen, werden fortwährend durch den Einsatz von Mikrofonen verzerrt und verstellt; die Akteur_innen selbst verkehren ihre Stimmen, indem sie z. B. mit prononciert hoher oder ganz tiefer Stimme bzw. ganz leise oder laut sprechen. Es ist deutlich, dass weder *ein* Autor noch *ein* Text spricht, sondern dass vielmehr ein Text dargeboten und exponiert wird (Abb. 3). Die Souveränität eines Subjekts, sei es des Autors oder des Textes, wird hier vehement negiert und zurückgewiesen. Eine kritische Rolle spielen in diesem Zusammenhang auch die Musik und Lieder, die in allen drei Aufführungen manifest in den Vordergrund gerückt werden. Statt als Erklärungsinstrumentarien fungieren sie als Motoren zur Generierung anderer Räume bzw. anderer (affektiver) Welten auf der Bühne und unterbrechen den theoretischen oder philosophischen

Abb. 3 GESCHICHTSPHILOSOPHISCHE THESEN ©Nova Melancholia

Text auf extreme Art und Weise oder brechen ihn auf. Die Musik und die Lieder erfüllen in der Tat die ultimative Zauderfunktion, indem sie den spezifischen Logos radikal hinterfragen und dessen Dominanz stets untergraben.

Das Zaudern, das die Aufführungen praktizieren, möchte ich als ein melancholisches Zaudern verstehen, weil sie ein Telos, ein Ende, ein Ergebnis nicht nur suspendieren, sondern auch den Mangel betonen und ironisch kommentieren. Nicht nur weisen sie jeglichen Erklärungsversuch zurück, sondern suggerieren, dass es sinnlos wäre, zu behaupten, dass die Texte auf Erklärungen angewiesen wären. Vielmehr zeigen die Aufführungen, dass die Texte Anlässe für Assoziationen, Bilder und Situationen darstellen, ein Bühnenmaterial also, dem man sich nicht durch Exegese und Illustration, sondern durch Bereicherung, Dezentrierung und Ausuferung annähern kann.

Anders als in einer Situation des Zauderns, bei der man es eher mit einer, nach Vogl, „dezidierten Inaktivität zu tun" (ebd., S. 36) hat, setzen die Aufführungen auf eine emphatische Aktivität, wenn nicht Rastlosigkeit. Das Melancholische identifiziert sich in diesem Sinne hier nicht mit einem Nichtstun, sondern vielmehr mit „eine[r] Aktivität, die den Akt deaktiviert" (ebd., S. 37). Zeit und Raum dehnen sich, indem sie fast exzessiv mit Musik, Tanz, Verkleidungen, Gags, kleineren oder größeren Spielsequenzen, Projektionen etc. gefüllt werden. Es ereignet sich immer etwas auf der Bühne, das einerseits suggeriert, dass da ein zu füllendes Vakuum existiert, andererseits stets dessen Unzulänglichkeit, irgendetwas zu erreichen, in den Vordergrund stellt. Das heißt, Aktivität ja, aber ziel- und ergebnislos – für eine stringente Bühnenpraxis versteht sich.

Was die Aufführungen bieten, ist ein Spektrum, ein Mosaik von Assoziationen, Bildern, Imaginiertem etc., welche miteinander sehr lose – wenn überhaupt – zusammenhängen. Diese Taktik kann derart *in extremis* getrieben werden, dass sehr oft der Eindruck entsteht, dass die Aufführungen einer Traumstruktur folgen – ohne jegliche logische Konsequenz, ohne raumzeitliche Kohärenz. Dies ist sehr prägnant der Fall in der Descartes-Inszenierung.

> Dies klingt sehr schön; aber bin ich nicht ein Mensch, der des Nachts zu schlafen pflegt und Alles dies im Traume erfährt? Ja mitunter noch Unwahrscheinlicheres als das, was Jenen im Wachen begegnet? Wie oft kommt es nicht vor, dass der nächtliche Traum mir sagt, ich sei hier, mit dem Rock bekleidet, sitze am Kamin, während ich doch mit abgelegten Kleidern im Bette liege! – Aber jetzt schaue ich sicher mit wachen Augen auf das Papier; das Haupt, das ich bewege, ist nicht eingeschläfert; ich strecke wissentlich und absichtlich diese Hand aus und fühle, dass dies so bestimmt einem Träumenden nicht begegnen könnte. – Aber entsinne ich mich nicht, dass ich von ähnlichen Gedanken auch schon im Traume getäuscht worden bin? – Indem ich dies aufmerksamer bedenke, bemerke ich deutlich, dass das Wachen durch kein sicheres Kennzeichen von dem Traume unterschieden werden kann, so dass ich erschrecke, und dieses Staunen mich beinahe in der Meinung bestärkt, dass ich träume. (Descartes 1870)

Im gesamten zweiten Teil der Aufführung ist der Text nicht mehr präsent – Die Schauspielerin hat ihn schon im ersten Teil vollständig gesprochen und nun ist die ‚Zeit des Traumes' gekommen. Teil zwei der Aufführung stellt sich aus einer Reihe ganz verschiedener Lieder (von Juliette Gréco, Laibach, Lena Platonos, um nur einige zu nennen) zusammen, die durch Metamorphosen der Schauspielerin begleitet werden – sie taucht unter anderem als etwas deformierter Jesus, als ein nicht eindeutig zu identifiziertes Rieseninsekt oder als ein dreiköpfiger Freak auf (Abb. 1). In diesem zweiten Teil der Aufführung ist es die Gewissheit der Körperlichkeit selbst, die in Zweifel gezogen wird. Der Körper löst sich auf, transformiert sich bis hin zur Unmenschlichkeit, ver- und entformt sich; er weigert sich – bzw. er zögert – eine endgültige Form anzunehmen und verweilt an einem Ort des Traumes, wo verstörende Bilder und Situationen kollidieren, um neue, verwirrende (Un-)Formen zu kreieren.

Die Körper beteiligen sich an der bzw. sie intensivieren die Zauderstruktur der Aufführungen, indem sie Formen und Normen zurückweisen und auf ständiger Transformation beharren. Verwandlung und ‚Entmenschlichung' der Körper lautet eine gemeinsame Strategie bei allen Aufführungen: Die Schauspieler_innen erscheinen als Zwitterwesen, in transparenten riesigen Tüten eingeschlossen oder von einem Haufen von Kleidungsstücken umhüllt, sich darin extrem mühsam bewegend; sie tragen prononciert große Brüste, groteske Perücken, setzen Ornamente aus Papier auf deren Gesicht usw. Die Schauspieler_innen stellen sich selbst als mangelhafte, unzulängliche, verformte oder formlose[3] Körperlichkeiten heraus, die eigentlich nie zu einer Form gelangen (können). Vielmehr ist deren ‚Norm' die Metamorphose; die Schauspieler_innen zögern, identifizierbare Formen anzunehmen, sie beharren auf der Schwelle zur Form und: „Wandel, Übergang, Fluten liegen im Worte ‚schwellen' " (Benjamin zit. in: Vogl 2008, S. 83 f.). Vogl präzisiert in Bezug auf die Kreaturen der Schwelle, wo „wie Lichtenberg einmal bemerkte, ‚immer die seltsamsten Geschöpfe' [liegen]. Ihre Existenz ist grundlos, allein im Zaudern gehalten." (ebd., S. 105)

Queere Kreaturen bevölkern oder vielmehr bringen also diese szenischen Labyrinthe hervor, die sich wiederum aus unheimlichen Bildern und Situationen zusammensetzen, welche letzten Endes brisanter und bizarrer Weise mit einem (theoretischen) Text kommunizieren (Abb. 4). Selbstverständlich ist es möglich, Aufführungssequenzen mit bestimmten Textstellen einigermaßen direkt zu verknüpfen und bestimmte Bühnensituationen als Interpretation bzw. Übersetzung bestimmter Textpartien oder Konzepte zu lesen.[4] Ich bestehe allerdings auf einem losen, offenen, assoziativen Verhältnis zwischen dem Text und seiner Inszenierung, der statt Interpretationen vielmehr Möglichkeiten generiert und offeriert. Dieses Spiel zwischen dem Text und seiner Inszenierung, das sich in der Aufführung entfaltet, hat für die Zuschauer_innen einen höchst interessanten Effekt: Deren Wahrnehmung nämlich ist gezwungen, sich stets in Bewegung zu halten, um die verschiedensten Impulse und Elemente miteinander zu kombinieren. Die Zuschauer_innen können sich in keinem Moment in der linearen Verfolgung einer Handlung engagieren, sondern ihre Wahrnehmung muss die ganze Zeit von einem Element auf das Andere springen und versuchen, Verbindungen herzustellen und Bedeutungen zu entschlüsseln – oder freilich sich dem überwältigenden Fluss von Reizen stellen und sich mitreißen lassen, was nicht leichter sein dürfte. Welche Haltung auch immer adaptiert wird, für die Zuschauer_innen gestaltet sich das Abenteuer als zutiefst melancholisch, da das Ringen mit dem Reizfluss eher als Zufriedenheit und das Gefühl einer Vollkommenheit die Spur einer Unzulänglichkeit und eines Mangels hinterlassen wird.

> Ich will also annehmen, dass nicht der allgütige Gott die Quelle der Wahrheit ist, sondern dass ein boshafter Geist, der zugleich höchst mächtig und listig ist, all seine

---

[3] Zu den Operationen des ‚Formlosen' im Theater, s. Georgelou (2011). Zum Körper speziell S. 117–132.

[4] Eine derart semiotische Analyse ist hier keineswegs meine Absicht.

Abb. 4 TRAUER UND MELANCHOLIE ©Nova Melancholia

Klugheit anwendet, um mich zu täuschen; ich will annehmen, dass der Himmel, die Luft, die Erde, die Farben, die Gestalten, die Töne und alles Äußerliche nur das Spiel von Träumen ist, wodurch er meiner Leichtgläubigkeit Fallen stellt; ich werde von mir selbst annehmen, dass ich keine Hände habe, keine Augen, kein Fleisch, kein Blut, keine Sinne, sondern dass ich mir nur den Besitz derselben fälschlich einbilde; ich werde hartnäckig in dieser Meinung verharren und so, wenn es mir auch nicht möglich ist, etwas Wahres zu erkennen, wenigstens nach meinen Kräften es erreichen, dass ich dem unwahren nicht zustimme, und mit festem Willen mich vorsehen, um nicht von jenem Betrüger trotz seiner Macht und List hintergangen zu werden. Aber dieses Unternehmen ist mühevoll, und eine gewisse Trägheit lässt mich in das gewohnte Leben zurückfallen. Wie ein Gefangener, der zufällig im Traume einer eingebildeten Freiheit genoss, bei dem späteren Argwohn, dass er nur träume, sich fürchtet, aufzuwachen, und deshalb den schmeichlerischen Täuschungen sich lange hingiebt, so falle ich von selbst in die alten Meinungen zurück und scheue das Erwachen, damit nicht der lieblichen Ruhe ein arbeitsvolles Erwachen folge, was, statt in hellem Licht, in der unvertilgbaren Finsterniss der angeregten Schwierigkeiten verbracht werden muss. (Descartes 1870)

3   Revolutionäres Zaudern

Ich habe in den Aufführungssituationen eine fundamentale melancholische Verfasstheit konstatiert und zwar sowohl im Hinblick auf den Umgang mit Theorie als auch in Bezug auf die spezifischen Inszenierungsstrategien und die Involvierung der Zuschauer_innen. Diese melancholische Verfasstheit offenbart sich innerhalb eines komplizierten Zaudersystems, das alle Dimensionen der Aufführungen umfasst und fundamental prägt – seien es Bühnenereignisse, Bedeutungszuweisungen, Zuschauerattitüden o. ä. Jede Aktion, welcher Herkunft auch immer, geschieht sozusagen unter Vorbehalt; sie verweilt an einem Ort, der sich durch die Aversion gegenüber jeglicher Entscheidung auszeichnet, aber sie weigert sich, ihre Stellung an diesem Ort zu verteidigen. Sie unterstreicht ihr Dasein durch eine melancholische Ironie, indem sie eine augenscheinlich willkürliche Idiosynkrasie ausspielt.

Tatsächlich betreiben die Aufführungen das, was Vogl als „methodisches Zaudern" (ebd., S. 114) bzw. idiosynkratische Herangehensweise (ebd.) bezeichnet:

> Während eine robuste Theorie [Herangehensweise in unserem Fall, Anm. d. Verf.] ihre Gegenstände [...] immer schon kennt und darum keine Theorie benötigt, setzt ein idiosynkratisches Verfahren die Unerklärtheit seines Untersuchungsbereichs voraus [...]. Eine idiosynkratische Methode [...] verfolgt nicht eine unterstellte Einheit ihres Objekts, sondern Verteilungen und Migrationen von Kenntnissen, die an der Gestaltung dieser Gegenständlichkeit beteiligt sind, eine innere Mannigfaltigkeit des Objekts. Jeder Wissensgegenstand ist ein Palimpsest. (ebd.)

Idiosynkratisch sind in diesem Sinne die Taktiken und Strategien der Aufführungen, die hier beschrieben wurden, weil sie sich konsequent weigern, jedwede „Festigkeit von Weltlagen, [...] Unwiderruflichkeit von Urteilen, [...] Endgültigkeit von Lösungen, [...] Bestimmtheit von Konsequenzen, [...] Dauer von Gesetzmäßigkeiten und das Gewicht von Resultaten" (ebd., S. 108 f.) anzuerkennen und zu reproduzieren. Eine Art Ungehorsam findet hier seinen Einzug in den Prozess, eine Rebellion gegen die vermeintlichen Gegebenheiten, eine tiefe Ironisierung aller Souveränität:

> Darum hat das Zaudern seinen schattenhaften historischen Ort zunächst überall dort gefunden, wo sich eine Hegemonie von Konsequenzsucht, eine Finalität von Handlungsketten und eine Unausweichlichkeit im Ablauf von Taten und Begebenheiten manifestierten. (ebd., S. 109)

Möchte man zum Schluss noch einmal fragen, wie sich der spezifische Text nun durch seine Bühnendarbietung eventuell transformiert hat, so würde man antworten, dass er anstelle einer in Frage gestellten Souveränität eine explosive Potentialität gewinnt. Dies geschieht, weil der Text als quasi organischer Teil bzw. Material der jeweiligen Aufführung fungiert und zu ihrem ‚Fleisch' (nach Merleau-Ponty) wird. Durch die Materialität der Bühne öffnet sich der Text für eine ganz unmittelbare Wirklichkeit, die jede Distanz – räumliche, zeitliche, intellektuelle etc. – zwischen dem Text und seinen Rezipient_innen aufhebt. Ich würde sagen, dass der inszenierte Text sich unmittelbar mit dem Hier und Jetzt seiner Rezipient_innen verknüpft und seine Beliebigkeit verliert, welche ja Theorie bedrohen kann, ohne jedoch konkret zu werden, denn dies lässt die Aufführung nicht zu. Der Text wird zum ambivalenten Körper oder zum ambivalenten Bild, die Theorie wird zum Material und ist dadurch in der Lage, eine völlig subversive und radikale Sichtweise zu ermöglichen. Diese Möglichkeit ist freilich auch melancholisch, weil sie mit dem Bewusstsein einer radikalen Ephemeralität, nämlich der Ephemeralität der Bühne einhergeht. Allerdings ist diese Ephemeralität zugleich auch die einzige Chance der Theorie überhaupt, Material, Fleisch und Waffe zu werden. In diesem Sinne meint melancholisch ja niemals hoffnungslos; vielmehr wäre Melancholie hier und auf jeden Fall im Rahmen der erwähnten Beispiele als eine spezielle Strategie zu betrachten, „an den Anschlüssen und an den Fugen" zu operieren, „an denen der Aggregatzustand dieser Welt, ihre Festigkeit und ihre Verlaufsform auf dem Spiel stehen." (ebd., S. 57)

Literatur

Descartes, René. 1870. Untersuchungen über die Grundlagen der Philosophie, in welchen das Dasein Gottes und der Unterschied der menschlichen Seele von ihrem Körper bewiesen wird. Übersetzt von Julius Heinrich von Kirchmann. http://www.wiso.uni-hamburg.de/fileadmin/sozialoekonomie/zoess/Descartes_Meditationen.pdf/. Zugegriffen: 19. Oktober 2013.

Georgelou, Konstantina. 2011. Performless – the operation of l'informe in postdramatic theatre. Utrecht: ZuidamUithof Drukkerijen.

Vogl, Joseph. 2008. Über das Zaudern. Zürich: diaphanes.

The manufacturer's authorised representative in the EU is Springer
Nature Customer Service Centre GmbH, Europaplatz 3, 69115 Heidelberg,
Germany. If you have any concerns regarding our products, please
contact ProductSafety@springernature.com

Printed and bound by CPI Group (UK) Ltd, Croydon, CR0 4YY

23/04/2026

02095594-0006